Kolleg Philosophie

Karl Bormann: Platon

Karl Bormann

Platon

3., erneut durchgesehene Auflage
mit aktualisierter Bibliographie

Verlag Karl Alber Freiburg/München

Die Deutsche Bibliothek -- CIP-Einheitsaufnahme

Bormann, Karl:
Platon / Karl Bormann. – 3., erneut durchges. Aufl. mit aktualisierter Bibliogr. – Freiburg (Breisgau); München: Alber, 1993.
(Kolleg Philosophie)
ISBN 3-495-47768-3

Gedruckt auf alterungsbeständigem Papier (säurefrei)
Printed on acid-free paper

Satz und Druck: Presse-Druck Augsburg
ISBN 3-495-47768-3

Inhalt

I. Platons Leben 7

II. Platons Schriften 12

III. Platons Lehren 17

1. Charakteristik der frühen Schriften 18
   a) Die Auseinandersetzung mit den Sophisten 18
   b) Der Gorgias 22
   c) Das erste Buch der Politeia 33

2. Die Bestimmung der Philosophie 37

3. Die Ideenlehre 44
   a) Das Sonnengleichnis 51
   b) Das Liniengleichnis 55
   c) Das Höhlengleichnis 73
   d) Der Aufstieg zur Ideenerkenntnis: Liebe und Einsicht (Symposion) 80

4. Die Unsterblichkeit der Seele 96
   a) Die vier Argumente aus dem Phaidon 96
      α) Das Entstehen aller Dinge aus ihrem Gegenteil 96
      β) Die Wiedererinnerungslehre 100
      γ) Das Ähnlichsein der Seele mit dem unsichtbaren Beständigen 107
      δ) Einwand des Simmias gegen die Unsterblichkeit der Seele 113
      ε) Einwand des Kebes gegen die Unsterblichkeit der Seele 120

ζ) Der Beweis der Unsterblichkeit aus dem Wesen der Seele 122
b) Die Unsterblichkeit der Seele nach Phaidros 130
c) Der Unsterblichkeitsbeweis der Politeia 137

5. Die Beschaffenheit der Seele 140
a) Die Seelenteile 140
b) Das Gleichnis vom Seelenwagen (Phaidros) 142
c) Das Seelentier der Politeia 147

6. Die Staatslehre 149
a) Staatsgründung und Reinigung 149
b) Die aretai des Staates 157
α) Die Weisheit 157
β) Die Tapferkeit 157
γ) Die Besonnenheit 158
δ) Die Gerechtigkeit 159
c) Die aretai des Menschen 160
d) Die Ungerechtigkeit und die Herstellung der Gerechtigkeit 164
e) Der Philosophenstaat 165
f) Der Zerfall 167
α) Die Timokratie 167
β) Die Oligarchie 170
γ) Die Demokratie 171
δ) Die Tyrannis 173
g) Die Einteilung der Regierungsformen im Politikos 174
h) Die Kritik des Aristoteles an Platons Staatslehre 176

Abkürzungsverzeichnis 178

Verzeichnis der unter Platons Namen überlieferten Schriften 179

Bibliographie 181

Sachregister 189

Namenregister 191

I. Platons Leben

In seinen Werken sagt Platon sehr wenig über sich selbst. Apologie 34 a: Platon ist der Bruder des Adeimantos und Sohn des Ariston; a. a. O. 38 b: Platon beantragt mit anderen im Prozeß des Sokrates eine Geldbuße von dreißig Minen und will Bürge für Sokrates sein; Phaidon 59 b: Platon war beim Tode des Sokrates nicht zugegen, weil er krank war. Hinzu kommen die Briefe, die aber, soweit sie echt sind, nur Aufschluß gewähren über Platons Reisen nach Sizilien und seinen Aufenthalt am Königshof in Syrakus. Unser Wissen über Platons Leben verdanken wir den antiken Lebensbeschreibungen, von denen die wichtigsten sind: Apuleius (2. Jh. n. Chr.), De Platone et eius dogmate; Diogenes Laertios (Ende 2. Jh. n. Chr.), Leben und Meinungen der großen Philosophen, 3. Buch; Olympiodoros (6. Jh. n. Chr.), Vita Platonis. Eine vollständige Übersicht über die Platonviten bieten Ueberweg-Praechter, Grundriß der Geschichte der Philosophie Bd. I, S. 179–180; H. Leisegang, Platon, in: Paulys Realencyclopädie der classischen Altertumswissenschaft, 40. Halbband, Sp. 2343–2347.

Aus den dürftigen Selbstzeugnissen und der biographischen Tradition ergibt sich: Platon wurde zwischen März und Mitte Juli 427 v. Chr. geboren (vgl. Ueberweg-Praechter a. a. O. S. 181); der Geburtsort war Athen oder, wie andere berichten (vgl. Diog. La. III 3), Aigina. Er starb im 81. Lebensjahr während des ersten Jahres der 108. Olympiade (348/7), nach Hermippos (bei Diog. La. III 2) bei einer Hochzeitsfeier, nach Cicero, Cato 13, „schreibend" (... Platonis, qui uno et octogesimo anno scribens est mortuus). Seine

Familie gehörte zu den alten und reichen athenischen Familien; der Vater hieß Ariston, die Mutter Periktione; Platons Brüder, die in der Politeia und im Parmenides auftreten, sind Glaukon und Adeimantos. Seine Schwester Potone ist die Mutter des Speusippos, der Platons Nachfolger in der Leitung der Akademie wurde. Verwandte Platons sind die Politiker Kritias und Charmides. Was im einzelnen über Platons Jugend berichtet wird, er habe sich in der Malerei und Dichtkunst versucht und sei durch den Herakliteer Kratylos in die Philosophie eingeführt worden, ist nicht zu kontrollieren. Wahrscheinlich 407 schloß er sich dem Kreis um Sokrates an. Nach der Hinrichtung des Sokrates im Jahre 399 soll er sich (vgl. Diog. La. II 106, III 6) mit anderen Sokratikern zu Eukleides nach Megara begeben haben und später von Athen aus nach Ägypten und Kyrene gereist sein; indessen sind die Angaben über diese Reise dubios. Tatsachen sind die Reisen nach Sizilien und Unteritalien.

Der Anlaß zur ersten Reise (ca. 388–387; nach U. v. Wilamowitz-Moellendorff, Platon I, S. 240: ca. 390–388) ist nicht mit Sicherheit zu bestimmen; die verschiedenen, z. T. schon in der antiken Literatur vorgebrachten Begründungen, Platon habe das Land und besonders den Ätna sehen wollen, er habe die unteritalischen Pythagoreer besuchen wollen, er habe politische Beziehungen mit Dionys I. anknüpfen wollen, sind mehr oder weniger Verlegenheitsauskünfte; sicher ist lediglich, daß die Pythagoreer Platon sehr beeindruckt haben. Der Besuch am Hof in Syrakus endete mit einem Streit zwischen Platon und Dionys I.; mit Dion, dem Schwager des Dionys, verband ihn freundschaftliche Beziehung; Platon wurde auf ein Schiff gebracht, das ihn nach Aigina brachte, wo er auf dem Sklavenmarkt zum Verkauf gebracht und von dem Kyrenaier Annikeris losgekauft wurde (vgl. Diog. La. III 19–20).

367 trat der Sohn des Dionys I., Dionys II., die Herrschaft an; er beteiligte Dion an der Regierung. Dion versuchte, den Staat zu reformieren, und veranlaßte Dionys II., Platon als philosophischen Berater einzuladen. Platon nahm die Einladung an, weil er hoffte, seine politischen Ideale verwirklichen

zu können (vgl. VII. Brief 328 c), und trat 366 die Reise an. Schon bald kam es zu einem Konflikt zwischen Platon und anderen Beratern des Königs, denen es gelang, einen Bruch zwischen Dionys II. und Dion herbeizuführen; Dion wurde verbannt, Platon mußte als Gast und zugleich als Gefangener des Königs bleiben, bis er 365 die Genehmigung zur Abreise erhielt; Dionys II. versprach, nach Beendigung des 365 ausgebrochenen Krieges mit den Lukanern Platon und Dion wieder zu sich zu rufen. 361–360 erfolgte nach mehrmaliger Einladung durch Dionys II. eine dritte Reise; Dionys machte die Aussöhnung mit Dion, der sich nach Athen begeben hatte, davon abhängig, daß Platon nach Syrakus reiste. Die Haltung des Dionys gegenüber Dion führte indessen abermals zu Zwistigkeiten; 360 verließ Platon Syrakus und begab sich nach Athen, wo er bis zu seinem Tod blieb.

Bemerkenswert ist, daß die antike biographische Tradition offensichtlich in zwei Gruppen einteilbar ist. Die eine Gruppe, zu der die genannten Viten des Apuleius, Diogenes Laertios und Olympiodor gehören, sieht in Platon den göttlichen Menschen, den Weisen und gottbegeisterten Theologen, die andere, die bei Athenaios (Anfang des 3. Jh. n. Chr.) faßbar wird und auf ältere Quellen zurückgeht, spricht von Platons Hochmut, seiner Profitgier und Mißgunst, die ihn veranlaßte, das Bild des Sokrates und der großen Sophisten zu verzeichnen, und stellt ihn als Tyrannenknecht dar. In anderer Form setzt sich die verschiedenartige Beurteilung Platons, nicht seines Charakters, sondern seiner Lehre, bis in die Gegenwart hinein fort.

In dem 1889 erschienenen Werk „Götzendämmerung, oder: Wie man mit dem Hammer philosophiert“ äußert sich Nietzsche (Werke, hrsg. v. K. Schlechta, 6. Aufl. München 1969, II, S. 1028) über Platon: „Ich finde (Platon) ... so vermoralisiert, so präexistent-christlich – er hat bereits den Begriff ‚gut‘ als obersten Begriff –, daß ich von dem ganzen Phänomen Plato eher das harte Wort ‚höherer Schwindel‘ ... als irgendein anderes gebrauchen möchte. Man hat teuer dafür bezahlt, daß dieser Athener bei den Ägyptern in die Schule ging ... Im großen Verhängnis des Christentums ist

Plato jene ‚Ideal' genannte Zweideutigkeit und Faszination, die den edleren Naturen des Altertums es möglich machte, sich selbst mißzuverstehen und die Brücke zu betreten, die zum ‚Kreuz' führte." Platons Ideenlehre ist für den mit Scheuklappen vor den Augen die Geschichte des Denkens durchmusternden Marxismus-Leninismus objektiver Idealismus, der durch die Entwicklung der Wissenschaften widerlegt sei (vgl. Grundlagen der marxistisch-leninistischen Philosophie, hrsg. von einem Autorenkollektiv, Frankfurt a. M. 1971, S. 22), zusammen mit der gesamten sogenannten idealistischen Philosophie „eine taube Blüte, die am lebendigen Baum der ... menschlichen Erkenntnis wächst" (a. a. O. S. 24), entstanden durch „die Trennung von geistiger und körperlicher Arbeit, die Existenz von Klassen, von Privateigentum und Ausbeutung des Menschen durch den Menschen" (a. a. O. S. 25), und was dergleichen Geschwätz sonst noch gegen Platon vorzubringen weiß. Die Gestalt des Philosophenherrschers und Platons Staatskonzeption wurden in die Nähe zum Nationalsozialismus gerückt (vgl. z. B. H. F. K. Guenther, Platon als Hüter des Lebens, 2. Aufl. München 1936); Historiker und Soziologen von A. J. Toynbee bis K. Popper sehen im Philosophenherrscher einen hinterhältigen Taktiker, „ein Monument menschlicher Kleinheit" (K. Popper, Die offene Gesellschaft und ihre Feinde Bd. I, 2. Aufl. Bern 1970, S. 213).

Wesentlich anders urteilt M. Heidegger (Platons Lehre von der Wahrheit, 2. Aufl. Bern 1954, S. 50): „Platons Denken folgt dem Wandel des Wesens der Wahrheit, welcher Wandel zur Geschichte der Metaphysik wird, die in Nietzsches Denken ihre unbedingte Vollendung begonnen hat. Platons Lehre ... ist daher nichts Vergangenes. Sie ist geschichtliche ‚Gegenwart', dies aber nicht nur als historisch nachgerechnete ‚Nachwirkung' eines Lehrstückes, auch nicht als Wiedererweckung, auch nicht als Nachahmung des Altertums, auch nicht als bloße Bewahrung des Überkommenen. Jener Wandel des Wesens der Wahrheit ist gegenwärtig als die längst gefestigte ... alles durchherrschende Grundwirklichkeit der in ihre neueste Neuzeit anrollenden Weltgeschichte des Erdballs."

Wann und unter welchen Umständen Platon seine Lehrtätigkeit aufnahm und eine Schule gründete, ist nicht genau zu bestimmen. Wahrscheinlich erfolgte die Schulgründung in den Jahren zwischen der ersten und zweiten Reise nach Sizilien, spätestens vor 361, dem Antritt der dritten Reise. Platon erwarb ein Grundstück in der Nähe der Kultstätte des Heros Hekademos oder Akademos im Nordwesten vor den Mauern Athens, das er der Schule zur Verfügung stellte. Juristisch war die Schule ein Thiasos, ein privater Kultverein zu Ehren der Musen; der Schulleiter, zuerst Platon selbst, war den Behörden für die Schule verantwortlich. Über die Organisation der Schule wissen wir nur sehr wenig, anzunehmen ist, daß in Lehrvorträgen und Diskussionen Theorien ausgebildet wurden, die den Hintergrund der publizierten Werke bilden. Bis zum ersten Jahrhundert v. Chr. (87 v. Chr. Verwüstung Athens im ersten mithridatischen Krieg) blieb die Akademie das Zentrum der platonischen Philosophie; es kam zu Umgestaltungen der Lehre und zu neuen Ansätzen. Während der Auseinandersetzung mit dem Christentum im 5. Jahrhundert erlangte die Akademie noch einmal Bedeutung; in der Zwischenzeit wirkten die großen Platoniker außerhalb der Akademie. 529 n. Chr. ließ Justinian sie schließen.

II. Platons Schriften

Wenn man von einigen Schriften absieht, die schon in der Antike als unecht erkannt wurden (Von der Gerechtigkeit, Über die Tüchtigkeit, Demodokos, Sisyphos, Eryxias, Axiochos, ferner die erst in der Kaiserzeit bezeugten Definitionen), sind unter Platons Namen erhalten: die Apologie des Sokrates, 34 Dialoge, 13 Briefe und einige Epigramme; somit besitzen wir alles, was Platon publizierte, und noch einiges mehr. Mit den Epigrammen brauchen wir uns hier nicht zu befassen, da sie für Platons Philosophie nichts hergeben. Die Briefe sind zwar nicht unergiebig für die Philosophie, von größerer Bedeutung jedoch für Platons Leben. Sicher ist, daß die meisten von ihnen unecht sind – die Echtheit anderer, auch des VII. Briefes, ist umstritten –, aber gute biographische Angaben verwerten. Der VII. Brief, für dessen Echtheit sich die Mehrheit der Forscher ausspricht, enthält eine ausführliche Darstellung der Erlebnisse Platons in Syrakus und seiner philosophischen Überzeugungen.

Unter den 34 Dialogen sind mit Sicherheit nicht nur Schriften Platons überliefert, sondern auch Werke von Platons Schülern, vielleicht sogar von außerakademischen Sokratikern, unfertige Entwürfe, von Schülern überarbeitete Schriften und Fälschungen aus der hellenistischen Zeit (vgl. O. Gigon in: Lexikon der Alten Welt, Zürich-Stuttgart 1965, S. 2366). Schweren Bedenken ausgesetzt sind der erste und zweite Alkibiades, die Erastai, Theages, Kleitophon, Minos, Hipparchos, die beiden Hippias, Ion, Menexenos und Epinomis. Mit Sicherheit sind von den genannten unecht: Alkibiades II, Erastai, Theages, Kleitophon, Minos, Hipparchos.

Überliefert sind die platonischen Schriften nicht in chronologischer Reihenfolge, sondern in neun Gruppen zu je vier Schriften (in neun Tetralogien); den Anhang bilden die von den antiken Herausgebern als unecht erkannten Werke. Einteilungsprinzip ist die philosophisch-systematische oder auch pädagogische Zusammengehörigkeit (vgl. Diog. La. III 56 bis 62). Nicht der Urheber, wohl aber der Hauptvertreter dieser Anordnung ist der unter Tiberius lebende Astrolog und Grammatiker Thrasyllos von Mendes in Ägypten. Thrasyllos führt (vgl. Diog. La. III 56) diese Art der Einteilung auf Platon zurück, was zwar absurd ist, aber erkennen läßt, daß die Einteilung in Tetralogien viel älter ist als die Ausgabe des Thrasyllos. Sie liegt den erhaltenen Platonhandschriften und unseren kritischen Ausgaben zugrunde. Bei der Einteilung in Tetralogien erhielten die einzelnen Werke noch einen Untertitel, der darauf hinweisen sollte, zu welcher philosophischen Disziplin das Werk gehört, z. B. Politeia oder über das Gerechte. Von einer andersgearteten Einteilung, die auch in der Ausgabe des Aristophanes von Byzanz (ca. 257–180 v. Chr.) vorgelegen habe, berichtet Diogenes Laertios III 61–62: Platons Schriften seien zu fünf Trilogien zusammengefaßt worden; die nicht in die Trilogien aufgenommenen Werke seien in keiner bestimmten Ordnung der Ausgabe hinzugefügt gewesen. Hiervon haben sich keine Spuren erhalten. Jedenfalls beweist die Nachricht, wenn wir es nicht auch durch Papyrusfunde wüßten, daß es in hellenistischer Zeit mehrere sehr verschiedene Platonausgaben gab, in denen nicht nur die Einteilung, sondern auch der Text sehr voneinander abwich.

Alle erhaltenen Handschriften gehen auf eine antike Ausgabe zurück, die wohl, als anstelle von Papyrus Pergament verwendet wurde, in zwei Bänden zusammengefaßt wurde. Der erste Band enthielt die Tetralogien I bis VII, der zweite den Rest, was daraus zu ersehen ist, daß am Schluß des Menexenos, der vierten Schrift der siebten Tetralogie, in einigen Handschriften vermerkt ist: Ende des ersten Buches. Auf die Geschichte dieser beiden Bände und die von ihnen angefertigten Handschriften sei hier nicht näher eingegangen. Hingewiesen sei noch darauf, daß außer den Handschriften und zahlreichen Papyri als Textquelle die reichhaltige indirekte Überlieferung in den Zitaten antiker Autoren in Betracht kommt.

Was die historische Reihenfolge der platonischen Schriften anlangt, so wurde seit dem Ende des 18. Jahrhunderts (W. G. Tennemann, System der platonischen Philosophie, Leipzig 1792) immer wieder versucht, die Werke nach den in ihnen enthaltenen Anspielungen auf Zeitereignisse und nach ihren inneren und äußeren Beziehungen zueinander chronologisch zu ordnen; Inhalt, Aufbau, Sprache und Angaben antiker Autoren wurden zu diesem Zweck untersucht. Die Ergebnisse dieser Bemühungen sind folgende: Eine absolute Chronologie, d. h. Angaben, in welchen Jahren die platonischen Werke abgefaßt sind, kann fast gar nicht hergestellt werden; mit Sicherheit kann lediglich der Theaitetos in die Zeit bald nach 369 gesetzt werden (der historische Theaitetos fiel 369 im Krieg zwischen Athenern und Thebanern im Alter von 48 Jahren, Platon wollte ihm mit der Schrift eine Art Denkmal setzen). Zuverlässig ist ferner die antike Angabe (vgl. Diog. La. III 37), daß die „Gesetze" von Platon nicht veröffentlicht wurden und daß Philipp von Opus sie – wahrscheinlich – publizierte. Sicherlich war manches schon 367, vor der zweiten Reise nach Sizilien, publiziert; unbekannt ist aber, wann Platon nach dem Tod des Sokrates mit der Tätigkeit des philosophischen Schriftstellers begann; die Werke, die den Prozeß und Tod des Sokrates darstellen, sind erst beträchtliche Zeit nach 399 geschrieben.

Die relative Chronologie, welche das zeitliche Verhältnis der Schriften zueinander angibt, ist auf Grund von Untersuchungen der Sprache und entwicklungsgeschichtlichen Überlegungen einigermaßen gesichert, freilich nur insofern, als sich drei oder vier Gruppen erkennen lassen, wobei es jedoch nicht gelingt, die Reihenfolge innerhalb der Gruppen eindeutig festzulegen. Folgende Übersicht (vgl. D. Ross, Plato's Theory of Ideas, Oxford 1951, S. 2; außerdem zu den Autoren die bibliographischen Angaben bei Ueberweg-Praechter, S. 69*ff.) möge die älteren Forschungsresultate hinsichtlich der

Abfolge der platonischen Schriften verdeutlichen und zugleich Übereinstimmungen und Verschiedenheiten darlegen:

v. Arnim	*Lutoslawski*	*Raeder*	*Ritter*	*Wilamowitz*
	Apol.	Apol.	Hipp. Mi.	Ion
Ion		Ion		Hipp. Mi.
Protagoras		Hipp. Mi.	Lach.	Prot.
Laches	Euthyph.	Lach.	Prot.	Apol.
Politeia I	Kriton	Charm.	Charm.	Kriton
Lysis	Charm.	Kriton	Euthyph.	Lach.
Charmides		Hipp. Ma.	Apol.	
Euthyphron	Lach.	Prot.	Kriton	Lys.
Euthydemos	Prot.	Gorg.	Gorg.	Charm.
Gorgias		Menexenos	Hipp. Ma.	Euthyph.
Menon	Menon	Euthyph.	Euthyd.	Gorg.
Hippias Minor	Euthyd.	Menon	Krat.	Menex.
Kratylos	Gorg.	Euthyd.	Menon	Menon
Symposion	Politeia I	Krat.	Menex.	Krat.
Hippias Maior	Krat.	Lys.	Lys.	Euthyd.
Phaidon	Symp.	Symp.	Symp.	Phaid.
Kriton	Phaid.	Phaid.	Phaid.	Symp.
Politeia II–X	Politeia II–X	Politeia	Politeia	Politeia
Theaitetos	Phaidr.	Phaidr.	Phaidr.	Phaidr.
Parmenides	Theait.	Theait.	Theait.	Parm.
Phaidros	Parm.	Parm.	Parm.	Theait.
Sophistes	Soph.	Soph.	Soph.	Soph.
Politikos	Politikos	Politikos	Politikos	Politikos
	Timaios	Tim.	Kritias	Kritias
	Kritias	Kritias	Philebos	Phil.
Nomoi	Nomoi	Nomoi	Nomoi	Nomoi
		Epinomis		

Ueberweg-Praechter ordnen wie folgt (S. 189):
I. Apol., Kriton, Ion, Prot., Lach., Politeia I, Lys., Charm. Euthyph.;
II. Gorg., Menon, Euthyd., Hipp. Mi., Kratylos, Hipp. Ma., Menex.;

III. Symp., Phaid., Politeia II–X, Phaidr.;
IV. Theait., Parm., Soph., Politikos, Phil., Tim., Kritias, Nomoi, Epin.

Neuere Forschungsergebnisse führen zu folgender Einteilung (vgl. O. Gigon, Lexikon der Alten Welt, S. 2366):
I. Lach., Charm., Prot., Euthyph., Lys., Politeia I, Ion;
II. Apol., Krit., Gorg., Menon, Euthyd., Krat., Hipp. I und II, Menex. (falls echt);
III. Symp., Phaid., Politeia II–X, Phaidr.;
IV. Theait., Parm., Soph., Politikos, Tim., Kritias, Phil., Nomoi
(Die in dieser Liste nicht genannten Schriften sind höchstwahrscheinlich unecht.)

Fragmentarisch überliefert in Aufzeichnungen von Schülern Platons ist die sogenannte Altersvorlesung „Über das Gute". Vornehmlich in den Arbeiten von H. J. Krämer (Arete bei Platon und Aristoteles, Heidelberg 1959) und K. Gaiser (Platons ungeschriebene Lehre, Stuttgart 1963, ^{2}1968) wird die Auffassung vertreten, „Über das Gute" sei Bestandteil der innerakademischen Lehre Platons, zugunsten derer die Aussagen der Dialoge in den Hintergrund treten. Auf diese These, die begeisterte Zustimmung und scharfe Ablehnung fand, kann hier nicht eingegangen werden; verwiesen sei auf folgende Untersuchungen: H.-G. Gadamer (Hrsg.), Idee und Zahl, Heidelberg 1968; J. Wippern (Hrsg.), Das Problem der ungeschriebenen Lehre Platons, Darmstadt 1972; G. Vlastos, Platonic Studies, Princeton 1973, S. 379–398; A. Graeser, Kritische Retraktationen zur esoterischen Platon-Interpretation, in: Arch. f. Gesch. d. Philos. 56 (1974) S. 71–87; K. Gaiser (Hrsg.), Das Platonbild, Hildesheim 1969; K. Gaiser, Plato's Enigmatic Lecture ‚On the Good', in: Phronesis 25 (1980) S. 5–37; H. J. Krämer, Neues zum Streit um Platons Prinzipientheorie, in: Philosophische Rundschau 27 (1980) S. 1–38; vgl. auch A. Graeser, Die Philosophie der Antike 2 (Geschichte der Philosophie, hrsg. v. W. Röd, Band II), München 1983, S. 17 und 126ff.

III. Platons Lehren

Eine kurze Einführung in die platonischen Lehren sieht sich mit der Schwierigkeit konfrontiert, daß Platon in seinen Schriften kein einheitliches System entwirft, sondern in fast jedem seiner Werke einen neuen Ansatz vornimmt. Auf die neuerdings wieder viel diskutierte Frage, ob sich hierin Platons Entwicklung zeigt oder ob es sich „bei den Dialogen ... um ein propädeutisch-protreptisches Erziehungswerk in Fortsetzungen handelt" (H. J. Krämer, Arete bei Platon und Aristoteles, S. 33), welches das eigentliche „Ziel des Bildungsganges" (a. a. O.) nur andeutend enthüllt, kann hier nicht eingegangen werden. Der Theorie einer innerakademischen Prinzipienlehre als dem Hintergrund des überlieferten Corpus Platonicum wird auch heute vielfach noch (trotz der Arbeiten Krämers und Gaisers) Skepsis und Ablehnung entgegengebracht (vgl. z. B. W. Wieland, Platon und die Formen des Wissens, Göttingen 1982; dazu H. Krämer, in: Riv. di Filos. neo-scol. 74 [1982] 579 ff.). Abgesehen hiervon ist es eine offene Frage, ob das in den Nachschriften des Vortrags „Über das Gute" kenntlich werdende System den Schlüssel zum Verständnis der Dialoge bildet (vgl. O. Gigon, Platon, in: Lexikon der Alten Welt, S. 2367), und wenn es richtig ist, daß die Dialoge protreptisch-propädeutischen Charakter haben, dürfte es der platonischen Intention entsprechen, einer Einführung in das platonische Denken ausschließlich die publizierten Werke zugrunde zu legen. Dabei werden hier Platons Lehren nur in der Weise einer Auswahl dargestellt; die frühen Schriften können lediglich kurz charakterisiert werden.

1. Charakteristik der frühen Schriften

Die Hauptthemen der frühen Schriften, in denen Sokrates die Hauptfigur ist, bilden Fragen nach dem Wesen der Tüchtigkeit (arete) und des Wissens, nach der Einheit oder Mehrheit der arete und ihrer Lehrbarkeit. Zu einer positiven Beantwortung der aufgeworfenen Probleme kommt es nicht; falsche Begriffsbestimmungen werden widerlegt, die Gespräche enden in der Aporie, wenngleich, freilich verhüllt, Andeutungen zur richtigen Lösung nicht fehlen. Nicht angenommen werden darf, daß Platon die Lehren des Sokrates getreu darstellt. An manchen Stellen offenbart sich, daß einiges im Ansatz vorweggenommen ist, was später gänzlich ausgestaltet wird. Das gilt auch für die Ideenlehre, die für die Schriften von Symposion und Phaidon angefangen, wenn auch nicht insgesamt, charakteristisch ist. Es ist in den frühen Werken deutlich erkennbar, woraus sie erwächst.

a) Die Auseinandersetzung mit den Sophisten

Einen breiten Raum nimmt in Platons frühen Schriften die Auseinandersetzung mit den Sophisten ein. Auf sie ist zurückzuführen, daß das Wort „Sophist“ bis in unsere Zeit eine abwertende Bedeutung hat. Davon abgesehen bringt die platonische Sophistendarstellung erhebliche Schwierigkeiten für die Beurteilung der alten Sophistik mit sich.

Ursprünglich hieß „Sophistes“ jeder, der im Bereiche der Theorie oder der Praxis außergewöhnliche Kenntnisse besaß. So werden z. B. die Sieben Weisen, die Naturphilosophen, Isokrates und Platon „sophistai“ genannt. Eine engere Bedeutung des Wortes entwickelte sich in der zweiten Hälfte des 5. Jahrhunderts v. Chr., als nach den Perserkriegen an die Stelle der alten Adelsherrschaft in Athen die Demokratie getreten war. Wer in der Volksversammlung Erfolg haben wollte, mußte so auftreten können, daß das Volk die Überzeugung gewann, sich diesem Manne anvertrauen zu können. Eine derartige Überzeugung konnte das Volk aber nur erlangen, wenn der Betreffende in den Bereichen des Wissens und Könnens, die für die politische Tätigkeit wichtig sind, ausgebildet war und vor allem sich in der rednerischen Auseinandersetzung durchsetzen konnte. Dem sich so anbahnenden Bedürfnis nach Unterweisung vornehmlich im politischen Bereich halfen Männer ab, die durch das Land zogen und gegen Bezahlung Unterricht erteilten. Hierbei vermittelten sie Bildung im weitesten Sinne, eine enzyklopädische Gelehrsamkeit. Im Vordergrund des Unterrichts stand die Rhetorik als die Kunst, die, geschickt ausgeübt, politischen Erfolg verschaffte. In der Ethik scheinen sie bisweilen einen Relativismus der Werte vertreten zu haben: Gerechtigkeit ist der Vorteil des Stärkeren (vgl. Politeia 343 c ff.). Der Satz des Protagoras „Aller Dinge Maß ist der Mensch, der seienden, daß (wie) sie sind, der nichtseienden, daß (wie) sie nicht sind" wurde von Platon, Aristoteles und den Skeptikern ausführlich erörtert. Nach Platon und Aristoteles führt er zu einem Wahrheitsrelativismus: Es gibt nicht nur keine allgemeingültige Wahrheit, sondern nicht einmal für denselben Menschen ist dasselbe zu verschiedenen Zeiten wahr.

Die Sophisten wie Protagoras, Gorgias, Hippias, um nur diese zu nennen, erfreuten sich hohen Ansehens und hatten großen Zulauf. Wie ist es zu erklären, daß sie, deren Verdienste für die Bildung und Philosophie der Griechen wohl sehr hoch sind, in Verruf kamen? Zunächst sind die Spöttereien der altattischen Komödie als Grund anzuführen, dann aber, worauf schon hingewiesen wurde, die stark nachwirkenden Darstellungen, welche Platon von den Sophisten gab. Zur Sophistendarstellung in der Komödie sei hier ein Beispiel gebracht.

Der Dichter Aristophanes führte 423 v. Chr. eine Komödie, die „Wolken", auf (sie wurde anscheinend nach 421 umgearbeitet). Ein alter Bauer, Strepsiades, weiß sich vor den Schulden, die sein Sohn gemacht hat, nicht mehr zu retten. Um von ihnen frei zu werden, will er seinen Sohn zu einem namhaften Sophisten in die Lehre geben, damit der Sohn durch rhetorische Kunst die schlechte Sache zur guten machen, nämlich die Gläubiger um ihr Geld bringen könne. Der Junge erweist sich als gelehrig, und als er sein Studium beendet hat, veranstaltet der Alte ein Festgelage. In dessen Verlauf bezieht er von seinem Sohn eine Tracht Prügel; und dieser will auch noch beweisen, daß er seinen Vater schlagen dürfe, denn die Kinder hätten gegenüber den Eltern die gleichen Rechte wie die Eltern gegenüber den Kindern. Daraufhin gerät der alte Strepsiades in Zorn und steckt die Sophistenschule, das phrontisterion, in Brand. Soweit der Inhalt der Komödie.

Bemerkenswert ist, daß als typischer Vertreter der Sophisten Sokrates auftritt. Daß es dazu kam, daß Sokrates als Sophist (im engeren Sinne) angesehen wurde, liegt wohl daran, daß er eine wesentliche Verwandtschaft mit den Sophisten hat, und zwar besteht diese in der Verselbständigung des einzelnen, in dem Gegensatz zu einer unüberlegten Hingabe an Sitten, Gesetze und Glauben des Volkes und der Polis. Indessen dürfte der Komödiendichter Aristophanes die Differenz zwischen dem Verhalten des Sokrates und der Sophisten verkennen, die darin besteht, daß Sokrates im Gegensatz zu den Sophisten nach einer sicheren Begründung von Wahrheit und sittlichem Verhalten suchte; wenngleich es Zeichen dafür gibt, daß Aristophanes zwischen Sokrates und den Sophisten unterschied.

Im einzelnen ist das Treiben des angeblichen Sophisten Sokrates recht amüsant dargestellt. Daß Aristophanes mit den „Wolken" das Sokratesbild der Athener beeinflußte (vgl. Apol. 19 c), dürfte sicher sein. Als Strepsiades mit seinem Sohn Pheidippides zu der Denkerwerkstatt geht, kommt es zu folgendem Dialog: Str.: Siehst du das Pförtchen und das Häuschen dort? Ph.: Ich seh's, was ist denn damit, Vater? Str.: Das ist die Denkerwerkstatt weiser Geister. Dort wohnen Männer, die dir zeigen, daß der Himmel ein Feuerdeckel ist und wir die Kohlen drunter. Sie lehren, wenn man ihnen Geld bezahlt, mit Reden Recht und Unrecht siegreich zu verfechten ... Zwei Redensarten, sagt man, gäb' es dort, die bessere, mag sein sie, wie sie wolle, und dann die schlechtere, und diese schlechte führt auch das Unrecht, sagt man, stets zum Sieg (Wolken 92–115). Beim Eintritt in die Denkerwerkstatt wird der Alte – der Sohn ist inzwischen fortgelaufen – zunächst beschimpft, weil er durch sein lautes Anklopfen die Denkarbeit störe. Sokrates, so erzählt ein Schüler, habe soeben ausgemessen, wieviel Flohfüße weit ein Floh springt, und auch den Gang des Mondes hätte er berechnet, wäre er nicht von einer Eidechse gestört worden. Dann betreten sie die Studierstube. Dort hängt Sokrates in einem Korb an der Decke, denn er philosophiere über die Sonne, und das könne er nur in der Höhe.

In den Sophistendialogen karikiert Platon die Sophisten bisweilen ebenso burlesk, wie es die Komödie tat, wenn auch auf andere Weise. Was Platon ihnen vorwirft, ist: Sie suchen keine Wahrheit, sondern verwenden die Rhetorik ausschließlich zum persönlichen Vorteil. Da die Sophisten sich für ihre Tätigkeit bezahlen lassen, wirft Platon ihnen vor (Prot. 313 c; Soph. 223 d ff.), sie seien eine Art von Händlern und verkauften Güter, von denen sich die Seele nährt (vgl. Prot. a. a. O.). Die Nahrung der Seele sind Kenntnisse. Lebensmittelhändler und ihre Kunden wissen oft nicht, ob bestimmte Lebensmittel dem Leib zuträglich sind oder ihm schaden; vielleicht wissen auch manche Sophisten und ihre Schüler nicht, ob die Kenntnisse, die der Sophist verkauft, der Seele Nutzen oder Schaden bringen. Lebensmittel kann man, bevor man sie verzehrt, von einem Fachmann prüfen lassen; Kenntnisse dagegen nimmt man sofort in die Seele auf. Nur wer weiß, ob die beim Sophisten einzuhandelnden Kenntnisse der Seele nutzen oder schaden, kann sich bedenkenlos an den Sophisten wenden, um von ihm Kenntnisse zu kaufen; ein solches Wissen besitzt aber nur der „Seelenarzt" (Prot. 313 e). Platon verwendet hier einen Analogieschluß, der im zweiten Teil ein partikuläres Subjekt hat („einige, manche"). Dann wird die Einschränkung „einige" aufgegeben, das Gesagte gilt für alle Sophisten. Diese vornehm gemäßigte Kritik weitet sich in anderen Schriften zu dem Vorwurf aus, die Sophisten hätten kein Interesse an der Wahrheitsfindung und seien deshalb zu einem echten philosophischen Gespräch untauglich; zudem sei das angebliche Wissen, das sie ihren Schülern zu vermitteln sich anheischig machten, ein Scheinwissen. Paradigmatisch sei das hier dargestellt anhand des Gorgias und des ersten Buches der Politeia.

b) Der Gorgias

Hauptthemen des Gorgias bilden die Fragen nach Wesen und Wert der Rhetorik, verbunden hiermit werden die Fragen nach Macht und Gerechtigkeit. Im Gegensatz zum Protagoras und zum Euthydem, den beiden anderen großen Sophistendialogen, wird das Gespräch nicht aus der Distanz durch eine Erzählung dargeboten, sondern unmittelbar vorgeführt, so daß alle Distanzierung und jeder Hintergrund fehlt. Sokrates veranlaßt den jungen Chairephon, den Sophisten Gorgias zu fragen, auf welche Kunst er sich verstehe (448 e), so wie man einen Schuhmacher nach seinem Beruf fragt (447 d). Die Kunst, auf die Gorgias sich versteht, ist die Rhetorik (449 a); er ist ein Rhetor (a. a. O.) und hat die Fähigkeit, andere in seiner Kunst auszubilden (449 b). Die Rhetorik ist eine techne, eine Kunst (vgl. 449 c), als solche ein Wissen (vgl. 449 d); damit ist die Frage gegeben, worauf sich das Wissen der Rhetorik bezieht (449 d), so wie die Kunst des Webens auf die Herstellung von Kleidern und die Kunst des Komponierens auf die Anfertigung von Melodien gerichtet ist (449 d). Die Antwort des Gorgias, die Rhetorik beziehe sich auf Reden, erweist sich alsbald als viel zu allgemein, was Sokrates durch Hinweise auf andere Künste nachweist: Die Rhetorik befähigt zwar zu reden und über das zu denken, worüber sie zu reden befähigt (449 e), aber das gilt auch für die Heilkunst, die Gymnastik und jede Kunst (450 a b), so daß die Rhetorik sich nicht auf alle Reden beziehen kann (449 e).

Gorgias bestimmt nun (450 b) den Unterschied der Rhetorik gegenüber den anderen Künsten dadurch, daß diese sich auf „Handarbeiten und dergleichen Tätigkeiten“ bezögen, die Rhetorik dagegen mit Handarbeiten nichts zu schaffen habe, sondern einzig und allein auf Reden ausgerichtet sei (450 b c), was Unsinn ist; nicht alle Künste beziehen sich auf Handarbeit. Zur weiteren Klärung unternimmt Sokrates selbst die Aufgabe, die Stellung der Rhetorik im System der Künste zu fixieren (450 c ff.): Es gibt Künste, die zur Erreichung ihres Zieles nur wenig der Rede bedürfen, einige können auch schweigend ausgeübt werden wie z. B die Malerei und die Bildhauerei (450 c). Zu ihnen gehört die Rhetorik offensichtlich nicht. Andere hingegen erreichen ihr Ziel ganz durch Reden und bedürfen einer manuellen Tätigkeit entweder gar nicht oder nur zu einem geringen Teil wie z. B. die Zahlenlehre, die Rechenkunst, die Geometrie, das Brettspiel (450 d) und die Astronomie (451 c); bei einigen von ihnen stehen Reden und Tun ungefähr im Gleichgewicht, während bei den meisten Künsten dieser Gruppe die Reden überwiegen. Zu dieser Gruppe gehört auch die Rhetorik, ohne jedoch mit einer der genannten Künste identisch zu sein.

Der erste Einteilungsgrund, die Anwendung von Reden, führt jetzt nicht mehr weiter; zur genaueren Bestimmung der Rhetorik ist nunmehr von den Gegenständen der Künste auszugehen, die sich entweder ausschließlich oder überwiegend der Rede bedienen: Gegenstand der Zahlenlehre und Rechenkunst ist das Gerade und Ungerade, beide unterscheiden sich voneinander dadurch, daß die Zahlenlehre (Arithmetik) sich auf das Gerade und Ungerade bezieht und auf die Größe des Geraden und Ungeraden, während die Rechenkunst untersucht, „wie sich das Gerade und Ungerade nach der Größe zu sich und zueinander verhält“ (451 c); Gegenstand der Astronomie ist „die Bewegung der Sterne, der Sonne und des Mondes und das Verhältnis ihrer Schnelligkeit zueinander“ (a. a. O.). Gefragt, worauf sich die Reden beziehen, welche die Rhetorik verwendet, antwortet Gorgias (451 d): „Auf die wichtigsten und edelsten menschlichen Angelegenheiten“, womit er abermals seine Unfähigkeit, logisch exakt zu unterteilen, offenbart. Gesundheit, Schönheit und Reichtum sind nach landläufiger Auffassung die höchsten menschlichen Güter; auf sie tendiert die Rhetorik nicht; daher muß Gorgias des weiteren bestimmen, worin das höchste menschliche Gute besteht, welches zu erlangen die Rhetorik verhilft (452 d). Es besteht in der Fähigkeit, durch Worte in jeder Bürgerversammlung zu überreden (452 e); die Rhetorik ist Ursache der Freiheit und der Herrschaft in jeder Polis (452 d). Auch diese Auskunft bedarf einer genaueren Klärung, denn andere Künste überreden (oder überzeugen) ebenfalls: Die Rhetorik überredet-überzeugt vor Gericht und in anderen Versammlungen, sie richtet sich auf Gerechtes und Ungerechtes (454 b). „Überreden-überzeugen" bedarf noch einer Untersuchung: Wissen und Glauben sind verschieden; es gibt wahren und falschen Glauben, nicht aber wahres und falsches Wissen (454 d); die Wissenden und die Glaubenden sind jeweils überzeugt. Eine Art der Überredung-Überzeugung führt ohne Wissen zum Glauben, eine andere zu wirklicher Erkenntnis (454 e). Die Rhetorik bewirkt eine auf Glauben, nicht auf Wissen sich gründende Überzeugung über Gerechtes und Ungerechtes (454 e), schon deshalb, weil eine große Menschenmenge nicht in kurzer Zeit zum Wissen über Gerechtes und Ungerechtes geführt werden kann (455 a).

Scheint hiermit die Niederlage der Rhetorik, herbeigeführt durch die Methode der Begriffsteilung (dihairesis), festzustehen, so versucht Gorgias ihr mit dem Hinweis darauf zu Hilfe zu kommen, daß die Rhetorik sich nicht nur auf Gerechtes und Ungerechtes richtet, sondern „sozusagen die Kräfte aller anderen Künste in sich zusammenfaßt und sich unterwürfig macht" (456 a), womit freilich die Gefahr des Mißbrauchs der Rhetorik gegeben ist. Für den Mißbrauch ist weder die Rhetorik noch der Lehrer der Rhetorik verantwortlich, sondern ausschließlich der Schüler, der seine erlernte Kunst mißbraucht. Gegenüber diesem Anspruch der Rhetorik, die allumfassende Kunst zu sein, wird aus allem, was Gorgias bisher über die Rhetorik sagte, die Folgerung gezogen, daß der Rhetor von allen Künsten, welche die Rhetorik angeblich umschließt, nichts versteht und als Nichtwissender vor Nichtwissenden überzeugender wirkt als der Wissende (459 b). Hinsichtlich der Gerechtigkeit und Ungerechtigkeit, der Gutheit und Schlechtigkeit ergibt sich dasselbe; der Rhetor hat kein Wissen von Gerechtigkeit und Ungerechtigkeit, denn wer das Gerechte erlernt hat und es kennt, ist gerecht. Demzufolge müßte der Redner, sofern er wirklich weiß, was Gerechtigkeit ist, selbst gerecht sein und nie ungerecht sein wollen; zugestanden wurde aber, daß er seine Kunst mißbrauchen, also ungerecht sein kann, was unmöglich wäre, wenn er Wissen von der Gerechtigkeit besäße.

Nun soll Sokrates selbst erklären, wofür er die Rhetorik hält (462 b). Sie ist keine Kunst, sondern empeiria, Erfahrung, Routine in der Erzeugung von Wohlgefallen und Lust (462 c), so wie das Kochen keine Kunst, sondern Routine in der Erzeugung von Wohlgefallen und Lust ist (462 d). (Die empeiria ist eine Vorstufe und zugleich eine notwendige Voraussetzung der Kunst, vgl. Gorg. 448 c. Als empeiria befindet sich die Rhetorik noch im vorwissenschaftlichen Bereich.) Selbstverständlich ist das Kochen nicht mit der Rhetorik identisch (462 e), aber beide sind Teile derselben Beschäftigung, der Schmeichelei (463 b), andere Teile sind die Putz„kunst“ und die Sophistik, die sich jeweils in einem besonderen Bereich entfalten. Die weitere Unterteilung erfolgt aufgrund der Unterscheidungen von Leib und Seele, Künsten und Schattenbildern der Künste: Die Künste, die sich auf das Wohlbefinden des Leibes richten, sind Gymnastik und Heilkunst als Teile einer nicht namentlich genannten Kunst (464 b); ihre Schattenbilder, die ausschließlich den Schein des somatischen Wohlbefindens erregen, sind Putz„kunst“ und Kochen. Analog verhält es sich bei der Seele: Die Kunst, die sich auf das Wohlbefinden der Seele richtet, ist die Politik (464 b); sie entfaltet sich in gesetzgebender Kunst und Rechtspflege (a. a. O.), deren Schattenbilder sind Sophistik und Rhetorik. Während die vier Künste jeweils in ihrem Bereich das Beste für den Leib und für die Seele zu schaffen intendieren, „nimmt die Schmeichelei dies wahr, ich sage nicht: erkennt, sondern mutmaßt es, teilt sich vierfach, hüllt sich unter jeden der Teile und gibt vor, das zu sein, unter was sie sich versteckt, und kümmert sich durchaus nicht um das Beste, sondern macht mit dem jeweils Angenehmsten Jagd auf den Unverstand und täuscht ihn, so daß sie sehr hohen Wert zu haben scheint“ (464 c d). Wie sich die Putz„kunst“ zur Gymnastik verhält, so die Sophistik zur gesetzgebenden Kunst, und wie das Kochen zur Heilkunst, so verhält sich die Rhetorik zur Rechtspflege (465 c). Daß die vier Teile der Schmeichelei keine Künste sind, sondern Erfahrung (empeiria), beruht darauf, daß sie „keine Rechenschaft über die natürliche Beschaffenheit der Mittel zu geben wissen, die sie anwenden, so daß sie die Ursache zu jedem einzelnen nicht angeben können“ (465 a), während Kunst ein Wissen aus Gründen ist. Somit ist die Rhetorik der Teil der Schmeichelei, der sich auf das scheinbare Wohlbefinden der Seele richtet und ein Schattenbild der Rechtspflege ist; sie ist keine Kunst, sondern Erfahrung und Routine und ist als solche kein Wissen von Recht und Gerechtigkeit.

Gegenüber dieser Bestimmung der Rhetorik sieht der junge Polos die Bedeutung der Rhetorik in dem Ansehen (466 a) und in der Macht begründet, welche sie den Rhetoren verleiht. Die Redner „töten . . ., nehmen Vermögen weg und vertreiben aus den Staaten, wen ihnen gut dünkt“ (466 b c). In der Widerlegung dieser Meinung macht Sokrates geltend, daß die Rhetoren keine Macht besitzen und nicht tun, was sie wollen. Zwischen Wollen und Gutdünken besteht ein wesentlicher Unterschied. Wollen richtet sich immer auf ein Gutes als Ziel und erfordert Einsicht in das, was gut ist, während das, was gut zu sein scheint oder gut dünkt, auch schlecht sein kann. Wer also ohne Einsicht tut, was ihm gut zu sein scheint, besitzt deshalb noch keine Macht, da Macht etwas Gutes ist und demzufolge nur auf Grund von Einsicht ausgeübt werden kann. Wer mit Unrecht tut, was ihm gut zu sein scheint, ist zu bemitleiden; tut jemand mit Recht, was ihm gut dünkt, dann ist er weder zu bemitleiden noch zu beneiden; denn ein Tun ohne Einsicht ist kein agathon, kein Gut, folglich auch keine Macht, auch dann nicht, wenn ein derartiges Tun zufällig mit Recht erfolgt. Die hiermit schon beantwortete Frage nach dem Verhältnis von Einsicht und Macht führt zu der weiteren Frage, ob die Macht mit Gerechtigkeit oder Ungerechtigkeit ausgeübt werden soll.

Während für Polos (470 d ff., vgl. Politeia 344 a ff.) das Glück darin besteht, straflos schlimmstes Unrecht zu begehen, und Unrecht erleiden schlimmer ist als Unrechttun, wenngleich er zugesteht, daß Unrechttun häßlicher sei als Unrecht erleiden (474 c), stellt Sokrates dieser Meinung den Grundsatz gegenüber, Unrechttun sei schlimmer als Unrechtleiden (469 c); glücklich ist der sittlich Gute (470 e), der Ungerechte ist unglücklich und am meisten dann, wenn er nicht bestraft wird (472 e). Die Widerlegung der Auffassung des Polos geht davon aus, daß zugestanden wurde, Unrechttun sei häßlicher als Unrechtleiden. Was nennen wir „schön“? Alles Schöne wird ein solches genannt entweder, weil es Lust oder Nutzen oder beides verschafft (474 e; mit dieser Auskunft geht Platon auf die landläufige, unreflektierte Meinung vom Schönen ein); das Häßliche wird durch das Gegenteil, durch Schmerz und Schlechtes bestimmt (475 a). Wenn von zwei schönen Dingen eines schöner als das andere ist, dann deshalb, weil Lust oder Nutzen oder beides überwiegen. Entsprechendes gilt vom Häßlichen: Ist von zwei häßlichen Dingen eines häßlicher als das andere, dann deshalb, weil entweder Schmerz oder Übel oder beides überwiegen. Diese Überlegung, angewendet auf Unrechttun und Unrechtleiden, ergibt: Da konzediert wurde, Unrechttun sei häßlicher als Unrechtleiden, ist es entweder schmerzhafter oder übler oder beides. Da beim Unrechttun der Schmerz nicht größer ist und infolgedessen auch die dritte der genannten Möglichkeiten ausscheidet, ist Unrechttun ein größeres Übel als Unrechtleiden. Was das Problem der Strafe und der Straflosigkeit betrifft, so ergibt sich weiterhin (476 a ff.), daß, wer richtig straft, gerecht straft; der richtig Bestrafte leidet also gerecht. Weil das Gerechte schön und gut ist, tut der Strafende Schönes und Gutes, und der Bestrafte erleidet Schönes und Gutes und zwar insofern, als er von der schlechten Verfassung seiner Seele befreit wird, von der Ungerechtigkeit, die als Krankheit der Seele schlimmer ist als Armut und leibliche Krankheit. Aber wer straft richtig? Nur wer weiß, was das Richtige ist. Was es ist, bleibt hier ungesagt. Worin besteht nach diesen Ausführungen der Wert der Rhetorik? Er könnte nur darin bestehen, daß der Schuldige sie verwendete, um seine Bestrafung zu erreichen. Angehörige und Freunde, die von der Ungerechtigkeit als Krankheit der Seele befallen sind, müßten bestraft werden, Feinde jedoch sollten straffrei ausgehen. Das zu erreichen wäre Aufgabe und Nutzen der Rhetorik; weil sie diese Aufgabe aber nicht erfüllen kann, da sie keine Kunst und somit kein Wissen ist – sie müßte Wissen von der Gerechtigkeit und dem Guten sein –, sondern unter die Schmeichelei zu subsumieren ist, bringt sie keinen Nutzen.

Wenn das wahr ist – so Kallikles (481c) –, dann wäre unser Leben ganz verkehrt; wir tun anscheinend das Gegenteil von dem, was wir tun sollten. Gorgias und Polos unterlagen in der Disputation, weil sie Zugeständnisse an die geltende Moral machten, weil sie sich scheuten, ihre Auffassungen bis in die letzten Konsequenzen zu entwickeln, so führt Kallikles in seiner meisterhaften Rede aus; und Sokrates machte sich die dadurch entstandenen Unklarheiten zunutze, um beide in Widersprüche zu verwickeln. Bisher schwankte das Gespräch zwischen den Bereichen der physis und des nomos. Wenn der eine über das dem nomos nach Schöne redete, brachte Sokrates ihn zu Fall, indem er nach dem der Natur nach Schönen fragte, und ging es über das dem Gesetz nach Häßliche, so fragte Sokrates nach dem der Natur nach Häßlichen. Er verwende eine Argumentation, die sich absichtlich der Äquivokation bediene, wird Sokrates hier vorgeworfen; mit anderen Worten: Sokrates sei genau das, was er den Sophisten unterstelle: ein Wortverdreher. Beide Bereiche, der der physis und der des nomos, sind aber exakt zu trennen. Betrachten wir hinsichtlich der Frage nach Gerecht und Ungerecht die physis, die Dinge wie sie ursprünglich sind, so zeigt sich, daß der Natur nach alles häßlicher ist, was auch schlechter ist. Das Unrechtleiden ist schlechter und häßlicher als das Unrechttun; dem Gesetz nach ist zwar das Unrechttun häßlicher. Aber der nomos ist reine Konvention; Schwächlinge sind übereingekommen, zu ihrem eigenen Schutz das Unrechttun für häßlicher auszugeben als das Unrechtleiden, und zwar deshalb, weil ihnen die Kraft fehlt, selbst Unrecht zu tun. Das Unrechtleiden ist nicht der eines Mannes würdige Zustand, sondern der eines Sklaven, für den der Tod besser ist als das Leben, weil er nicht imstande ist, sich selbst zu helfen; die Starken sind die Aggressiven, die das begehen, was die Schwächlinge „häßlich" nennen. In Wirklichkeit ist nicht das Unrechttun häßlich, sondern das Unrechtleiden. Wenn wir nämlich die Dinge so betrachten, wie sie sind (kata physin), erkennen wir, daß unter den Tieren und auch unter den

Menschen der Stärkere über die Schwächeren herrscht. Mit welchem Recht ist z. B. Xerxes gegen Griechenland zu Felde gezogen oder sein Vater Darius gegen die Skythen? Doch nur, weil sie nach dem Gesetz der Natur, dem Recht des Stärkeren handelten. Freilich war ihr Tun gemäß dem nomos der Schwächlinge nicht recht, nach diesem ganz willkürlich und dem Naturgesetz widersprechenden aufgestellten Gesetz. Wenn ein wirklich starker Mann auftritt, schüttelt er die Fesseln des nomos ab, die Fesseln dieses widernatürlichen Gesetzes, und tritt als unser Herr auf, wenn er auch vorher Sklave war; und hierin offenbart sich das Recht der „Natur". Wenn der (später so genannte) Übermensch erscheint, gilt für sein Handeln nur das Recht der Natur (to physei dikaion), nämlich das Recht des Stärkeren. Wir aber sind bemüht, einen starken Menschen von Anfang an wie einen Löwen zu dressieren und ihn zu einem zahmen Kätzchen zu machen; denn unter den Menschen müsse Gleichheit herrschen (to ison, 484 a 1), und die Gleichheit der Menschen sei das Schöne und Gerechte.

Was die Philosophie angeht, deren Lob Sokrates, bevor Kallikles mit seiner Rede begann, gesungen hat, so sei es ganz in der Ordnung, wenn man sie in jungen Jahren maßvoll betreibt. Wenn man sich aber darüber hinaus in sie vertiefe, sei sie das Verderben der Menschen. Sie hält die kraftvollen begabten Naturen davon ab, sich dem aktiven tätigen Leben zu widmen, macht sie zu reinen Theoretikern, die die Praxis nicht kennen, macht sie hilflos gegenüber den Widrigkeiten des Lebens, also zu perfekten Schwächlingen. Damit soll nichts – um es zu wiederholen – gegen eine maßvolle Beschäftigung mit der Philosophie gesagt sein: Der Philosophie soweit kundig zu sein, wie es zur Bildung gehört, ist schön, und wer gar keine Philosophie treibt, ist unedel, unfrei (485 c), eine Knechtsnatur. Wenn aber ein Mann fortgeschrittenen Alters noch mit jungen Leuten zusammensitzt und philosophiert, verdient er Schläge. Anstatt mit Studenten herumzureden, möge er ins Leben hinausgehen und seine Kenntnisse und Fähigkeiten dem Staat zur Verfügung stellen. Soweit die Rede des Kallikles.

Sie wird wie folgt widerlegt: Wenn nach dem Recht der Natur die einzelnen Starken mächtiger und besser sind als die Schwachen, sind dann nicht die vielen Schwächlinge, die das konventionelle Gesetz geben, in ihrer Gesamtheit stärker, somit auch besser als die wenigen Starken, und können sie sich ihrerseits dann nicht auf das sogenannte „Naturrecht" berufen? Das würde bedeuten, daß die von den vielen Schwächlingen erlassenen Gesetze schön und gut sind, daß die Gleichheit aller Menschen schön und gut ist, daß weiterhin Unrechttun häßlicher ist als Unrechtleiden, und zwar nicht nur nach dem konventionellen Gesetz, sondern auch nach dem Naturrecht, da ja Naturgesetz oder Naturrecht das Recht des Stärkeren ist. Was ist unter dem Stärkeren, der zugleich der Bessere ist, zu verstehen? Sind die körperlich Kräftigeren die Besseren? Offenbar nicht, denn wenn sich eine Vereinigung von körperlich Starken, die keinen Verstand besitzen, daran macht, Gesetze zu erlassen, sind diese Gesetze nicht gut, nur weil sie von körperlich kräftigen Leuten erlassen wurden. Wer sind denn die „Stärkeren", wenn es nicht die körperlich Kräftigen sind? Naturrecht ist das Recht des Stärkeren, so wurde gesagt. Wenn aber nicht der körperlich Stärkere gemeint ist, wer dann?

Auf Grund dieser Art von Fragen werden die Stärkeren von Kallikles bestimmt (491 a b) als die, welche sich auf die Leitung des Staates verstehen und wissen, wie er am besten verwaltet wird, und die nicht nur verständig sind, sondern auch tapfer und imstande, ihre Pläne auszuführen. Diese sind zur Herrschaft berufen – aber nur zur Herrschaft über andere, nicht zur Herrschaft über sich selbst (491 e ff.). Im Gegenteil, das von Natur aus Schöne und Gerechte (491 e) besteht darin, „daß der, welcher richtig leben will, seine eigenen Begierden so groß wie möglich werden lassen muß, ohne sie zu zügeln, wenn sie aber so groß wie nur möglich sind, muß er in der Lage sein, ihnen zu dienen durch Tapferkeit und Einsicht, und die Begierde zu befriedigen, worauf sie sich jedesmal richten mag". Wahre Tüchtigkeit und Eudaimonie bestehen in Schwelgerei, Zügellosigkeit und Freiheit, „wenn sie Rückhalt hat" (492 c), d. h. wenn die Mittel zur Befriedigung gegeben sind. Alle anderen Meinungen über Tüchtigkeit und Eudaimonie beruhen auf widernatürlicher Konvention, sie sind unbrauchbarer Unsinn (492 c). Was Lust bringt, ist identisch mit dem Guten (495 a).

Die Widerlegung (495a–497d): Wohlergehen und Schlechtergehen sind einander entgegengesetzte Zustände, die nicht zugleich an ein und demselben bestehen können, ebensowenig wie Gesundheit und Krankheit. Das Gute und die Eudaimonie erlangt man zugleich und verliert sie zugleich; dasselbe gilt von Übel und Unglück, woraus sich ergibt, daß zwischen dem Guten und der Eudaimonie einerseits und dem Übel und dem Unglück andererseits eine unlösliche Verbindung besteht. Anders ist es bei Lust- und Unlustgefühlen: sie können zusammen auftreten. Wer z. B. Durst hat und trinkt, empfindet zugleich Unlust (Durst) und Lust (sukzessive Stillung des Durstes); ist der Durst gestillt, dann wird man von Unlust- und Lustgefühl gleichzeitig befreit. Im Gegensatz hierzu treten Gutes und Übles nicht zusammen auf und verschwinden auch nicht zugleich. Gutes und Übles können demzufolge nicht identisch sein mit Lust und Unlust. Ein zweites Argument (497 e – 499 b): Gut ist man durch die Anwesenheit von Gutem, schön durch die Anwesenheit von „Schönheit". Dementsprechend sind die Schlechten schlecht durch die Anwesenheit von Schlechtem (oder von Übeln).

Ob hier die Ideenlehre zugrunde liegt oder nicht, ist strittig. Gegen das Vorliegen der Ideenlehre wird geltend gemacht, daß Platon hier die Plurale ἀγαθῶν-κακῶν verwendet. Indessen braucht das kein Gegenargument zu sein: Strenggenommen dürften die Plurale nicht stehen, sondern der Singular müßte verwendet sein, wenn von den Ideen „Gut" und „Schlecht" gesprochen wird. Aber da die Erörterung im Vorläufigen bleibt, kann die unexakte Ausdrucksweise selbst bei Vorliegen der Ideenlehre beabsichtigt sein. Anderseits dürfte gerade die beabsichtigte Vorläufigkeit der Argumentation dagegen sprechen, daß Platon im Gorgias schon die Ideenlehre zugrundelegt.

Weiterhin ist gesagt: Wenn ein – nicht näher bestimmtes – Gutes in einem Menschen ist (guter Entschluß, gute Absicht beispielsweise), ist der Mensch gut; hinsichtlich des Schlechten gilt entsprechendes. Was das Gute ist, bleibt jedoch im Gorgias ungeklärt; es wird nur negativ bestimmt: Gesundheit, Reichtum, Körperkraft und Lust sind nicht das Gute. Die Argumentation fährt fort: Die Guten (das sind die von Kallikles genannten Starken) und die Schlechten haben, wenn man sie miteinander vergleicht, im ganzen ebensoviel Lust- und Unlustgefühle, vielleicht haben die Schlechten sogar noch mehr von beiden; denn die Feigen empfinden z. B. mehr Unlust, wenn die Feinde nahen, und empfinden mehr Lust, wenn sie abziehen. Wären Lust und Unlust mit dem Guten und dem Schlechten identisch, deren Gegenwart jeweils gut und schlecht macht, dann wären die Guten im ganzen gesehen gleich gut und gleich schlecht wie die Schlechten.

An dieser Deduktion – sie ist ein Paralogismus – nimmt Kallikles keinen Anstoß, versucht sich aber ihren Folgen zu entziehen, indem er bessere und schlechtere Lustgefühle unterscheidet (499 b). Aber auch hiermit ist seine Theorie nicht zu retten. Die guten Lustgefühle (499 d ff.) sind die nützlichen, d. h. diejenigen, welche das Gute bewirken, wie z. B. die Lustgefühle, die körperliche Gesundheit und Kraft herbeiführen (durch die Nahrungsaufnahme), die schlechten sind die, welche das Gegenteil bewirken. Dasselbe gilt für die Unterscheidung guter und schlechter Unlustgefühle. Alle unsere Handlungen richten sich auf das Gute, d. h. auf das Nützliche – womit die Argumentationsstufe des Kallikles eingehalten wird, um des Guten willen vollbringen wir alles andere. Angewendet auf die Lust ergibt diese Argumentation: Um des Guten willen tun wir das, was Lust bereitet. Ist diese Überlegung aber richtig, dann ist die Lust nicht das Gute (500 d), sondern ein Mittel, das Gute herbeizuführen. Weiter brauchen wir die Argumentation nicht zu verfolgen. (Es geht im Folgenden wieder um die Rhetorik.) Die Argumentation krankt daran, daß fortwährend von „gut", „schlecht", „besser", „nützlich" geredet wird, aber nicht gesagt wird, was gut usw. ist. Platon geht auf die sophistische Argumentationsweise ein und destruiert sie; seine eigene Lehre erfahren wir einstweilen nicht.

Das Endergebnis und zugleich das Ende des Gorgias bildet die von Sokrates vorgetragene Aussage, die beste Lebensweise bestehe darin, im Leben und im Tod sich der Gerechtigkeit und überhaupt der Tüchtigkeit (arete) zu befleißigen; denn nur die Macht ist wirklich Macht, die das Gute zum Ziel hat.

c) Das erste Buch der Politeia

Im ersten Buch der Politeia sind ähnliche Gedanken anzutreffen wie im Gorgias, doch ist dort der Gegensatz von physis und nomos nicht so scharf hervorgehoben. (C. F. Hermann, Geschichte und System der platonischen Philosophie, 1839, betrachtet dieses Buch schon als ursprünglich selbständigen Dialog, der erst spät zum ersten Buch der Politeia wurde; v. Arnim und andere gaben ihm den Namen „Thrasymachos"; andere wieder bestritten die Selbständigkeit.) Thema des ersten Buches der Politeia ist die Frage nach der Gerechtigkeit. Sokrates erzählt einem Namenlosen, wir wissen nicht wem, von dem Gespräch, womit – im Gegensatz zum Gorgias – eine Distanzierung vorliegen dürfte. Das Gespräch findet im Peiraieus statt im Hause des Polemarchos. Nach einigen mehr einleitenden Bemerkungen taucht erstmals die Frage nach der Gerechtigkeit auf, als Kephalos, der Vater des Polemarchos, sich über das Vermögen ausläßt, das er teils ererbt, teils erworben hat: Der höchste Nutzen eines großen Vermögens besteht nach der Meinung des Kephalos darin, daß man als anständiger Mensch niemandem etwas schuldig bleibt und keinen, auch nicht unabsichtlich, betrügt (331 b). Sokrates bringt das Gesagte auf die kurze Formel (331 c): Gerechtigkeit besteht darin, die Wahrheit zu sagen und jedem das wiederzugeben, was man ihm schuldig ist. Hiergegen macht er sofort geltend, es gebe Situationen, in denen es besser ist, nicht die Wahrheit zu sagen und auch nicht zurückzuerstatten, was man schuldet (331 c); als Beispiel dient der Fall, daß man von einem Freund Waffen zur Aufbewahrung erhalten hat, der Freund später in Wahnsinn verfällt und die Waffen zurückfordert. Der alte Kephalos erkennt die Richtigkeit des Einwandes und zieht sich zurück; sein Sohn Polemarchos soll die Unterredung weiter führen.

Polemarchos definiert (331 e) unter Berufung auf Simonides die Gerechtigkeit als Wiedererstattung dessen, was man schuldig ist; er nimmt also die Wahrhaftigkeit nicht in die Definition auf. Diese Definition wird zunächst präzisiert: Sich den Freunden wohltätig, den Feinden schädlich zu erweisen, ist Gerechtigkeit (332 d). Die präzisierte Definition wird geprüft durch Bestimmung des Bereiches, in welchem die so verstandene Gerechtigkeit zur Anwendung kommt. Ein erster Versuch schlägt sofort fehl: Der Gerechte ist vor allem im Krieg imstande, den Freunden zu nützen und den Feinden zu schaden (332 e). Diese Auskunft erweist sich als zu eng; denn auch im Frieden ist die Gerechtigkeit nützlich. Wozu also ist die Gerechtigkeit nützlich? Platon läßt den Sokrates, wie er es oft tut, von handwerklichen Verrichtungen ausgehend seine Fragen stellen: Landwirtschaft und Schuhmacherhandwerk haben einen ganz bestimmten Nutzen; was ist der Nutzen der Gerechtigkeit? Auf Grund dieser Art der Fragestellung – der Gerechte wird auf eine Stufe mit einem Handwerksmeister oder überhaupt irgendeinem Sachverständigen gestellt, so daß die Gerechtigkeit eine techne, eine Kunst zu sein scheint, die man erlernen kann wie die Kunst des Schuhmachers oder des Zitherspielers – kommt es zu Verlegenheitsauskünften: Die Gerechtigkeit nützt bei der Aufbewahrung und Sicherung des Geldes (333 c). Diese Aussage wird generalisiert: Die Gerechtigkeit ist von Nutzen, wenn irgendetwas aufbewahrt werden soll (333 d), was zu dem Paradoxon führt, daß sie für den Nichtgebrauch von etwas nützlich, für den Gebrauch aber nutzlos ist (a. a. O.), weil dann der jeweilige Fachmann zuständig ist. Wer am besten etwas aufbewahren kann, kann dasselbe auch am besten stehlen; folglich ist die Gerechtigkeit eine Art Diebeskunst zum Vorteil der Freunde und zum Nachteil der Feinde (334 b). Da das absurd ist, wird ein neuer Versuch unternommen, wobei daran festgehalten wird, daß die Gerechtigkeit dem Freund nützt und dem Feind schadet (334 b). Geprüft werden die Begriffe „Freund“ und „Feind“: Freund ist, wer brav (chrestos) zu sein scheint und es auch ist; für den Feind gilt das Gegenteil (334 e). Auch dieser Versuch führt auf einen Irrweg: Der Schlechte, der Feind, wird durch den Schaden, den man ihm zufügt, schlechter, d. h. ungerechter; die Gerechten würden also durch ihre Gerechtigkeit andere ungerechter machen, was durch Hinweise auf verschiedene technai (Musik, Reitkunst) abgetan wird (der Musikkundige z. B. macht durch seine Kunst andere nicht unmusikalisch). Damit ist auch diese Definition der Gerechtigkeit als unzulänglich erwiesen.

An dieser Stelle (336 b) schaltet sich der Sophist Thrasymachos in die Diskussion ein, was in einer Weise dargestellt wird, die Platons Absicht sehr deutlich zeigt: „Er krümmte sich zum Sprung zusammen wie ein wildes Tier und stürzte sich auf uns, als wolle er uns zerreißen (a. a. O.) . . . und rief . . . ‚solches Geschwätz lasse ich mir nicht bieten'." (336 d) Nach einigem Hin und Her erklärt er sich bereit, seine Auffassung von der Gerechtigkeit vorzutragen: Gerechtigkeit ist der Vorteil des Stärkeren (338 c). Jede Regierung erläßt die Gesetze zu ihrem eigenen Vorteil, und diese Gesetze werden als „gerecht" ausgegeben; in ihrer Befolgung besteht die Gerechtigkeit (338 e). Daß die Untertanen „gerecht" sind, beruht auf Furcht. Die sogenannte Gerechtigkeit dient dem Nutzen der Stärkeren und Herrschenden; sie ist lediglich ein Instrument der Ungerechtigkeit, und ihr Zweck ist die Ausbeutung derer, die nicht die Herrschaft ausüben.

Hiergegen geht Sokrates wieder in der Weise vor, daß er seine Beispiele von Künsten und Handwerk bezieht: Jede Kunst und jedes Handwerk erstrebt den Vorteil eines anderen (der Arzt sucht den Vorteil des Kranken usw.); folglich sucht auch der Gerechte nicht den eigenen Vorteil, sondern den eines anderen. Auf diese Argumentation läßt sich Thrasymachos insofern ein, als er (343 b) kurz darauf hinweist, daß Schaf- und Rinderhirten den eigenen Vorteil erstreben und nicht den ihrer Herde. Für die Gerechtigkeit und Ungerechtigkeit ergibt sich: Die Gerechtigkeit ist der Vorteil des Stärkeren und Herrschenden, aber der Schaden des Gehorchenden und Dienenden (343 c); die Ungerechtigkeit dagegen herrscht über die Einfältigen, d. h. über die Gerechten; und die Tyrannis als ausgeprägteste Form ungerechter Herrschaft läßt erkennen, daß Ungerechtigkeit höchstes Glück, höchsten Gewinn und größte Macht bedeutet (344 a ff.).

Diese Ausführungen des Thrasymachos bringt Sokrates in der Weise zu Fall, daß er, abermals von Kunst und Handwerk ausgehend, zeigt, daß die Ungerechtigkeit keinen Gewinn bringt. Die Kunst zu heilen z. B. tendiert auf den Vorteil des Kranken; nebenbei betreibt der Arzt noch eine andere Kunst, nämlich die des Lohnerwerbs. Ebenso verhält es sich mit Gerechtigkeit und Ungerechtigkeit: Wenn mit ihnen Vorteile verbunden sind, dann auf Grund der Kunst des Lohnerwerbs. Weiterhin kennt jeder Handwerker und jeder Künstler sein Fach (der Heilkundige ist in seinem Fach verständig und gut, der Nichtheilkundige ist im Bereich der Heilkunde unverständig und schlecht) und will vor seinesgleichen nichts voraushaben, während der Unverständige und Unkundige sowohl vor dem Wissenden als auch vor dem Unwissenden etwas voraushaben will. Angewendet auf „Gerecht“ und „Ungerecht“ ergibt sich: Der Gerechte ist verständig und gut, der Ungerechte unverständig und schlecht; denn der Gerechte kennt die Gerechtigkeit, der Ungerechte nicht. Wie der Handwerker als Wissender dem Unwissenden überlegen ist, so ist der Gerechte als Wissender dem Ungerechten als dem Unwissenden überlegen. Die Gerechtigkeit besteht hiernach primär in einem Wissen: Wer weiß, was gerecht ist, handelt auch gerecht. Außerdem schafft die Gerechtigkeit als besondere Fähigkeit des Menschen das glückliche, dem Menschen angemessene Leben.

Nicht zu verkennen ist, daß der platonische Sokrates es, was die Anwendung von Trugschlüssen betrifft, mit dem Sophisten aufnehmen kann; die Trugschlüsse erwachsen aus der Gleichsetzung von Gerechtigkeit und Handwerk oder Kunst. Daß – in Platons Darstellung – die Sophisten in der Disputation jeweils unterliegen, läßt wohl erkennen, wie wenig sie von ihrer eigenen „Kunst“ verstehen und wie weit die sophistische Rhetorik von philosophischer Argumentation entfernt ist. Erscheint der Sophist im ersten Buch der Politeia als ein Polterer, der in der Diskussion alsbald kapitulieren muß, und ist die Rhetorik als angebliche Kunst des Sophisten in Wirklichkeit ein Schattenbild einer Kunst, so ist im Protagoras der Sophist eine Art Händler mit Gütern, von denen sich die Seele nährt (vgl. oben S. 21).

Aber wenden wir uns ab von Platons Auseinandersetzungen mit seinen Zeitgenossen und fragen, was er an die Stelle des von ihm Bekämpften und Verworfenen zu setzen hat. Die Sophisten versuchten, ein sehr umfangreiches Wissen zu vermitteln; der historische Sokrates gestaltete nach allem, was wir von ihm wissen, kein philosophisches System aus, sondern eine bislang unbekannte Art philosophischen Fragens. Auch Platon entwirft in den Dialogen kein einheitliches System; daher ist nunmehr zu fragen, worin er sich von seinen Vorgängern und Zeitgenossen unterscheidet und worin seine mehrfach sich wandelnde Lehre besteht.

2. *Die Bestimmung der Philosophie*

Wir beginnen damit, daß wir fragen, was „Philosophie" und Philosophieren bei Platon bedeutet. Damit wir Platons Antworten auf diese Frage verstehen und zugleich die Eigenart der platonischen Philosophieauffassung erkennen, müssen wir untersuchen, was vor Platon unter „Philosophie" verstanden wurde und welche Bedeutung das Wort bei ihm annimmt. Nach Klemens von Alexandria (Stromateis V 141, II 421,4 = Vorsokratiker 22 B 35) verwendete erstmals Heraklit das Wort „philosophos": „Denn gar vieler Dinge kundig müssen weisheitsliebende Männer sein." Wortlaut und Bedeutung des Fragments sind umstritten. H. Diels (Vorsokratiker 22 B 35 Anm.) verweist wohl mit Recht darauf, daß Porphyrios (De abstinentia II 49) das Fragment zu zitieren scheint: „Kundig vieler Dinge ist der wirkliche philosophos." Vom Inhalt her scheint Heraklit Fr. 40 zu widersprechen: „Vielwisserei lehrt nicht Verstand haben ..." Indessen braucht kein Widerspruch vorzuliegen; und Fr. 35 ist nicht mit Notwendigkeit als Meinung der „Vielen" (vgl. Vorsokratiker 22 B 35 Anm.) aufzufassen. Zwar erfordert Weisheitsliebe im allgemeinsten

Sinne nicht, daß man vieler Dinge kundig ist, aber wenn Heraklit tatsächlich einmal sagt, der philosophos müsse ein großes Wissen besitzen, und ein andermal sich gegen Vielwisserei wendet, dann mag der philosophos darin vom Vielwisser sich unterscheiden, daß der Weisheitsliebende die Vielheit seines Wissens zu einer Einheit ordnet, der Polyhistor dagegen nicht. Wenn diese Deutung richtig ist, ist philosophos derjenige, der sich um ein geordnetes Wissen bemüht, das Einzelstudien voraussetzt. Vielleicht verstand Heraklit unter dem philosophos auch den, der die Weisheit, die in der Erkenntnis des Logos besteht, liebt; der Logos ist das Maß und die Ordnung des Kosmos. Uneingeschränkte Kenntnis ist nur dem Gott möglich (Vorsokratiker 22 B 78); der Mensch wird deshalb niemals ein Weiser, sondern bestenfalls ein Weisheitsliebender (philosophos). Ist die Bedeutung von philosophos bei Heraklit somit wahrscheinlich schon eingeengt, so ist ursprünglich philosophia das Streben nach Wissen und Bildung im weitesten Sinne, und philosophos ist der, welcher nach Wissen und Bildung strebt. Bei Herodot I 30, 2 spricht Kroisos zu Solon: „philosopheon (= aus Liebe zum Wissen) hast du viele Länder bereist." Diese Bedeutung des Wortes ist auch bei Thukydides II 40 zu finden: „Wir lieben das Schöne, ohne verschwenderisch zu sein, und wir streben nach Bildung (Philosophoumen), ohne zu verweichlichen." (Vgl. auch Ailios Aristeides, Orationes 46, II 407, Ed. W. Dindorf.)

Es gab eine weitverbreitete Erzählung (Diog. La. I 12; Jamblichos, De vita Pythagorica 58f.; Aetios I 3, 8 = Vorsokratiker 58 B 15; Cicero, Tusc. disp. V 9), daß Pythagoras das Wort „Philosophie" als erster in eingeschränkter Bedeutung verwendete; vgl. z. B. Cicero a. a. O.: Die einen streben nach Ruhm, die anderen nach Geld; wenige gibt es, die alles andere verachten und nur das Wesen der Dinge zu erforschen trachten. Diese nennt Pythagoras „sapientiae studiosos, id est enim philosophos". Indessen dürfte dieser Bericht der Pythagoraslegende entstammen und daher ohne historischen Wert sein.

Genaueres zur Bedeutung von „Philosophie" läßt sich erst wieder im Bereich der Sophistik und Sokratik erkennen. Philosophie ist hier zunächst eine theoretische Betätigung, sofern sie systematisch betrieben wird, so z. B. der Jugendunterricht (Euthyd. 307a; Gorg. 485a). Hierbei ist „Philosophie" nicht auf ein bestimmtes Gebiet eingeschränkt: Geometrie ist Philosophie (Theait. 143 d); die Musik, d. h. Harmonielehre, ebenfalls (Tim. 88 c). Bei Xenophon (Memorabilia 4, 2, 23) bezeichnet Euthydem die Beschäftigung mit Dichtern und Sophisten als seine „Philosophie"; in Xenophons Symposion (I 5) ist Philosophie eine Bildung, die man von den Sophisten Protagoras, Gorgias, Prodikos und anderen durch bezahlten Unterricht erhält, während Sokrates sie erlangen will, ohne von jemand unterrichtet zu werden. Was vom Volk als Philosophie angesehen wurde, läßt sich sehr deutlich aus Platons Apologie (23 d) entnehmen. An dieser Stelle werden Vorwürfe gegen die „Philosophen" erhoben, und zwar heißt es: Sie erforschen das, was über und unter der Erde ist, glauben nicht an die Götter und verhelfen durch ihre Redekunst der schlechteren Sache zum Sieg. Anders formuliert: Die Philosophen sind Atheisten und Rechtsverdreher, die sich zudem mit einer Art Wissenschaft abgeben, die keinem etwas nützt.

Neben dieser Bedeutungseinengung (Philosophie ist systematische, theoretische Betätigung) bleibt indessen die ursprüngliche Wortbedeutung (Streben nach Weisheit oder Wissen) erhalten, und das Streben nach Weisheit kann dem Besitz der Weisheit oder des Wissens gegenübergestellt werden. So heißt es in Platons Phaidros (278 d): „Ihn einen Weisen zu nennen, scheint mir etwas zu Großes zu sein ... und nur einem Gott wohl anzustehen, aber einen Weisheitsliebenden (philosophon) oder etwas dergleichen, das möchte wohl ... mehr passen und wohllautender sein." Die sophia, die Weisheit, welche Gegenstand eines solchen Strebens ist, ist identisch mit dem Wissen; vgl. Theait. 145 e: „Dasselbe also ist Wissen und Weisheit? Ja."

Auf die Frage, welche Bedeutung „Philosophie" bei Platon hat, könnte man nach der zuletzt genannten Auskunft erwarten: Philosophie ist Streben nach Weisheit oder Wissen. Aber Platon erteilt eine andere Antwort: „Diejenigen, welche sich auf rechte Weise mit der Philosophie befassen, scheinen nichts anderes zu betreiben, als zu sterben und tot zu sein, ohne daß es freilich die anderen merken." (Phaid. 64 a) Diese Antwort ist nicht nur ein Paradoxon, sondern fordert zunächst schärfsten Widerspruch heraus: Wenn das so ist, daß die Philosophen selbst einsehen, sie verschwänden am besten von dieser Erde, dann wollen wir sie nicht daran hindern; sie mögen dafür sorgen, daß wir sie möglichst bald los werden (vgl. Phaid. 64 b). So einfach kann jedoch Platons Auskunft nicht beiseite geschoben werden. Was meint er, wenn er Philosophie als Streben nach dem Tod bezeichnet? Wir versuchen, seine Worte zu verstehen, indem wir überlegen, was er mit „Tod" meint.

Im Phaidon (64 c) wird der Tod bestimmt als „Trennung der Seele vom Leib". Der Mensch, sofern er lebt, ist also ein Zusammengesetztes aus Seele und Leib. Der Leib als organischer Körper ist nicht durch ihn selbst lebendig; denn die ihn konstituierenden Grundstoffe sind nicht belebt. Es muß also irgendetwas, nicht mit dem Leib Identisches, geben, das ihn belebt. Dieses Prinzip des Lebens heißt psyche, „Seele". Solange es im Leib ist, ist der Leib lebendig; der lebendige Mensch kann wahrnehmen und denken. Auch diese Fähigkeiten müssen Fähigkeiten des Lebensprinzips sein; wenn nämlich der Leib nicht aus ihm selbst lebendig ist, besitzt er erst recht nicht aus ihm selbst die Fähigkeiten der Wahrnehmung und des Denkens. Ist das aber so, dann ist der menschliche Leib nicht dasjenige, was den Menschen zum Menschen macht; das Prinzip des Menschseins ist vielmehr die psyche; sie ist der Mensch im eigentlichen Sinne. Fragen wir nun weiter, was den Menschen als beseeltes Lebewesen vor anderen Beseelten wie Pflanzen und Tieren auszeichnet, so ist offensichtlich, daß der Mensch das Leben mit Pflanzen und Tieren gemeinsam hat; die Fähigkeit der Sinneswahrnehmung besitzt auch das Tier; nur dem Menschen eignet der Intellekt. Wenn auch wohl höher entwickelten Tieren eine Art von Intelligenz nicht abzusprechen ist, so vermag jedoch nur der Mensch, Einsicht zu erlangen in das, was ist. Einsicht in das, was ist, nennt Platon noesis oder episteme oder auch phronesis (reine Vernunfterkenntnis). Diese Erkenntnis erlangen wir nicht durch die Sinne; denn die Sinne lassen uns immer nur ein jeweils hier und dort Seiendes wahrnehmen, das seinen Ort wechselt und im Verlauf der Zeit seine Beschaffenheiten ändert, das entsteht und vergeht. Derartiges kann nicht das sein, was ist. Zu dem, was ist, dringen wir niemals durch die Sinneswahrnehmung vor, sondern wir erkennen es nur dann, wenn wir die Wahrnehmung transzendieren und im reinen Denken dem, was ist, nachgehen.

Dieses Transzendieren der Wahrnehmung oder das Zurückziehen der Seele auf sich selbst, das „sich von allen Seiten her aus dem Leibe für sich Versammeln und Zusammenziehen" (Phaid. 67 c) wird nicht nur durch die sinnliche Wahrnehmung gestört, sondern auch und vor allem durch Schmerz, Begierde (a. a. O. 65 c) und überhaupt durch alles, was vom Leib herrührt; vgl. Phaid. 66 b ff.: „... der Leib macht uns tausenderlei zu schaffen wegen der notwendigen Nahrung; dann auch, wenn uns Krankheiten zustoßen, behindern uns diese, das Wahre zu erjagen, und auch mit Gelüsten und Begierden, Furcht und mancherlei Schattenbildern und vielen Kindereien erfüllt er uns, so daß recht in Wahrheit, wie man auch zu sagen pflegt, wir um seinetwillen nicht einmal dazu kommen, auch nur irgend etwas richtig einzusehen. Denn auch Kriege und Unruhen und Schlachten erregt uns nichts anderes als der Leib und seine Begierden; denn wegen des Besitzes von Geld und Gut entstehen alle Kriege, Geld und Gut aber müssen wir haben wegen des Leibes ... Daher fehlt es uns an Muße, nach Weisheit zu streben ... Das schlimmste von allem aber ist, daß, wenn der Leib uns einmal Muße gewährt und wir uns anschicken, etwas zu untersuchen, er uns dann wieder bei den Untersuchungen dazwischen kommt und Unruhe, Störung und Verwirrung stiftet, so daß wir seinetwegen das Wahre nicht erblicken können ... Wenn wir etwas so erkennen wollen, wie es wirklich ist, dann müssen wir uns vom Leib freimachen und mit der Seele selbst die Dinge betrachten." Befreiung der Seele vom Leib aber ist Sterben. Philosophie als Streben nach dem Tod ist daher das Sich-Freimachen der Seele von den Affekten und Bedürfnissen des

Leibes, das Transzendieren der Sinneswahrnehmung und der Versuch, im reinen Denken das, was ist, zu erkennen.

Hieraus wird klar, daß wir, solange die Seele mit dem Körper verbunden ist, zwar dann dem Erkennen der Wahrheit am nächsten sind, wenn die Seele soweit wie möglich die Gemeinschaft mit dem Leib aufgibt, aber in diesem Leben uns immer nur der Wahrheit annähern können; denn die Seele kann sich, solange sie mit dem Körper vereinigt ist, nie so auf sich zurückziehen, daß die Gemeinschaft mit dem Leib gänzlich aufgehoben ist. Völlige Erkenntnis dessen, was ist, mag erst dann zu erlangen sein, wenn die Seele von der Vereinigung mit dem Leib ganz gelöst ist, d. h. nach dem physischen Tod. Daraus darf aber nicht die naheliegende Folgerung gezogen werden, wer nach Weisheit strebe, solle sich selbst umbringen (Phaid. 61 c), um möglichst bald zur Erkenntnis dessen, was ist, zu gelangen. Daß die Seele in den Leib gleichsam eingekerkert ist, beruht auf einer nichtmenschlichen Verfügung. Wie der gesetzestreue Bürger – das Vorbild ist Sokrates – nicht aus dem Gefängnis entweichen darf, selbst wenn ihm die Möglichkeit dazu gegeben ist (vgl. Kriton 50 a ff.), so muß auch die Seele im Körper ausharren, bis sie, abermals durch eine nichtmenschliche Verfügung, aus ihm befreit wird. Eine nichtmenschliche Verfügung ist eine „göttliche“ Verfügung; die Seele muß demzufolge im Körper verweilen, bis ein Gott oder die Götter verfügen, daß sie aus ihm befreit wird.

Zur Erklärung dieses letzten Gedankens sei kurz auf die Bedeutung von theios (göttlich) und theos (Gott) hingewiesen. Wenn wir diese Worte in der Übersetzung lesen (göttlich; Gott) und wissen, daß die Griechen an viele theoi glaubten, werden wir die Vorstellung eines mehr oder weniger freundlichen, bisweilen auch boshaften Gremiums übermenschlicher Wesen bilden, das sich im Grunde recht menschlich aufführt, und dann werden wir fragen, wieso Philosophen wie Platon noch ernsthaft von theos oder theoi reden können. Die Antwort auf unsere Frage besteht darin, daß theos und theios alles Übermenschliche, Immerwährende und Unsterbliche bedeutet. Jede Kraft, die vor unserer Geburt existierte und nach unserem Tod sein wird, konnte als theos oder theios bezeichnet werden; und die meisten dieser Kräfte wurden so genannt. Derartige Kräfte wurden als Personen empfunden, nicht nur Phänomene wie Regen, Gewitter, Sonnenschein, Krankheit und Tod, sondern auch psychische Impulse, die den Menschen erkennen lassen, daß er in der Gewalt von etwas ist, das er nicht beherrschen kann. So ist z. B. eine überwältigende Liebesleidenschaft das Werk der Aphrodite; eine unvernünftige Handlung weist darauf hin, daß Zeus den Verstand des Menschen beseitigte usw. Der Mensch ist entsprechend dieser Auffassung Spielball mächtiger Gottheiten, die sich nicht nur mit der Regierung des Weltalls beschäftigen, sondern auch und nicht zuletzt mit der Regelung menschlicher Angelegenheiten befaßt sind. – Wichtiger als das ist jedoch, worauf U. v. Wilamowitz-Moellendorff (Der Glaube der Hellenen, 2. Aufl. Darmstadt 1955, Bd. I, S. 17–21) hingewiesen hat, daß „theos" primär prädikative Bedeutung hat. Anders als Juden und Christen postulierten die Griechen nicht zuerst die Existenz Gottes und versuchten dann seine Eigenschaften zu bestimmen, wie z. B. „Gott ist die Liebe", sondern sagten, um bei diesem Beispiel zu bleiben: „Die Liebe ist Gott"; vgl. z. B. Euripides, Helena 560: „Auch das Wiedererkennen von Freunden ist theos." Hier offenbart sich eine Denkungsart, die Dinge, Sachverhalte oder Vorstellungen in einer Weise verbindet, die uns zunächst paradox zu sein scheint.

Noch etwas ist zur Erklärung der platonischen Auffassung hinsichtlich der Seele zu sagen: Die Abkehr des Philosophen vom Somatischen könnte als Weltflucht verstanden werden und ist so ausgelegt worden. Aber Platon fordert keine Weltverneinung. Gerade weil der Philosoph weiß, daß innerhalb der Vereinigung von Seele und Leib die Seele den Primat besitzt, kann er das somatische Leben richtig beurteilen und ihm die Stelle zuweisen, die ihm in der Rangordnung von Seele und Leib gebührt. Philosophie ist Angleichung an das Immerwährende, Unveränderliche. Das Immerwährende, Unveränderliche ist das Göttliche. Also ist Philosophie Angleichung an das Göttliche.

Die bisher dargestellten Lehren Platons von der Philosophie und der Seele bieten den Anlaß, einige Fragen zu stellen. Wenn zugestanden wird, daß die Seele ein vom Leib verschiedenes an ihr selbst Existierendes ist, ist noch nicht konzediert, daß sie unsterblich ist. Lassen sich Argumente für die Unsterblichkeit der Seele beibringen? Was ist die Beschaffenheit der Seele, ist sie einheitlich einfach oder ist sie ein Zusammengesetztes, und wenn sie ein Zusammengesetztes ist, ist sie dann als ganze unsterblich oder nur zu einem Teil? Und weiter: Im Vorhergehenden war mehrmals die Rede von dem, was ist; die Seele will, sofern sie nach Erkenntnis strebt, so weit wie möglich die Gemeinschaft mit dem Leib aufgeben und sich auf das besinnen, was ist. Was ist das, was ist? Wir versuchen, die letzte Frage zuerst zu beantworten, da das Problem der psyche mit ihr in engem Zusammenhang steht.

3. Die Ideenlehre

Was ist das, was ist? Einstweilen kann nur gesagt werden, daß das, was ist, durch reines Denken erkannt wird, nicht aber durch die Sinneswahrnehmung. Da die gesamte empirisch wahrnehmbare Welt Gegenstand der Sinneswahrnehmung werden kann, kann sie nicht das sein, was ist. Was ist dann aber das, was ist, das nur durch das reine Denken erkennbar ist? Ein Vergleich zwischen sinnlicher Wahrnehmung und reinem Denken mag uns die Antwort auf unsere Frage erleichtern. Die Sinneswahrnehmung gibt uns Kunde von den Dingen der Erfahrungswelt. Was läßt sie uns von den Dingen erfassen? Wenn wir die verschiedenartigen Mannigfaltigkeiten, welche die Sinne uns übermitteln, außer Betracht lassen und das zu eruieren suchen, was allem sinnlich Wahrnehmbaren gemeinsam ist, stellen wir fest, daß alle Gegenstände der Sinneswahrnehmung in einem fortwährenden Wandel begriffen sind; die einen verändern sich schneller, die anderen langsamer. Alles sinnlich Wahrnehmbare unterliegt der Veränderung und auch dem Entstehen und Vergehen. Heraklit wird – wohl zu Unrecht (vgl. Kirk–Raven–Schofield, The Presocratic Philosophers, Cambridge ²1983, S. 195) – die Lehre zugeschrieben, alles fließe nach Art eines Flusses (vgl. auch Diog. La. IX 8), d. h. es verändere sich fortwährend (vgl. Krat. 402a: „Heraklit sagt doch, alles bewege sich und nichts habe Bestand, und indem er die Dinge mit dem Strömen eines Flusses vergleicht, sagt er, zweimal kannst du in denselben Fluß nicht hinabsteigen"; vgl. auch Aristoteles, Physik 253b 9 und Metaphysik 1010a 14). Wenn aber alles Sinnenfällige sich verändert, ist es dann überhaupt möglich, allgemeingültige Aussagen über Sinnenfälliges, über die Welt der Sinneserfahrung, zu machen?

Wir verdeutlichen uns die Frage an einem simplen Beispiel. Wenn wir sagen, das Blatt eines Baumes sei grün, ist die Aussage nur zu einer bestimmten Zeit richtig, nämlich dann, wenn das Blatt tatsächlich grün ist; im Herbst vergilbt das Blatt, und im Winter existiert es nicht mehr. Ähnliches gilt für alle Gegenstände der Sinneswahrnehmung. Und weiter: Wir können beobachten, daß zu verschiedenen Zeiten – bisweilen auch bei verschiedenen Völkern – die Meinungen über das, was gut, gerecht, schön usw. ist, sehr differieren. Worin besteht z. B. die Gerechtigkeit, was ist gerecht? Eine Antwort hierauf lautet, Gerechtigkeit bestehe darin, jedem das zukommen zu lassen, was ihm gebühre, eine andere heißt, Gerechtigkeit sei Wiedererstattung der Schulden, und noch eine andere, Gerechtigkeit sei der Vorteil des Stärkeren (vgl. Politeia I 338 b ff.). Für die Aktualität der letzten Definition von Gerechtigkeit lassen sich zahlreiche Beispiele erbringen. Was aber ist Gerechtigkeit an ihr selbst, abgesehen von den sich wandelnden Meinungen; was ist das Gute, das Schöne? Die Sinneserfahrung kann uns hierüber nicht belehren, auch nicht die vielen, zum Teil einander widersprechenden Meinungen. Daraus folgt: Allgemeingültige Aussagen haben weder in der Sinneserfahrung noch in den menschlichen Meinungen einen Halt. Anderseits aber gibt es allgemeingültige Aussagen; als Beispiel diene der Satz $7 + 5 = 12$. Welcher Art sind die Gegenstände, auf die derartige Sätze sich beziehen? Auf die Sinnenwelt können sie sich nicht beziehen; denn die Sinnenwelt verändert sich stets. Wenn es aber nichts gibt, auf das solche allgemeingültigen, d. h. immer geltenden Aussagen angewendet werden können, sind sie falsch oder sinnlos. Daß aber der Satz $7 + 5 = 12$ falsch oder sinnlos wäre, ist absurd. Folglich muß es etwas geben, das solchen Sätzen entspricht, und zwar müssen an ihm dieselben Merkmale nachweisbar sein wie an den allgemeingültigen Aussagen, nämlich die Unveränderlichkeit und Unvergänglichkeit. Der Satz $7 + 5 = 12$ ist unveränderlich wahr; also muß auch der in dem Satz prädizierte Sachverhalt unveränderlich sein. Wo aber gibt es ein solches unwandelbar Unveränderliches, und wie kann es erfaßt werden?

Die Reflexion über dieses Unwandelbare setzte ein mit Parmenides (ca. 500 v. Chr.), der zugleich die sinnliche Wahrnehmung und das Denken, das sich auf die Sinneswahrnehmung verläßt, als Trug entlarvt; vgl. Fr. 7 des Parmenides: „Nicht soll vielerfahrene Gewohnheit dich auf diesen Weg zwingen, hurtig zu regen das unachtsame Auge und das widerhallende Gehör und die Zunge"; und Fr. 8, 38–41: „Alles wird Name sein, was die Sterblichen festlegten in der Überzeugung, es sei wahr, Werden und Vergehen, Sein und Nichtsein, den Ort verändern und die leuchtende Hautfarbe wechseln." Das unwandelbar Seiende kann nur durch das Denken erfaßt werden, durch ein Denken, welches von allem Bezug auf die Sinneserfahrung frei ist, also durch das reine Denken. Parmenides ist der erste, der für das den Sinnen entzogene Unwandelbare die Termini „Sein", „Ist" oder auch „Seiendes" verwendet. Gemäß parmenideischer Lehre ist das Seiende ein Ganzes, einzigartig, unbewegt und ohne Ende in der Zeit, unentstanden und unvergänglich, absolut einfach, zeitlich und räumlich mit sich identisch, d. h. völlig gleichartig und unteilbar. Es ist unbeweglich in Grenzen eingeschlossen, gleichmäßig von sich selbst erfüllt und hat die Gestalt einer Kugel. Das Seiende ist demzufolge eine homogene, kontinuierliche, unteilbare Kugel, die sich nicht bewegt und nicht verändert. Als solches ist es zwar ausgedehnt, hat aber keine Qualitäten, auch ist es nicht belebt und nicht mit einer vernunftbegabten Seele ausgestattet. Eine Gottheit ist es nicht, göttliche Eigenschaften hat es nicht. Mit dem Denken (Denken wird von Parmenides noch als Gewahrsein der Realität verstanden) bildet es eine Einheit, innerhalb der Einheit besitzt es die Priorität. Was nur ausgedehnt ist, jedoch keine Akzidenzien hat, kann nicht sinnlich wahrgenommen werden. Dem rein menschlichen, auf die Sinneswahrnehmung angewiesenen Denken bleibt daher die gleichmäßig ausgedehnte, qualitätslose Seinskugel verborgen; menschliches Wahrnehmen und Denken erzeugen den Schein der Vielheit, der Bewegung und Veränderung. Die Erfahrungswelt und alles, was in ihr zu geschehen und zu sein scheint, ist vermeintliche Realität; die Wirklichkeit ist statisch, gleichmäßig ausgedehnt, qualitätslos, so wie sie vom göttlichen Denken geschaut wird. Das rein menschliche „Erkennen" erstrebt dasselbe wie das von einer namenlosen Gottheit (vgl. Parmenides Fr. 1) belehrte Denken; es will die Wirklichkeit erkennen. So will menschliche Betrachtungsweise zwar das Seiende erfassen, aber sieht statt der einen veränderungslosen Realität Vielheit und Veränderung und verfehlt so die Wirklichkeit. Die Pseudo-Realität der körperhaften Welt wird vom belehrten Denken in ihrer Nichtigkeit durchschaut: Nicht die sinnlich wahrnehmbare Körperwelt ist seiend; das Seiende ist eine Kugel, welche keine Akzidenzien hat und deshalb den Sinnen nicht zugänglich ist.

Für unsere Frage nach dem Unwandelbaren, auf das sich unsere allgemeingültigen Aussagen beziehen, gewinnen wir von Parmenides her die Antwort: Das Unwandelbare ist das nur dem reinen Denken zugängliche Seiende; die Erfahrungswelt ist ein Truggebilde, das durch rein menschliches „Erkennen" entsteht. Wollen wir zur Wirklichkeit vordringen, dann müssen wir uns über menschliches Wahrnehmen und Denken erheben, was nach Parmenides dem Menschen nicht aus eigener Kraft gelingt, sondern nur mit Hilfe einer Gottheit: Philosophie als Erkenntnis des unwandelbar Seienden ist ein Geschenk der Gottheit an die Menschen. Das wichtigste Ergebnis dieser parmenideischen Lehre ist der Dualismus von Seiendem und dem, was uns die Sinne als seiend vortäuschen, das aber in Wirklichkeit nicht seiend ist. Diese beiden Bereiche lassen sich auch dadurch fixieren, daß das Seiende das Reich der Wahrheit, das nicht Seiende, aber zu sein Scheinende, das Reich der doxa, der Meinung und des Scheines ist. Aussagen über die Erfahrungswelt sind demnach folgerichtig Aussagen über das nicht Seiende. (Wenn der Sophist Gorgias ein Werk über das Nichtseiende verfaßte, zeigt sich hier Einfluß des Parmenides.)

An den parmenideischen Dualismus knüpft Platon an und modifiziert ihn: Die Welt der Sinneserfahrung ist nicht nichts, sondern zwischen Sein und Nichts gestellt als Bereich des Werdens und Vergehens; auf diesen Bereich richtet sich die doxa, das Meinen. Das, was ist, wird erkannt durch die episteme, das verstehende Wissen. Das Nichts ist unerkennbar (Politeia 477 a). Die Philosophie strebt nach Erkenntnis, nach episteme; sie will das erkennen, was ist, mit anderen Worten formuliert: Sie will das Seiende erforschen. Hier erheben sich mehrere Fragen: Was ist das Seiende? In welcher Beziehung steht das Werdende und Vergehende, unsere Erfahrungswelt, zu ihm? Wie wird das Seiende erkannt?

Wir beginnen mit dem Versuch, die Frage zu beantworten, was das Seiende sei. Platon antwortet hierauf scheinbar mit einer Tautologie. Das Seiende ist das, was ist. Wenn wir diese Auskunft genauer bedenken, erweist sie sich keineswegs als Tautologie. Das Seiende ist das, was ist: In dieser Antwort liegt das Schwergewicht nicht auf dem „ist“, sondern auf dem „was“ (vgl. K.-H. Volkmann-Schluck, Einführung in das philosophische Denken, Frankfurt a. M. 1965, S. 17). Was damit gemeint ist, müssen wir jetzt zu verstehen suchen. Wir nennen z. B. einen Menschen „gerecht“. „Gerecht“ ist der Mensch nicht, insofern er Mensch ist; denn wenn er ungerecht wird, bleibt er Mensch, aber seine Gerechtigkeit ist verschwunden. Der gerechte Mensch ist daher etwas, bei dem das Gerechte ist und von dem es weichen kann. Das Gerechte selbst oder die Gerechtigkeit selbst kann aber nie von ihr verschwinden; das Gerechte oder die Gerechtigkeit ist ganz identisch mit ihr selbst, hat keine Bestandteile und kann sich, weil unzusammengesetzt, nicht auflösen; die Gerechtigkeit ist immer, als Immerseiendes ist sie unvergänglich, sie bleibt, was sie ist, sie ist unwandelbar. Die unwandelbare Gerechtigkeit oder das unwandelbare Gerechte wird immer als Gerechtes gesehen und erscheint niemals als ihr Gegenteil; freilich erblickt nicht die Wahrnehmung das unwandelbar Gerechte, sondern das schauende Denken. Das Gerechte läßt immer dasselbe Wassein sehen.

Im Griechischen gibt es einen infinitivus aoristi „idein"; davon sind die Substantive „idea" und „eidos" abgeleitet. Im außerphilosophischen Griechisch – und bisweilen auch innerhalb philosophischer Diktion – bedeuten beide „Aussehen", „Gestalt". Platon verwendet beide Wörter, um das, was ist, zu bezeichnen: Das Seiende, d. h. das, was ist, ist „idea" oder „eidos"; es ist das, was immer dasselbe Wassein sehen läßt. Die ideai oder eide sind von ihnen her das, was sie sind, im Gegensatz zum empirisch Wahrnehmbaren, das immer durch das Hinzutreten von etwas anderem konstituiert wird. Ferner: Es gibt viele gerechte Menschen, viele gute Menschen, viele schöne Menschen. Die Gerechtigkeit, Gutheit und Schönheit dagegen ist jeweils eine. Wo also in der Erfahrungswelt Vielheit ist, ist im Bereich der Ideen Einheit für jeden Bereich der Vielheit.

Wenn wir das bisher Gesagte zusammenfassen, ergibt sich: Es gibt eine Vielheit von schönen Dingen und von guten Dingen (Politeia 507 b); zudem gibt es ein an ihm selbst Schönes und an ihm selbst Gutes, und so bei aller Vielheit. Jedes Viele steht unter einer Idee; diese Idee ist die Einheit, das einheitliche Wassein für jeden Bereich der Vielheit. Damit keine Mißverständnisse entstehen, sei die Seinsweise der Ideen noch genauer erläutert. In unserem Sprachgebrauch sind „Ideen" Bewußtseinsinhalte, Vorstellungen oder Begriffe. In der älteren Literatur (vgl. z. B. Ueberweg-Praechter, S. 260; aber auch: Philosophisches Wörterbuch, hrsg. v. G. Klaus und M. Buhr, Leipzig, 8. Aufl. 1971, wo die Verfasser des Artikels „Idealismus" (S. 497 ff.) behaupten, die Ideen seien verobjektivierte und verabsolutierte Begriffe, und damit um mindestens sechzig Jahre hinter der Platonforschung einherhinken) werden die Ideen als hypostasierte Begriffe gedeutet. In seinem

1921 in 2. Auflage erschienenen Werk „Platons Ideenlehre" faßt P. Natorp die platonischen Ideen als „reine Begriffe" auf. (Im Anhang zur 2. Auflage werden die Ideen als etwas Dynamisches und in sich Bestehendes gesehen; sie seien die lebendige Kraft des Lebens und Wachsens in allem, was lebt und wächst, aber sie seien nichts Dinghaftes.) Derartige Deutungen sind zurückzuweisen; Platons Ideen sind weder logische Methoden noch reine Begriffe noch hypostasierte Begriffe, erst recht sind sie keine empirischen Begriffe oder Vorstellungen. Auch sind sie nichts in den lebenden und wachsenden Dingen. Sie sind das Seiende, und zwar das Seiende im Sinne des Wasseienden, das nur durch das reine Denken geschaut werden kann. In der Erfahrungswelt können sie nicht gefunden werden; daher ist zu fragen, wo die Ideen sind.

Der Neuplatonismus bestimmte im Anschluß an Philon von Alexandria (1. Hälfte des 1. Jh. n. Chr.; vgl. z. B. De opificio mundi 19–20; Legum allegoria I 21 ff.) und an den jüngeren Seneca (Epistulae ad Lucilium 65, 7) die Ideen als Gedanken des nous, der zweiten Hypostase nach dem überseienden Übereinen, oder – so der christliche Neuplatonismus – als Gedanken Gottes. Diese Deutung wurde schon in der Patristik rezipiert und vornehmlich von den mittelalterlichen Philosophen und Theologen mit der christlichen Schöpfungslehre verbunden, was auch bereits bei dem erwähnten Philon von Alexandria der Fall ist. Diese Auffassung galt als richtige Deutung der platonischen Ideenlehre und hielt sich bis ins 19. Jahrhundert. Aber sie ist ebenfalls abzulehnen. Die platonischen Ideen sind nicht die Gedanken eines oder des Gottes, sondern sind seiende Washeiten, die außerhalb der Erfahrungswelt an einem „überhimmlischen Ort" (hyperouranios topos, Phaidr. 247 c) eine Welt für sich bilden. Sie sind demzufolge selbständige Seiende, die von den wahrnehmbaren Einzeldingen getrennt sind. Die Abtrennung der Ideen von den erfahrbaren Einzeldingen nennt Platons großer Schüler Aristoteles, der fast zwanzig Jahre der Akademie angehörte und wohl ein verläßlicher Zeuge für die Ideenlehre sein dürfte, was bisweilen bestritten wird, „chorizein", trennen (vgl. z. B. Met. 1040 b 28; 1078 b 31); die Ideen sind chorista, abgetrenntes, selbständig Existierendes. (Die Wörter chorismos und choriston verwendet Platon nicht; er sagt aber ausdrücklich, daß sie nicht in Raum und Zeit existieren; vgl. Tim. 51 b c und 52 a–c; vgl. I. Düring, Aristoteles, Heidelberg 1966, S. 612, Anm. 154.)

Die Welt der washeitlich Seienden verhält sich zur Erfahrungswelt wie das Urbild zum Abbild; vgl. Tim. 29 a: „Wenn nun diese Welt" – gemeint ist die sinnlich wahrnehmbare Welt – „schön und der, welcher sie gestaltete, gut ist, ist offenbar, daß er sie gestaltete im Hinblick auf das Ewige." „Das Ewige" sind die unveränderlichen Ideen. Die vielfältigen Probleme, die sich hier stellen, dürften am besten im Anschluß an die drei Gleichnisse des sechsten und siebenten Buches der Politeia (Sonnen-, Linien- und Höhlengleichnis) zu lösen sein.

a) Das Sonnengleichnis (Politeia 507 d – 509 b)

Die Sonne befähigt durch das von ihr ausgehende Licht den Gesichtssinn zu sehen, und das Sichtbare, gesehen zu werden. Das Verhältnis des Gesichtssinnes zur Sonne ist wie folgt zu bestimmen: Der Gesichtssinn, weder er selbst noch das Sehorgan, ist nicht die Sonne, aber das Auge ist das sonnenartigste Sinnesorgan. Von der Sonne erhält der Gesichtssinn seine Kraft, so daß die Sonne Ursache des Gesichtssinnes genannt werden darf und als solche vom Gesichtssinn gesehen wird. Des weiteren ist die Sonne Ursache des Werdens, des Wachsens und der Nahrung für das Sichtbare, ohne selbst ein Werden zu sein (509 b). Die Sonne ist der „Sprößling des Guten, den das Gute selbst als sein Ebenbild erzeugte" (508 b). Was die Sonne im Bereich des Sichtbaren im Verhältnis zum Gesichtssinn und zum Sichtbaren ist, das ist das Gute im Bereich des Denkbaren im Verhältnis zur Vernunft und zu den Gegenständen des Denkens (vgl. 508 c). Wie nämlich die Augen fast blind zu sein scheinen, wenn man sie nachts auf irgendwelche Dinge richtet – im Gegensatz zum Sehen bei Tageslicht –, so verfällt die Seele dem Meinen, wenn sie auf das mit Finsternis Gemischte schaut; blickt sie aber „auf das, worauf das Licht der Wahrheit und des Seienden fällt" (508 d), dann erkennt sie mit größter Klarheit.

Zum besseren Verständnis sei das Gleichnis durch ein Schema verdeutlicht.

Sonne
↓
Licht

↓	↓
Werden, Wachstum, Nahrung des Sichtbaren	1) Erkenntnisfähigkeit des Auges, das durch das Licht die sinnenfälligen Dinge erkennen kann 2) Erkennbarkeit der sinnenfälligen Dinge 3) aktuales Sehen

Das Gute
↓
Licht der Wahrheit und des Seienden

↓	↓
Sein und Wesen der durch die Vernunft erkennbaren Dinge	1) Erkenntnisfähigkeit der Vernunft, die durch das Licht der Wahrheit und des Seienden das Intelligible erkennen kann 2) Erkennbarkeit des Intelligibeln 3) aktuales Erkennen

Interpretation: Das Gute ist Ursache der Erkenntnis und der Wahrheit, wie die Sonne Ursache des Sehens ist. Wie die Sonne durch ihr Licht die Erkenntnisfähigkeit des Gesichtssinnes bewirkt, so bewirkt das Gute durch das von ihr ausgehende Licht der Wahrheit, der aletheia, die Erkenntnisfähigkeit der Vernunft. Das von der Sonne ausgehende Licht ist weiterhin Ursache für die Erkennbarkeit der sichtbaren Dinge; dementsprechend ist das vom Guten ausgehende Licht der aletheia Ursache für die Erkennbarkeit des nur durch die Vernunft Erfaßbaren. Erkenntnisfähigkeit und Erkennbarkeit sind notwendige Voraussetzungen für die aktuale Erkenntnis. Durch ihr Licht verleiht die Sonne dem Sichtbaren Werden, Wachstum und Nahrung; das Gute bewirkt durch das von ihm ausgehende Licht der Wahrheit und des Seienden Sein und Wesen des nur durch die Vernunft Erkennbaren. Wie das Licht zwar von der Sonne ausgeht, aber nicht die Sonne ist, so sind auch aletheia und Seiendes nicht identisch mit dem Guten, sie gehen aber vom Guten aus, haben ihren Grund im Guten. Erkenntnis, Seiendes und aletheia sind gutartig (agathoeide), sind aber nicht das Gute selbst. Wie die Sonne Werden, Wachstum und Nahrung verleiht, ohne selbst dem Bereich des Werdens anzugehören, so gehen Sein und Seinsheit (509 b 7) von dem Guten aus; das Gute ist Ursache des Seins und der Seinsheit, gehört aber nicht zum Bereich des Seins und der Seinsheit (509 b 8); das Gute steht an Würde und Kraft noch jenseits der Seinsheit (509 b 9). Der Bereich des Seins und der Seinsheit ist die Ideenwelt. Das Gute ist also das, was den Ideen Sein und Seinsheit verleiht. Die unveränderlichen Ideen verdanken somit, was sie sind und daß sie sind, dem Guten. Die Idee des Guten (vgl. 508 e 2–3) unterscheidet sich folglich wesentlich von den anderen Ideen: sie konstituiert Sein und Seinsheit der Ideen, ohne selbst Sein und Seinsheit zu sein. Wie die Sonne sichtbar ist, so ist das Gute durch die Vernunft erkennbar; insofern das Gute immer dasselbe Wassein sehen läßt, wird es selbst mit Recht „Idee" genannt. Da es aber das Wassein der anderen Ideen bedingt, ist es zugleich die oberste Idee. Politeia 597 b ist Gott Schöpfer der Ideen. Diese Stelle ist jedoch durch einen Vergleich zu verstehen: Die Ideen sind göttlichen Ursprungs, der produzierende Handwerker schafft im Hinblick auf die Ideen, der Nachahmer schafft Abbilder von Abbildern. Grund der Ideen ist etwas Immerwährendes, von den Ideen Verschiedenes, das „theos" genannt werden kann, sich aber bei nicht bildhafter Betrachtungsweise als das agathon erweist.

Vom Guten geht das Licht der aletheia aus. Zu Platons

Lehre von der Wahrheit vgl. die vorzüglichen Bemerkungen von P. Friedländer, Platon Bd. I, Berlin [3]1964, S. 233 ff. Sehr instruktiv ist die Untersuchung von E. Heitsch (Die nicht-philosophische Aletheia, in: Hermes 90 [1962] S. 24 ff.), in der auch die neuere Literatur genannt ist. Aus dem Sonnengleichnis läßt sich für Platons aletheia-Auffassung feststellen: Die Idee des Guten strahlt die aletheia von sich aus; die aletheia ist das, was die Seienden (die Ideen) erkannt werden läßt und die Vernunft zur Erkenntnis der Ideen befähigt. Wie das Sonnenlicht nicht nur Ursache des Sehens und Gesehenwerdens der sichtbaren Dinge ist, sondern auch Werden und Wachstum bewirkt, so ist das vom Guten ausgehende Licht der aletheia und des Seienden (508 d 5) das, was die Ideen als unveränderliche Washeiten sein läßt. Aletheia und das Seiende sind daher das, was die Ideen als Seiende „enthüllt" oder „entbirgt" – die Etymologie a-letheia = to me lethon ist keine Erfindung Heideggers, sondern bekanntlich schon bei Sextus Empiricus, Adversus mathematicos VIII 8 zu finden; die Frage nach ihrer Richtigkeit braucht uns hier nicht zu interessieren –, ferner ist aletheia das, was den Ideen die Erkennbarkeit gewährt und die Vernunft zum Erkennen der Ideen befähigt. Aletheia ist im Sonnengleichnis daher 1. zusammen mit dem Licht des Seienden ontologisch das vom Guten ausstrahlende „Ins Sein Entbergende" (die Funktionen des intelligiblen Lichtes – ins Sein entbergen und in die Erkenntnis entbergen – sind durch die Termini aletheia und on charakterisiert), 2. gnoseologisch das, was die Ideen in die Erkenntnis entbirgt, 3. das, was die Vernunft zur Erkenntnis befähigt, insofern sie im Licht der aletheia die Seienden, die Ideen erkennt. Wie aber das strahlende Sonnenlicht den Blick in die Sonne mehr behindert als freigibt (vgl. hierzu Aristoteles, Met. II 993 b 9–11), so verbirgt das Licht der aletheia das Gute mehr, als es dieses freigibt: Die Idee des Guten ist mogis horasthai (517 c 1), schwer zu erkennen. Den Weg zur Erkenntnis der Ideen und des Guten verdeutlicht das Höhlengleichnis; bevor wir uns diesem zuwenden, ist nach dem Verhältnis der Sinnenwelt zu den Ideen zu fragen, nach den Bereichen des Seins und des Werdens und nach den diesen Bereichen zugeordneten Wahrnehmungs- und Erkenntnisweisen. Einen ersten Hinweis auf das Verhältnis des sinnlich Wahrnehmbaren zum Ideenreich gibt Platon im Sonnengleichnis (508 b; vgl. 506 e): Die Sonne ist der „Sprößling des Guten, den das Gute selbst als sein Ebenbild erzeugte". Das Gute ist die Ursache von etwas, das zwar dem Bereich des Sichtbaren zugehört, aber nicht ein Werdendes und Vergehendes ist. Zu fragen ist, ob sich das verallgemeinern läßt, ob die einzelnen Ideen ähnlich wie das Gute die Bedeutung von Ursachen haben. Eine erste Antwort hierauf gibt Platon im Liniengleichnis.

b) Das Liniengleichnis (Politeia 509 d – 511 e)

Die Bereiche des Sichtbaren und des Denkbaren seien vorgestellt wie eine in zwei ungleiche Abschnitte geteilte Linie, und jeder dieser beiden Abschnitte wird nach dem gleichen Verhältnis abermals unterteilt, so daß sich vier Abschnitte ergeben. Der erste Abschnitt stellt „Bilder" (509 e) dar, Schatten, Spiegelbilder und ähnliches. Dem zweiten Abschnitt sind „die uns umgebende Tierwelt, das ganze Pflanzenreich und jede Art von Erzeugnissen des menschlichen Kunstfleißes" (510 a) zuzuordnen, dasjenige also, dem die sinnlich wahrnehmbaren Abbilder gleichen. Dem dritten Abschnitt werden „Voraussetzungen" (hypotheseis) und dem vierten Ideen zugeordnet; den durch die Abschnitte symbolisierten Bereichen entsprechen die Erkenntnisweisen Vermuten (eikasia), Glauben (pistis), beide zusammen sind doxa, Meinung, Verstandestätigkeit (dianoia) und Vernunfttätigkeit (noesis oder im eigentlichen Sinne episteme, Wissen); dianoia und noesis zusammen sind noesis im weiteren Sinne (534 a).

Es ergibt sich folgende Vertikale:

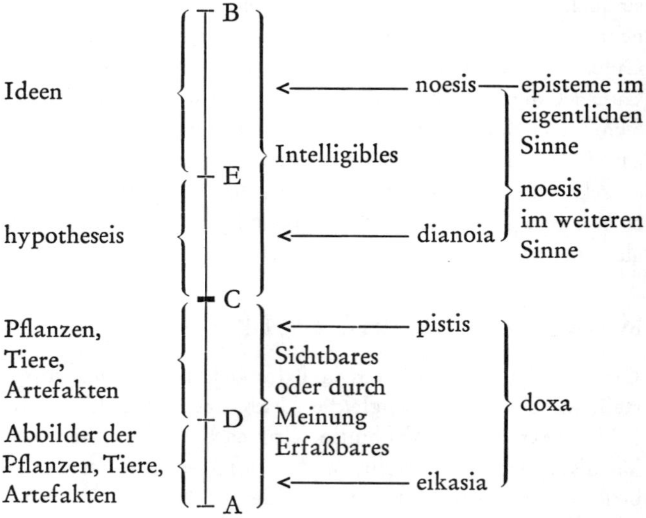

Es sollen sich verhalten CB zu AC (wie sich das Sein verhält zum Werden, so verhält sich die noesis im weiteren Sinne zur Meinung) wie EB zu DC und CE zu AD (534 a) und weiterhin AC zu CB wie AD zu DC und wie CE zu EB (vgl. 509 d).

Das Liniengleichnis ist einer der am meisten kommentierten, am heftigsten umstrittenen und am meisten falsch interpretierten Teile der platonischen Lehre. Unklar ist schon, ob der Abschnitt CB größer oder kleiner sein soll als AC und ob demzufolge der Abschnitt CE größer oder kleiner als EB, AD größer oder kleiner als DC ist (vgl. z. B. die von unserem Schema abweichende Darstellung von H. Leisegang in: Paulys Real-Encyclopädie 40. Halbband, Sp. 2463 f.). Fraglich ist, ob im Abschnitt BE alle Ideen anzusetzen sind oder nur die Idee des Guten, wie bisweilen angenommen wird. Probleme stellt weiterhin die Deutung der „hypotheseis" des Abschnittes CE, wobei zu fragen ist, ob es sich um subjektive Ausgangspunkte handelt, von denen aus zu den objektiven Gründen des Seienden aufgestiegen werden kann – Platon verwendet das Wort „hypothesis" im Menon 86 e ff. in einer

Bedeutung, die das nahezulegen scheint –, oder ob die hypotheseis des Liniengleichnisses wie die Ideen des Abschnittes EB an ihnen selbst Seiende, möglicherweise sogar eine besondere Art von Ideen sind (vgl. hierzu 534 a). Fragen sind auch hinsichtlich des Abbildverhältnisses zu stellen, sofern es die Abschnitte DC und CE betrifft: Ist der Bereich von DC Abbild von CE (so J. Stenzel, Platon der Erzieher, 2. Aufl. Hamburg 1961, S. 286) oder von EB? Hinzu kommen noch Probleme, welche die Erkenntnisweisen noesis, dianoia, pistis und eikasia betreffen. Wenn wir jetzt versuchen, diese Fragen zu beantworten, beginnen wir mit der Interpretation des obersten Abschnittes EB.

Wie aus 511 c zu ersehen ist (vgl. auch 510 b), symbolisiert EB, der Abschnitt des Denkbaren, den Bereich der Ideen, den das Denken durch die „Kraft der Dialektik" (511 b) erfaßt. Die durch die Sinne erfahrbare Welt verhält sich zu den Ideen wie das Abbild zum Urbild (vgl. z. B. Politeia 597 a ff.; Tim. 29 a ff.), woraus sich ergibt, daß in den Ideen in urbildhafter Weise alles enthalten ist, was die Dinge der Erfahrungswelt in der Weise von Abbildern sind. So sind z. B. alle Menschen dadurch Mensch, daß sie Abbilder der Idee „Mensch" sind, was zugleich der Grund dafür ist, daß die mehr oder weniger großen Unterschiede zwischen den einzelnen Menschen keine artbildenden Differenzen sind. Dasselbe gilt für alle Arten. Jede Art innerhalb der Erfahrungswelt ist daher durch die Teilhabe an jeweils einer Idee konstituiert; und da die Idee nicht den sinnenfälligen Dingen immanent ist, ist sie das ἓν παρὰ τὰ πολλά (vgl. z. B. Aristoteles, Analytica posteriora 77 a 5) im Gegensatz zum Allgemeinbegriff, der das ἓν κατὰ πολλῶν oder ἓν ... ἐπὶ πλειόνων ist (a. a. O. 77 a 6. 9). Die Idee ist die Einheit außerhalb oder neben dem Vielen, der Allgemeinbegriff dagegen ist die von vielem aussagbare Einheit. Wenn aber alle Arten jeweils durch die Teilhabe an einer Idee konstituiert sind, können die Unterschiede der Individuen einer Art nur dadurch zustandekommen, daß jedes Individuum nicht nur Abbild einer Idee, sondern einer Vielheit von Ideen ist, und zwar ist das Individuum eikon oder mimesis (Abbild oder

Nachahmung) so vieler Ideen, als es Eigenschaften besitzt. Freilich ist die Teilhabe an einer Idee wesenskonstituierend. Teilhabe (methexis), Abbild (eikon) und Nachahmung (mimesis) sind die Termini, mit denen Platon das Verhältnis der sinnenfälligen Dinge zu den Ideen umschreibt; die Erfahrungsdinge partizipieren insofern an den Ideen und ahmen sie nach, als die Ideen die urbildhaften Formen der sinnenfälligen Dinge sind. Das Sinnenfällige ist Abbild oder Nachahmung einer Mehrheit von Ideen oder hat an einer Mehrheit von Ideen teil. Hiernach ist immer dann eine Idee anzusetzen, wenn das Denken eine Einheit in der Vielheit erfaßt, woraus sich ergibt, daß jedem Begriff eine Idee zugeordnet werden muß, so daß ein Begriff identisch ist mit dem gedanklichen Erfassen einer Washeit, einer Idee. Das hat zur Folge, daß es nicht nur Ideen von natürlichen Dingen und vom Gerechten, Schönen, Guten und ähnlichem, sondern auch von „Erzeugnissen des menschlichen Kunstfleißes“ (Politeia 510 a) gibt, zudem von Häßlichem, Schädlichem und Bösem (vgl. Parm. 130 b-e; Politeia 476 a). Platon schränkt das niemals ausdrücklich ein, wenngleich er in seinen Beispielen eine Vorliebe für die Ideen des Quantitativen, Ästhetischen und Moralischen zeigt; vgl. z. B. Parm. 130 d e: Der noch jugendliche Sokrates scheut sich, Ideen des Kotes, Schmutzes und anderer verächtlicher Dinge anzusetzen, muß sich aber von Parmenides belehren lassen, er sei eben noch jung, und die Philosophie habe ihn noch nicht so ergriffen, wie sie ihn einst ergreifen werde, wenn er keines dieser Dinge mehr geringschätze. Ideen von Artefakten setzte er nach dem Zeugnis des Aristoteles später wahrscheinlich nicht mehr an, wofür es freilich in Platons Dialogen keinen Hinweis gibt; vgl. Arist. Met. 1070 a 18: „... Platon hatte nicht unrecht, wenn er für die natürlichen Dinge Ideen setzte, sofern es überhaupt Ideen gibt.“ Damit ist wohl zugleich gesagt, daß es keine Ideen von Artefakten gibt; vgl. auch Arist. Met. 991 b 6: „... und vieles andere entsteht, z. B. ein Haus und ein Ring, von denen es, wie wir sagen, keine Ideen gibt.“ In der Politeia (596 b; 597 c) wird von den Ideen des Stuhles (oder des Bettes) und des Tisches gesprochen, im Kratylos (389 b) von der Idee des

Weberschiffchens und (389 c) von der Idee des Bohrers, was mit Politeia 596 a übereinstimmt: „Wir pflegen doch für eine jede Gruppe vieler Einzeldinge, die wir mit demselben Namen belegen, je eine Idee zu setzen." Wenn Platon selbst diese Änderung der Ideenlehre vornahm und nicht seine Schüler – die einzige Stelle, an der Aristoteles diesbezüglich Platons Namen nennt, ist 1070a 18, und hier wird lediglich gesagt, Platon habe Ideen der Naturdinge angenommen, wenngleich Aristoteles a. a. O. zu sagen scheint, es gebe nach Platon nur Ideen der Naturdinge –, dürfte der Grund vielleicht darin zu erblicken sein, daß die Ideen Urbilder der Naturdinge, des Moralischen und Ästhetischen sind, während Urbild irgendeines Artefakts nicht eine transzendente Form, sondern der Plan des Künstlers oder Handwerkers ist.

Da jedes einzelne Ding an einer Mehrheit von Ideen partizipiert, ist nach der Relation der Ideen zueinander zu fragen; an einem Beispiel soll verdeutlicht sein, was gemeint ist. Der Satz: „Der Mensch ist ein Sinnenwesen" gibt einen allbekannten Sachverhalt wieder. Nach Politeia 596 a ist für die Artbezeichnung „Mensch" eine Idee anzusetzen, desgleichen für die Gattungsbezeichnung „Sinnenwesen". In welcher Beziehung steht die Idee „Mensch" zur Idee „Sinnenwesen"? So kann weiter gefragt werden: Wie verhält sich die Idee „Gerechtigkeit" zur Idee „Gut" usw. Die letzte Frage ist vom Sonnengleichnis her einfach zu beantworten: Das Gute ist Ursache für Sein und Erkennbarkeit der Ideen; also sind alle Ideen durch das Gute, was sie sind, und das, als was sie erkannt werden. Offensichtlich aber stehen einige Ideen ihrem Ursprung näher als andere; die Idee der Gerechtigkeit dürfte dem Guten näher stehen als die Idee der Tapferkeit, und die Ideen des moralisch Vortrefflichen sind dem Guten näher als die Ideen des Bösen, ebenso die Ideen des Schönen gegenüber denen des Häßlichen. Außerdem sind Beziehungen der Ideen zueinander anzunehmen, so daß die Ideen nicht nur in Relation zum Guten als ihrem Ursprung stehen, sondern auch zueinander. Einen Hinweis hierauf gibt Platon im Liniengleichnis (Politeia 511 b f.): Wer mit der Kraft der Dialektik zum voraussetzungslosen Anfang vordringt und ihn erfaßt, hält sich an alles, was mit ihm in Zusammenhang steht, und steigt wieder zum Ende herab, „ohne irgendwie das sinnlich Wahrnehmbare zu verwenden, sondern nur die Ideen selbst nach ihrem eigenen inneren Zusammenhang" (511 c: ἀλλ' εἴδεσιν αὐτοῖς δι' αὐτῶν εἰς αὐτά). Ausgangspunkt des dialektischen Verfahrens sind die hypotheseis (511 b). Ein gutes Beispiel für den Zusammenhang der Ideen ist das, was uns Platon in der großen Dihairesis des Sophistes (218 e ff.) vorführt. (Auf die Frage, ob die im Sophistes angewendete dialektische Methode grundverschieden von der in der Politeia sei, wie D. Ross, Plato's Theory of Ideas, Oxford 1951, S. 118 f., ausführt, wird später eingegangen.) Gesucht wird die Definition des Sophisten, und als Vorübung wird zunächst die Begriffsbestimmung des Angelfischers vorgenommen. Der Angelfischer übt eine Kunst, eine techne, aus; damit ist die arche, der Anfang und Ausgangspunkt des Verfahrens gefunden (vgl. hierzu Politeia 511 b: Der erste Weg der Dialektik besteht in dem Vordringen zur arche). Die techne wird durch Zweiteilungen, Dichotomien, zergliedert und eingeteilt in eine hervorbringende und eine erwerbende, die erwerbende in händlerische und gewaltsame, die gewaltsame in die techne, welche Kampf, und in die, welche Jagd anwendet. Die Jagd anwendende techne wird zergliedert in die Jagd auf Lebloses und auf Lebendiges, die letztere in die Jagd auf Landtiere und auf Wassertiere, diese wiederum in die Jagd auf Wasservögel und auf Fische. So geht das weiter, bis schließlich die Jagd auf Fische durch Harpunen und Angeln erreicht und zugleich die Definition des Angelfischers gefunden ist: Angelfischer ist der, welcher die Fischjagd mit Angeln betreibt (die Kunst des Angelfischers ist die, „welche durch den entgegengesetzten Zug mit dem Angelhaken betrieben wird und die Fische nicht gleichwo an welchem Teil des Leibes trifft wie mit der Harpune, sondern allemal am Kopf und Mund, und den gefangenen Fisch dann mittels Rute und Rohr von unten heraufzieht", Soph. 220 e f.), was zweifellos ein dürftiges Ergebnis eines sehr umständlichen Verfahrens ist. Aber es erscheint sofort in anderem Licht, wenn anschließend die Definition des Sophisten in ähnlicher

Weise gewonnen wird (221 c ff.). Die Einzelheiten der Dihairesis seien übergangen; das Ergebnis ist (223 b): Die Sophistik ist die Jagd auf reiche, angesehene junge Leute („als Teil der aneignenden Kunst, ⟨der sich bemächtigenden⟩, [erwerbenden], jagenden Kunst, auf Sinnenwesen, [und zwar auf Gehtiere], die auf dem Trockenen leben, [nämlich auf zahme Tiere], Jagd auf Menschen, ⟨durch Überredung jagend⟩, im alltäglichen, privaten Umgang jagend, [um Belohnung], und zwar in klingender Münze durch eine Scheinkunst der Belehrung, die Jagd auf reiche und vornehme junge Leute"). Anschließend wird die Sophistik im Ausgang von anderen Aspekten bestimmt; der Sophist erscheint als Händler, der Reden und Wissen in Sachen der Tugend verkauft, weiterhin als Vertreter „der eristischen Kunst, der des Wortwechsels, des Wortstreites, des Gefechtes, des Kampfes, des Erwerbs" (Soph. 226 a); Sophistik ist die Kunst der Meinungserzeugung, der Nachahmung und Bildverfertigung, worauf hier aber nicht eingegangen sei.

Festzuhalten ist, daß die Ergebnisse jeweils durch Dihairesen gewonnen werden; und dieses dihairetische Verfahren illuminiert das im Liniengleichnis (Politeia 511 b c) angedeutete Verfahren des Philosophen, der die Ideen nach ihrem inneren Zusammenhang erkennt. Ausgangspunkt der Dihairesis ist jeweils die Idee, die als oberste über dem zu bestimmenden Bereich steht; ist sie gefunden (in der Politeia ist die Idee des Guten gemeint), dann erfolgt dichotomisch der Abstieg, bis das zu Bestimmende erreicht ist. Dieses Verfahren nennt Platon (Politeia 511 b 4; 533 a 8) dialegesthai; die Methode der Philosophie ist die Dialektik (vgl. a. a. O. 533 c 7, ἡ διαλεκτικὴ μέθοδος). Dialektik bedeutet ursprünglich die Kunst des richtigen Fragens und Antwortens; Ziel des dialegesthai, der „Unterredung", ist entweder die Niederlage des Gesprächspartners oder die gemeinsame Klärung eines Sachverhalts (vgl. O. Gigon in: Lexikon der Alten Welt, S. 724). Bei Platon wird die Dialektik die wahre Kunst des Philosophen (vgl. 511 b ff.); der Dialektiker erfaßt den Wesensbegriff (534 b 3 Ἦ καὶ διαλεκτικὸν καλεῖς τὸν λόγον ἑκάστου λαμβάνοντα τῆς οὐσίας: „Nennst nun auch du denjenigen einen Dialektiker, der den Wesensbegriff eines jeden Dinges erfaßt?"); die Dialektik krönt „wie ein Schlußstein den ganzen Bau der Wissenschaften, so daß kein anderes Wissensfach mit Recht mehr aufgesetzt werden kann und hier die Grenze für alle Wissenschaften erreicht ist" (Politeia 534 e); wer die Fähigkeit hat für den zusammenfassenden Überblick, hat auch die Fähigkeit zur Dialektik (537 c).

Das Vorgehen der Dialektik charakterisiert Platon (Politeia 511 b) in folgender Weise: „Unter dem zweiten Abschnitt des Denkbaren (gemeint ist Abschnitt EB der geteilten Linie) meine ich das, was der Verstand selbst erfaßt mit der Kraft der Dialektik. Hierbei betrachtet er die Voraussetzungen nicht als unbedingt Erstes und Oberstes, sondern in Wahrheit als bloße Voraussetzungen, gleichsam als Stufen und Ausgangspunkte, damit er bis zum Voraussetzungslosen vordringend an den wirklichen Anfang des Alls gelange, und, wenn er ihn erfaßt hat, an alles sich halte, was mit ihm in Zusammenhang steht, und wieder zum Ende herabsteige, ohne irgendwie das sinnlich Wahrnehmbare dabei mit zu verwenden, sondern nur die Ideen selbst nach ihrem eigenen inneren Zusammenhang, und mit Ideen auch abschließe." Zwei Wege sind hiernach für die Dialektik charakteristisch: der erste führt, ausgehend von den hypotheseis, „zum Voraussetzungslosen ... an den wirklichen Anfang des Alls", womit zweifellos die Idee des Guten gemeint sein dürfte; der zweite führt abwärts „zum Ende", wobei ausschließlich die Ideen „nach ihrem eigenen inneren Zusammenhang" jeweils untersucht werden und bei den Ideen abgeschlossen wird (511 c 2). Es handelt sich hierbei um ein Verfahren, das aus einem einzigen Prinzip durch Zweiteilungen deduziert (vgl. D. Ross, Plato's Theory of Ideas, S. 119). Vgl. Politeia 454 a, 618 c.

D. Ross weist a. a. O. auf die Unterschiede hin (S. 116 ff.), die zwischen Platons Lehre von der Dialektik in der Politeia einerseits und im Phaidros, Sophistes, Politikos anderseits bestehen: Abweichend von der Politeia sei die Dialektik im Phaidros (265 d 3 – 266 c 1; 273 d 7 – e 4; 277 b 5 – 8) beschrieben als eine Methode, die 1. das „vielseitig Zerstreute zusammenschauend auf eine Idee zurückführt", 2. nach Ideen zergliedere; der erste Schritt bereite lediglich den zweiten vor. Im Sophistes und Politikos sei die collectio nicht von der divisio als einleitender Schritt abgehoben; die Dialektik werde bestimmt als Einteilung einer – ohne eine besondere Untersuchung gefundenen – Gattung. „The objective of dialectic is no longer (in den drei genannten Schriften) to deduce all truth from a single transcendent truth. It is a more modest and a more realizable one . . . that of tracing the relations of assertability and deniability that exists between Ideas, and the relations of genus and species that exists between them." (S. 119) Zu konzedieren ist, daß Unterschiede hinsichtlich der Dialektik in der Politeia einerseits und im Phaidros, Sophistes, Politikos anderseits bestehen; indessen scheint Ross diese Unterschiede zu sehr hervorzuheben und das Gemeinsame in den Hintergrund zu rücken, und dieses Gemeinsame dürfte darin bestehen, daß vor der divisio jeweils das eidos gefunden wird – entweder nach voraufgegangener Diskussion oder ohne sie –, das über dem zu Prüfenden steht, und daß dann die divisio erfolgt. Weiterhin ist darauf hinzuweisen, daß (vgl. z. B. Soph. 253 d und Politeia 537 c) der Dialektiker die Fähigkeit für den zusammenschauenden Überblick besitzt (so Politeia 537 c) und sieht, daß „eine Idee durch vieles Verschiedene, einzeln voneinander Getrennte hindurch nach allen Seiten ausgespannt" ist und daß vieles voneinander Verschiedene „von einer einzigen Idee von außen umfaßt" ist „und wiederum eine durch viele Einheiten hindurch in einer Idee verbunden und viele in jeder Hinsicht voneinander getrennt" (Soph. 253 d). Die Grundkonzeption Platons hinsichtlich der Dialektik ist die gleiche in der Politeia und in den anderen Schriften; Unterschiede bestehen insofern, als im Sophistes und Politikos die divisio mehr hervorgehoben wird als in der Politeia und im Phaidros und daß in der Politeia der erste Weg der Dialektik bis zum voraussetzungslosen Anfang, der obersten Idee, führt.

Der sich anschließende Abstieg – zur Vierteilung eines oberen Seinsbereichs vgl. Soph. 266 a – ist wie der Aufstieg nur möglich, wenn es einen Zusammenhang der Ideen untereinander gibt (vgl. Politeia 511 c 1–2). Wie der

Ideenzusammenhang zu denken ist, zeigt Sophistes 251 a ff.: Die Ideen können eine Gemeinschaft miteinander eingehen und sich miteinander mischen, ohne ihre Eigenart zu verlieren und sich mit anderen Ideen zu identifizieren. Auf diese Weise verbindet sich das Seiende einerseits mit der Bewegung, insofern die Ideen eine Beziehung zueinander eingehen, anderseits mit der Ruhe oder Ständigkeit (stasis), insofern die Ideen bleiben, was sie sind. Bewegung und Ständigkeit schließen einander aus, das Seiende verbindet sich mit beiden. Jedes dieser drei, Seiendes, Ständigkeit, Bewegung, ist mit sich selbst identisch, von den beiden anderen aber verschieden, so daß sich zwei zusätzliche Ideen ergeben: Identität und Andersheit, die beide eine Gemeinschaft mit anderen Ideen eingehen können.

Eine weitere Überlegung läßt erkennen, was die Andersheit ist, wobei von der Relation der Bewegung zum Seienden ausgegangen wird. Bewegung ist sowohl Seiendes als auch Nichtseiendes, und zwar insofern, als sie sich mit dem Seienden verbindet, was nur möglich ist, wenn sie selbst seiend ist. Da aber Bewegung nicht identisch ist mit Seiendem, sondern etwas anderes ist als Seiendes, steht die Bewegung in Relation zum eidos der Andersheit. Was anders ist als Seiendes, ist Nichtseiendes. Andersheit ist daher Nichtseiendes. Weil jedes eidos anders ist als die übrigen eide, ist jede Idee im Vergleich zu den übrigen Ideen nichtseiend. Das gilt auch für das Seiende. Die Andersheit oder das Nichtsein verbreitet sich so über den gesamten Bereich der Ideen und zerteilt sich in viele Teile; ihre dem Schönen, Gerechten, Großen entgegengesetzten Teile sind das Nichtschöne, Nichtgerechte und Nichtgroße, die ebenso seiend sind wie die Andersheit als Ganzes.

Diese platonische Lehre von den fünf obersten „Gattungen“ (γένη), die weder logische Begriffe noch Kategorien im Sinne Kants, sondern als oberste Ideen seiend sind, wurde in der folgenden Zeit mehrmals umgestaltet, vornehmlich von Plotin (205–270 n. Chr.), Proklos (412–485 n. Chr.), während des 12. Jahrhunderts durch die Schule von Chartres und im 15. Jahrhundert durch Nikolaus von Kues. Nach plotinischer Lehre denkt der nous, die Vernunft, die erste Hypostase nach dem überseienden Übereinen, sich selbst. Denken ist Tätigkeit; als reines Denken ist der nous reine Tätigkeit. Tätigkeit schließt Leben und Leben schließt Bewegung ein, so daß einem Höchstmaß von Leben und Aktivität ein Höchstmaß von Bewegung entspricht. Der nous als höchste Aktivität ist daher auch höchste Bewegung; aber die Bewegung des nous führt nicht zur Veränderung, sondern ruht als zeitlose Bewegung in ihr selbst, so daß das Wesensmerkmal der Bewegung des nous die Ruhe ist. Der nous denkt sich selbst als gleichbleibend und bleibt sich in seinem Denken gleich. Da für ihn Denken und Sein dasselbe sind, ist er dasselbe, als was er sich denkt. Die Identität von Denken und Sein kommt ihm wesentlich zu. Weil aber der nous als Denkender sich selbst denkt, spaltet sich die Einheit des nous in die Zweiheit von Denkendem und Gedachtem; als Denkender und Gedachter ist der nous Einheit und Zweiheit zugleich. Auf Grund der Verschiedenheit von Denkendem und Gedachtem schließt die Tätigkeit des nous die Andersheit ein. Diese sogenannten „Kategorien" des nous sind derart voneinander und vom nous verschieden, daß sie begrifflich in der einheitlichen Einfachheit des nous unterschieden werden können, ontisch aber miteinander und mit dem nous identisch sind, so daß z. B. die Bewegung von der Ruhe verschieden und nicht verschieden ist, was auch für Identität und Andersheit und für den nous selbst gilt, mit seinen Kategorien zusammengenommen.

Die Unterschiede der plotinischen gegenüber der platonischen Lehre sind offensichtlich. Plotin bestimmt im Gegensatz zu Platon die Andersheit nicht als das Nichtseiende; während nach Platons Sophistes einander entgegengesetzte Ideen sich ausschließen, sind nach Plotin die Kategorien des nous begrifflich voneinander verschieden, ontisch aber identisch. Der Grund für diese Änderung ist darin zu sehen, daß die platonischen Ideen nicht Inhalte eines denkenden Geistes sind; nach Plotin hingegen sind die Ideen die unveränderlichen Inhalte des sich selbst denkenden nous. Die Reflexion über den sich selbst denkenden, einheitlich einfachen nous führt zu dem Ergebnis, daß die Bewegung dieses Denkens nicht ohne Ruhe oder Ständigkeit (stasis) sein kann und daß der Gegensatz von Denkendem und Gedachtem im einheitlich-einfachen nous aufgehoben ist, weil der nous sich selbst denkt. Daher sind Identität und Andersheit im nous miteinander und mit dem nous als dem Seienden identisch; weil sie das sind, kann die Andersheit nicht als Nichtseiendes bestimmt werden (vgl. Plotin, Enneaden VI 1–3). Proklos übernimmt diese plotinische Lehre, modifiziert sie aber insofern, als er die Identität der Andersheit überordnet.

Für die platonisierenden magistri von Chartres wird im Zusammenhang mit der christlichen Schöpfungslehre außer der Ideenlehre und der aristotetlischen Potenz-Akt-Theorie vornehmlich die Andersheit (alteritas) wichtig. Im Anschluß an Boethius (De trinitate 1, 13: „Prinzip der Vielheit nämlich ist die Andersheit" – principium enim pluralitatis alteritas est) lösen sie die Andersheit aus der Ideenlehre und identifizieren sie mit dem „Anderen", das in Platons Timaios (35 a ff.) die Seinsheit ist, welche in der Körperwelt teilbar wird (a. a. O.: Aus dem Selbigen und dem Anderen bildet der Demiurg eine dritte Art von Seinsheit; aus den dreien formt er durch Mischung die Weltseele), was mit sich bringt, daß auch das „Andere" des Timaios umgedeutet wird. Die alteritas gehört nicht mehr zur Nousregion oder in der Sprache der Chartrenser: nicht zur mens divina. Die mens divina nämlich, die in der Schule von Chartres an die Stelle des plotinischen nous tritt – schon Augustinus verstand den plotinischen nous als mens divina –, ist mit Gott als der absoluten Einheit identisch. In Gott als der uneingeschränkten Einheit kann die Andersheit auch nicht rein begrifflich enthalten sein. Ist somit die Andersheit nicht in der höchsten Einheit, sondern außerhalb ihrer, dann muß es ein Seinsprinzip der Andersheit geben. Das einzige Seinsprinzip ist die höchste Einheit. Folglich ist die Andersheit von der höchsten Einheit verursacht. Als unveränderliche kann die höchste Einheit nicht die veränderlichen Dinge hervorbringen, was ein aus dem Timaios (vgl. 41 a ff.) übernommener Gedanke ist; es muß also ein von der höchsten Einheit verschiedenes Prinzip der veränderlichen Dinge geben. Dieses Prinzip ist die „Wandelbarkeit“ (vgl. Thierry von Chartres, Commentum II 39, hrsg. v. N. M. Haring, AHDLM 35, 1960, S. 80–134; Lectiones I 32, hrsg. v. N. M. Haring, AHDLM 33, 1958, S. 124–226), die ihrem Wesen nach Andersheit, das nie sich Gleichbleibende, Unstete, immer Verschiedene ist. Die Wandelbarkeit oder Andersheit ist die Möglichkeit des Seins oder des Werdens der veränderlichen Dinge. Des weiteren wird die Potenz-Akt-Lehre mit Einheit und Andersheit verbunden: Die Einheit ist Form und Akt des Seins, die Andersheit ist Materie und Potenz des Seins und des Werdens. Als materia essendi und possibilitas essendi vel fiendi ist die Andersheit nicht das absolute Nichts – das absolute Nichts ist die Verneinung der Wirklichkeit und Möglichkeit von Seiendem (vgl. Thierry, Commentum II 27), sie ist aber auch nicht etwas, da sie possibilitas ist; vielmehr ist sie „zwischen keiner und irgendeiner Seinsheit“ (inter nullam et aliquam substantiam, Thierry, Commentum II 27). Als solche ist sie identisch mit dem relativen Nichts, durch das zwar die Wirklichkeit, nicht aber die Möglichkeit von Seiendem negiert ist. Aus dem relativen Nichts erschuf Gott die Welt. Die Weltschöpfung ging also in der Sicht der magistri von Chartres so vonstatten, daß Gott, die absolute Einheit, zuerst das relative Nichts schafft, das mit der Andersheit als Möglichkeit und als Materie des Seins und Werdens identisch ist, und daß durch das Zusammentreffen der von Gott ausgehenden Formen mit der Andersheit alles hervorgebracht wird; die Andersheit nimmt die von der Einheit ausgehenden Formen in je verschiedener Weise auf.

Auf eine erneute Umgestaltung der Alteritas-Theorie treffen wir bei Nikolaus von Kues, der in seinem zweiten großen Werk „Mutmaßungen“ (de coniecturis, ed. Koch–Bormann–Senger, Hamburg 1972) eine Einheitsmetaphysik bietet und vier Regionen der Einheit unterscheidet. Die erste und höchste Einheitsregion ist Gott, die zweite die Intelligenz, welche wegen des in ihr angelegten Gegensatzes von Denken und Gedachtem nicht uneingeschränkte Einheit ist. Die dritte Einheitsregion ist die Seele; sie ist weniger Einheit als die Intelligenz, da sie mehrere

Vermögen hat und im Gegensatz zur Intelligenz der Zeit unterliegt. Der Bereich des Körperlichen bildet die vierte und letzte Region. Das Körperliche ist nur Ausfaltung, aus ihm kann keine Einheit mehr entfaltet werden. Ausfaltung ist Begrenzung und Zusammenziehung; mit der Ausfaltung der höchsten Einheit ist daher Einschränkung verbunden. Der Endpunkt der Ausfaltung im Körperlichen ist zugleich größte Einschränkung. Der Grund für die Unterschiede der vier Einheitsregionen voneinander ist die Andersheit. Was die Andersheit ist, sagt Nikolaus von Kues nirgendwo ausdrücklich; jedoch lassen die Kapitel 9 und 10 des ersten Buches von De coniecturis hinreichend erkennen, was gemeint ist. Ausgangspunkt der Erörterung ist die Reihe der natürlichen Zahlen. Jede Zahl, ausgenommen die Eins, besteht aus Einheit und Andersheit (De coni. I 9, 37; vgl. auch De mente 15, 158). Entsprechend der Nähe und Ferne zur Eins und auch entsprechend der Ungeradheit und Geradheit ist jede Zahl von jeder anderen verschieden. Gemäß diesem Beispiel soll die Bewegung von der Einheit zur Andersheit, durch welche neue Einheiten in Andersheit gebildet werden, als Constituens des Universums aufgefaßt werden (De coni. I 9, 39), und zwar soll diese Bewegung als ein wechselseitiges Durchdringen von Einheit und Andersheit gesehen werden (a. a. O. I 10, 53). Hieraus ergibt sich für die Vier-Einheiten-Theorie: Die höchste Einheit ist frei von Andersheit, während die drei übrigen Einheiten sich von der ersten und voneinander durch das Hinzukommen und Wachsen der Andersheit unterscheiden (vgl. die figura paradigmatica, De coni. I 9, 41). Fragen wir nach der Herkunft der Andersheit, so erkennen wir den Unterschied der Theorie des Cusanus gegenüber der der Chartrenser: Zwar ist die Andersheit wie bei den Chartrensern Wandelbarkeit und Möglichkeit, aber sie ist nicht von der höchsten Einheit geschaffen. Die höchste Einheit ist Ausgangspunkt des metaphysischen Lichtes, das alle Seienden ins Seins erleuchtet (ein aus dem Neuplatonismus stammender Gedanke, der auf Platons Sonnengleichnis zurückgeht), Andersheit ist Schatten; der Schatten stammt von der Finsternis des Nichts. Als vom Nichts stammend kann die Andersheit kein Prinzip des Seins und des Werdens sein, auch hat sie kein Seinsprinzip. Andersheit ist alles, was die geschaffene Einheit irgendwie beseitigt oder zu beseitigen droht; sie ist der Finsternis des Nichts, dem Fehlen des metaphysischen Lichtes verwandt, der vom Nichts ausgehende Schatten, der den gesamten Bereich der endlichen Seienden mehr oder weniger durchdringt (vgl. De coni. I 9, 41–42). Auf eine ausführlichere Darstellung muß hier verzichtet werden; dieser Exkurs sollte lediglich an einem Beispiel zeigen, in wie vielfältiger Weise platonische Lehren das Denken beeinflussen.

Bevor wir uns der Interpretation des Liniengleichnisses zuwendeten, stellten wir folgende Fragen, die die hypotheseis betreffen: Sind die hypotheseis subjektive Ausgangspunkte, von denen man zu den Seinsgründen vordringt, oder sind sie im Liniengleichnis etwas anderes; sind sie Abbilder der Ideen oder eine bestimmte Gruppe der Ideen? Außerdem ist noch die Frage nach den Abbildern der hypotheseis zu stellen. Wir versuchen jetzt, diese Fragen zu beantworten.

Die Mathematiker setzen, so heißt es in Platons Deutung des Liniengleichnisses (Politeia 510 c), „das Ungerade und Gerade, die Figuren, die dreierlei Arten der Winkel und was damit verwandt ist, bei ihrem jeweiligen Beweisverfahren voraus und machen, als wären sie vollständig darüber im klaren, es einfach zur Grundlage ihrer Beweise. Dabei fühlen sie sich nicht verpflichtet, sich selbst oder anderen noch Rechenschaft zu geben, da es ja für jeden von selbst einleuchtend sei; vielmehr schreiten sie von diesem Ausgangspunkt alsbald zur weiteren Ausführung fort und erreichen schließlich folgerichtig denjenigen Punkt, auf dessen Untersuchung sie es abgesehen hatten.“ Die hypotheseis sind die Grundlagen der Mathematik und der ihr verwandten Wissenschaften (vgl. 511 b: „Stufen und Ausgangspunkte“). Welcher Art sind diese Grundlagen? Platon nennt einige: Das Ungerade und Gerade, die geometrischen Figuren, die dreierlei Arten der Winkel (510 c), das Quadrat an sich, die Diagonale an sich (510 d). Diese „Grundlagen“ werden von den mathematischen Wissenschaften nicht eigens untersucht, sondern vorausgesetzt; von ihnen nimmt der Beweis seinen Ausgang. Der

Mathematiker überschreitet nicht die Region der hypotheseis, sondern verweilt in ihr (510 b ff.). Subjektive Ausgangspunkte sind die hypotheseis des Liniengleichnisses nicht, sondern sie sind Ausgangspunkte (vgl. 511 b 6) objektiver, gegenständlicher Art. Die Objekte der mathematischen Wissenschaften, wie wir die hypotheseis nennen können, sind keinesfalls Begriffe und als solche Schöpfungen des Verstandes, sondern sie sind extramentale Seiende, wenn auch, was sich aus dem bisher Gesagten ergeben dürfte, von anderer Art als die Ideen; die hypotheseis sind Abbilder der Ideen innerhalb des Intelligibeln (vgl. 532 c). Als Abbilder der Ideen können die hypotheseis nicht selbst eine besondere Art von Ideen, etwa mathematische Ideen sein, was in der Forschungsliteratur immer wieder behauptet wird (vgl. z. B. D. Ross, Plato's Theory of Ideas S. 65). Von hier aus erhält das Zeugnis des Aristoteles über die Zwischenstellung des Mathematischen bei Platon seine volle Berechtigung. Im ersten Buch der Metaphysik berichtet Aristoteles über Platon folgendes: „Ferner sagt er (Platon), außer dem Sinnenfälligen und den Ideen existiere das Mathematische als zwischen ihnen liegend, unterschieden vom Sinnenfälligen dadurch, daß es ewig und unveränderlich sei, unterschieden von den Ideen dadurch, daß es im Bereich des Mathematischen vieles Gleichartige gebe, während jede Idee nur eine, sie selbst, sei“ (987 b 14–18). Was damit gesagt ist, sei jetzt erläutert. In der Ideenwelt gibt es z. B. die Idee „Einheit“. Diese „Einheit“ ist ewig, unveränderlich und wesensgemäß von allem, was nicht sie selbst ist, verschieden. Daher kann der Idee „Einheit“ nicht die Idee „Zweiheit“ beigefügt werden, so daß sich aus beiden zusammen die Idee „Dreiheit“ ergäbe. Im Bereich der Mathematica aber kann addiert werden: 1 + 1 + 1 usw. oder 1 + 2 usw. Die Mathematica oder die hypotheseis sind also wie die Ideen ewig und unveränderlich, aber nicht wesensmäßig von allem, das nicht sie selbst sind, verschieden. Daher kann im Bereich der hypotheseis addiert, subtrahiert usw. werden. In der sinnenfälligen Welt präsentiert sich uns die Einheit immer als wandelbare und vergängliche, als die geschriebene Zahl 1, als ein Mensch, ein Tier usw. Ein anderes Beispiel mag das noch besser verdeutlichen: Die mathematische Gleichheit ist ein Bild der Gleichheit selbst und nicht mit dieser identisch, da die mathematische Gleichheit sich immer nur auf quantitative Verhältnisse bezieht. Die Gleichheit selbst, die Idee „Gleichheit", steht über dem Quantitativen und auch über allem Qualitativen. Was wir in der Erfahrungswelt als „gleich" bezeichnen, ist immer mit Ungleichheit vermischt. Es gibt keine zwei sinnenfälligen Naturdinge, die gänzlich gleich sind; und die sinnenfälligen Figuren, mit denen der Mathematiker die Relationen der hypotheseis sinnbildlich darstellt, z. B. das gezeichnete Quadrat, der gezeichnete Winkel, sind immer mehr oder weniger gleich; hinzu kommt noch, daß die „gleichen" sinnenfälligen Dinge veränderbar sind oder sich verändern können. Hiermit ist eine der oben gestellten Fragen beantwortet, nämlich die Frage nach den Abbildern der hypotheseis. Die Figuren und geschriebenen Zahlen, deren sich die Mathematiker bedienen, „dienen ihnen als Bilder, mit deren Hilfe sie eben das zu erkennen suchen, was niemand auf andere Weise erkennen kann als durch den Verstand" (510 e). Innerhalb der sinnenfälligen Welt sind die Dinge teils Abbilder der Ideen, teils Abbilder der hypotheseis.

Wir fassen zusammen: die hypotheseis sind keine mathematischen Ideen, sondern Abbilder der Ideen innerhalb des Intelligibeln. Abbilder der hypotheseis ist ein bestimmter Bereich der sinnenfälligen Dinge. Die den hypotheseis zugeordnete Erkenntnisweise bezeichnet Platon als dianoia. Sie ist unklarer als die noesis oder episteme im eigentlichen Sinne, die der Erkenntnis der Ideen vorbehalten ist. Während die noesis oder die strenge philosophische Erkenntnis von den hypotheseis ihren Ausgangspunkt nimmt und sich den Ideen zuwendet, ohne irgend etwas Sinnenfälliges zu verwenden, muß sich die dianoia mit sinnenfälligen Darstellungen behelfen, was der Grund dafür ist, daß sie nicht zu den Ideen vordringen kann. Zwar vollzieht die dianoia den transcensus über das sinnlich Erfahrbare, vermag aber den zweiten transcensus über die hypotheseis nicht zu leisten im Gegensatz zur noesis, welche nicht vom sinnlich Gegebenen, sondern von den hypotheseis ausgeht und sie in Richtung auf den voraussetzungslosen Ursprung transzendiert.

Daß den beiden Regionen des Intelligibeln – ebenso wie den beiden Abschnitten des Sensibeln – verschiedene Erkenntnisarten zugeordnet sind, beruht auf dem Grundsatz, Gleiches werde durch Gleiches erkannt. Schon Parmenides (vgl. Fr. 16) läßt seine Erkenntnislehre auf diesem Grundsatz basieren, vornehmlich aber Empedokles (Fr. 109): „Durch die Erde schauen wir die Erde, durch Wasser das Wasser, durch Äther den göttlichen Äther, aber durch Feuer das vernichtende Feuer ..." Gemeint ist, daß wir die Dinge der Außenwelt nur deshalb wahrnehmen können, weil wir von gleicher Beschaffenheit sind wie sie. Platon übernimmt die grobe Form dieser Erkenntnislehre nicht, läßt aber den Grundsatz als solchen gelten; denn wesensmäßig verschiedene Bereiche der Wirklichkeit können nicht durch ein und dieselbe Erkenntnisweise erfaßt werden, sondern nur durch Erkenntnisweisen, welche diesen Bereichen entsprechen.

Nunmehr können wir uns den beiden unteren Abschnitten der geteilten Linie zuwenden. Der zweituntere Abschnitt symbolisiert die sinnenfälligen Naturdinge und Artefakten (vgl. 510 a 6). Die ihm zugeordnete Erkenntnisweise ist pistis, Glauben oder Meinen. Der sinnlichen Wahrnehmung sind die sinnenfälligen Dinge zwar unmittelbar präsent, aber die Sinneswahrnehmung steht von der Wahrheit der Ideen weit ab und verhilft daher nie zu einem Wissen, sondern nur zu einem Glauben oder Meinen. Noch undeutlicher als die pistis ist die unterste Erkenntnisweise, die eikasia, das Vermuten. Ihr Objekt ist nicht das sinnenfällige Ding selbst, sondern das Bild des Gegenstandes, „Schatten oder Spiegelbilder" (509 e f.). Pistis und eikasia sind die direkte und die indirekte sinnliche Wahrnehmung, beide zusammen sind doxa, Meinung. Es ist keineswegs so, daß pistis und eikasia verschiedene Erkenntnisweisen seien, ein und dasselbe zu erfassen; wenn auch die eikasia das Objekt durch ein Bild zu erfassen trachtet, so ist ihr unmittelbares Objekt das Bild oder der Schatten. Daß das Bild oder der Schatten etwas anderes ist als der Gegenstand selbst, kann nicht bestritten werden.

Außerdem sind hierzu Platons Ausführungen im zehnten Buch der Politeia zu vergleichen: Der Nachahmer steht mit seinem Erzeugnis an dritter Stelle von der Wirklichkeit entfernt (597 e); ferner Philebos 58 e f. und 61 e f.: Die Wissenschaften unterscheiden sich an Genauigkeit nach ihren Objekten.

Damit ist die Interpretation des Liniengleichnisses abgeschlossen. Nicht zu verkennen ist, daß das Liniengleichnis die Idee des Guten, die gemäß dem Sonnengleichnis die Ideenwelt transzendiert, nicht eigens berücksichtigt, wenngleich 511 b ein Hinweis auf das agathon geboten wird: Der Dialektiker dringt vor bis zum voraussetzungslosen Ursprung. Die Übergänge von einer Erkenntnisart zur anderen werden im Liniengleichnis nicht erörtert: Paideia und apeideusia, Bildung, Erziehung und ihr Gegenteil sind die Themen des Höhlengleichnisses.

c) Das Höhlengleichnis (Politeia 514 a – 517 a)

In einer Höhle mit lang nach aufwärts gestrecktem Eingang befinden sich von frühester Jugend an Menschen, die so gefesselt sind, daß sie immer an ein und derselben Stelle sitzen müssen und auch den Kopf nicht seitwärts bewegen können. In einiger Entfernung brennt hinter ihnen ein Feuer; zwischen dem Feuer und den Gefangenen verläuft quer zum Höhleneingang ein Weg, dem entlang eine Brüstung errichtet ist. Längs der Brüstung tragen Menschen „allerlei Geräte vorbei, die über die Brüstung hinausragen, Statuen verschiedenster Art aus Stein und Holz von Menschen und anderen Lebewesen, wobei ... die Vorübergehenden teils reden, teils schweigen“ (514 c f.). Die Gefangenen vermögen von alledem nur die Schatten der Geräte zu sehen, die durch das Licht des Feuers auf die Höhlenwand projiziert werden, wie sie auch von sich selbst und voneinander nur die Schatten an der Höhlenwand wahrnehmen; die gesamte von ihnen erfaßbare Wirklichkeit sind Schatten, sowohl ihre eigenen als auch die der an der Brüstung vorbeigetragenen Artefakten. Der

Schein der Wirklichkeit wird noch dadurch verstärkt, daß die Worte der an der Brüstung entlang Gehenden und auch die Worte der Gefangen von der Höhlenwand widerhallen, so daß die Schatten zu sprechen scheinen. Einem der Gefangenen werden die Fesseln gelöst; er wird gezwungen, aufzustehen, sich umzuwenden und in die Richtung der Geräte und des Höhlenfeuers zu blicken; er empfindet Schmerz, und geblendet vom Lichtglanz des Feuers, ist er nicht imstande, die Geräte, deren Schatten er vordem sah, zu erkennen. Wird ihm dann noch gesagt, die Geräte seien in höherem Maße seiend als ihre Schatten, dann wird er es nicht glauben; und soll er sagen, was die einzelnen Geräte seien, wird er es nicht können; er ist verwirrt und glaubt, das, was er vorher sah, sei wirklicher als das, was ihm jetzt gezeigt wird. Wenn er zudem noch genötigt wird, seinen Blick direkt auf das Höhlenfeuer zu richten, schmerzen ihn die Augen, er wird sich abwenden und sich wieder dem zukehren, mit dem er vertraut ist, nämlich den Schatten an der Höhlenwand. Man schleppt ihn aber gewaltsam den Höhlenausgang hinauf ans Licht. Nun ist er zunächst gänzlich geblendet; nur allmählich lernt er, die Dinge an der Oberwelt zu betrachten: zuerst die Schatten, dann die Spiegelbilder der Dinge im Wasser, später die Dinge selbst; danach muß er seinen Blick auf den Himmel richten; er betrachtet zuerst bei Nacht die Himmelserscheinungen und das Licht der Sterne und des Mondes; zuletzt muß er das Sonnenlicht und die Sonne selbst sehen. Schlußfolgernd erkennt er dann, daß die Sonne Ursache der Jahreszeiten und des Jahreswechsels ist, daß sie über allem waltet, das sich in der sichtbaren Welt befindet, und in gewisser Weise auch die Ursache dessen ist, was er vordem schaute. Vergleicht der aus der Höhle Befreite das Leben in der Oberwelt und die ihm jetzt zugängliche Erkenntnis mit seinem früheren Aufenthalt in der Höhle, dann „wird er sich glücklich preisen wegen dieser Veränderung, jene – die früheren Mitgefangenen – dagegen bemitleiden“ (516 c); er möchte an der Oberwelt bleiben und „lieber alles andere über sich ergehen lassen, als im Banne jener Trugmeinungen zu stehen und ein Leben jener Art zu führen“ (516 d). Er muß jedoch wieder in die Höhle hinab, seinen alten Platz einnehmen und zusammen mit den Gefesselten sich an der Deutung der Schattenbilder beteiligen. Da seine Augen sich noch nicht wieder an die Finsternis der Höhle gewöhnt haben, macht er sich gegenüber den Gefangenen lächerlich; diese meinen, der Aufstieg nach oben verderbe die Sehfähigkeit; und wenn sie in der Lage dazu wären, würden sie den, der sie befreien und nach oben bringen wollte, töten.

Dieses Gleichnis ist „seinem vollen Umfang nach mit den voraufgegangenen Erörterungen in Verbindung" zu bringen (517 b). Die Wohnung in der Höhle symbolisiert „die durch den Gesichtssinn uns erscheinende Welt" (517 b). Da mit dem Gesichtssinn als dem vornehmsten Sinnesvermögen bisweilen die Sinneswahrnehmung überhaupt bezeichnet wird, dürften die Schatten an der Höhlenwand ein Bild für die gesamte wahrnehmbare Welt sein; als Gefesselter, d. h. im Zustand der Unwissenheit und Unbildung, „erkennt" der Mensch nur das, was ihm die Sinne zeigen, und hält das Wahrgenommene für die Realität; er ist unfähig, sich den Gründen der Phänomene zuzuwenden, und beschränkt sich auf die Konstatierung des jeweils Wahrgenommenen. Hierin ist eine Wissenschaftskritik eingeschlossen: Der Empiriker, für den die sinnliche Wahrnehmung die einzige Erkenntnisquelle ist, ist durch die Fesseln der Unwissenheit so gebunden, daß er seinen Blick nicht von den Phänomenen zu den Gründen der Phänomene wenden kann, er hält das Wahrnehmbare für das Seiende und für die einzige Realität. Anfang jeder Bildung und Erziehung (paideia) ist die Lösung von den Fesseln des Unverstandes; sie ist Vorbedingung für den Aufstieg der Seele in das Reich des nur geistig Erkennbaren (515 c und 517 b). Die Lösung von den Fesseln und die Umwendung von den Phänomenen zu ihren Gründen geschehen unter Zwang; der Mensch sträubt sich dagegen, aus seiner Gewohnheit gerissen zu werden, und reagiert höchst unwillig, verwirrt und ungläubig auf die Hinweise, das empirisch Wahrnehmbare sei nur ein Schatten der Realität; er möchte wieder in seine vertraute Umgebung zurück und verspürt keine Lust, von seiner Unwissenheit befreit zu werden. Auf Grund dieses menschlichen Verhaltens können Bildung und Erziehung nur unter Zwang vonstatten gehen; gewaltsam wird der Mensch aus der Höhle der Unwissenheit an die Oberwelt des Wissens gebracht. Der Aufstieg zum Wissen muß langsam erfolgen; wissenschaftliche Erkenntnis wird nicht auf einmal, sondern in einem langsamen, mühevollen Aufstieg erlangt; wer in sie eingeweiht wird, ist nicht gleich ein Meister, wenngleich mancher das zu glauben scheint, sondern weiß sich zuerst gar nicht zurechtzufinden und hat sehr lange eine Anleitung nötig.

Wer aber vollzieht die Umwendung von den empirisch konstatierbaren Phänomenen zum Seienden, wer führt den Befreiten aus der Höhle der Unwissenheit in die Region des Denkens, in den Bereich der nicht-empirischen Wissenschaften und der Philosophie (eine empiristische Philosophie gleich welcher Art kann es gemäß platonischer Auffassung nicht geben, sie wäre ein Verweilen bei den Schatten in der Höhle der Unwissenheit)? Die dialektische Methode als Methode der Philosophie, wobei Philosophie als Ideenwissenschaft zu verstehen ist, zieht „das in einem Morast von Barbarei vergrabene Auge der Seele allmählich ans Licht und führt es aufwärts, wobei sie sich der“ mathematischen Wissenschaften „als Mithelferinnen und Mitarbeiterinnen bedient.“ (533 c d) Arithmetik, Geometrie, Astronomie und Harmonielehre, das später sogenannte Quadrivium, sind die Wissenschaften, welche im Dienst der Philosophie den Menschen schrittweise zu immer höheren Einsichten bis zur philosophischen Erkenntnis gelangen lassen.

Seitdem Platon das geschrieben hat, sind andere Wissenschaften entstanden, die sich ebensogut wie die Fächer des Quadrivium und noch besser als sie für eine Vorbereitung auf ein Studium der Philosophie eignen; darüber braucht nicht gehandelt zu werden. Zu fragen ist aber, ob Platon glaubte, ein wenig Beschäftigung mit Arithmetik und den anderen genannten Disziplinen führe zu philosophischer Einsicht, und ob es nicht Anmaßung sei, die den Philosophen behaupten lasse, er allein dringe zur Erkenntnis des Seienden vor (533 b).

Die erste Frage ist leicht zu beantworten. Nicht jeder, der die ersten Anfänge der Mathematik kennengelernt hat, ist deshalb schon aus der Höhle der Unwissenheit befreit, wenngleich er – wir wollen bei dem Gleichnis bleiben – von den Fesseln gelöst ist und auf die Dinge schauen muß, deren Schatten von den Gefesselten für die Realität ausgegeben werden. Zahlen und in Zahlen faßbare Gesetze konstituieren die empirisch konstatierbaren Phänomene – eine Lehre, die vornehmlich im Pythagoreismus angetroffen wird; die Zahlen fordern zu einer denkenden Betrachtung auf, weil sie von der Sinneswahrnehmung nicht hinreichend erfaßt werden, daher kann schon die nicht philosophische Mathematik – vgl. Philebos 56 d 4 ff.: Es gibt zwei Arten der Mathematik, die eine ist die, mit der sich die meisten im alltäglichen Leben behelfen, die andere führt unter der Leitung der Dialektik zur Erkenntnis des Seienden – bis zu den „Geräten", dem Symbol für die nicht empirischen Gründe des empirisch Wahrnehmbaren führen, während die Befreiung aus der Höhle durch die Mathematik und die ihr verwandten Wissenschaften unter der Leitung der Dialektik erfolgt. Die erste Frage ist hiermit beantwortet.

Wir wenden uns jetzt der zweiten zu. Weshalb kann nur die Philosophie zur vollen Erkenntnis des Seienden gelangen, während die übrigen Wissenschaften sich zwar über die Empirie erheben, das Seiende (die Ideen) und das agathon, das die Ideen ins Sein und in die Erkenntnis entbirgt, aber nicht zu erblicken vermögen? Der Grund liegt in den Gegenständen der mathematischen Wissenschaften einerseits und denen der Philosophie anderseits; die Verschiedenartigkeit der Gegenstände ist Grund für die andersgeartete Methode der mathematischen Wissenschaften im Vergleich zur Philosophie. Die Methode der mathematischen Disziplinen führt im Ausgang von sinnenfälligen Darstellungen (geschriebenen Zahlen, gezeichneten Figuren) zu den hypotheseis, während die Philosophie erst dort einsetzt, wo die mathematischen Wissenschaften ihr Ziel erreicht haben: Die dialektische Methode geht aus von hypotheseis, dringt zum Ursprung vor, schreitet dichotomisch abwärts und endet mit Ideen.

Nach vollzogenem Aufstieg in die Welt des nur durch die Vernunft Erfaßbaren, nach der Schau der Ideen und des agathon muß der Befreite wieder in die Höhle des Nichtwissens hinabsteigen. In umgekehrter Reihenfolge wiederholt sich das, was der Befreite beim Aufstieg aus der Höhle durchlebte: Er weigert sich hinabzusteigen, muß aber dem Zwang gehorchen; nachdem er seinen Platz unter den Gefesselten eingenommen hat und sich an der Beurteilung der Schatten beteiligen muß, ist er zunächst ungeschickt, seine frühere Umgebung ist ihm fremd geworden, sein geistiges Auge hat sich noch nicht an die Dunkelheit des Nichtwissens gewöhnt, d. h. er vermag sich anfangs nicht im gesellschaftlichen Leben zu bewähren, woraus seine Umgebung den Schluß zieht, der Aufstieg in die Welt des Seienden und die Erkenntnis der Wirklichkeit sei schädlich, philosophische Bildung verderbe Geist und Charakter und ziehe Untauglichkeit für das praktische Leben nach sich; gegen den Versuch, die Menschen ins Licht der Erkenntnis und der Wahrheit zu führen, müsse man sich mit allen Kräften wehren; denn daß die philosophische Erkenntnis nicht nur keine gesellschaftliche Relevanz habe, sondern auch den Blick für die Erfordernisse der Praxis verderbe, zeige sich sehr deutlich. Philosophie ist abzuschaffen, und die Philosophen sind zu beseitigen, wenn sie versuchen, andere in ihr sogenanntes Wissen einzuführen.

Der Grund dafür, daß Platon vom Philosophen verlangt, nicht in der Schau des Seienden zu verweilen, sondern sich daran zu gewöhnen, die Finsternis zu betrachten, ist: „Einmal daran gewöhnt, werdet ihr tausendmal besser sehen als jene ... und alle jene Bilder erkennen und beurteilen, was sie sind und was ihr Ursprung ist; denn ihr habt ja die Wahrheit über das Schöne, Gerechte und Gute geschaut“ (520 c). Wirkliche Einsicht in die Phänomene kann nur der Philosoph haben, weil er die Seinsgründe der Phänomene kennt oder sich ständig um ihre Kenntnis bemüht; der, für den das Sinnenfällige identisch ist mit dem Seienden, bleibt immer in der Unwissenheit gefangen, sofern er nicht gewaltsam aus ihr befreit wird. Überdies zeigt sich hier die Bedeutung von Platons Forderung, die Philosophen müßten die Regierung ausüben oder die Regierenden müßten Philosophen werden (473 d): Ein guter und gerechter Staat kann nur entstehen und Bestand haben, wenn er regiert wird von solchen, die wissen, was gerecht und gut ist, und die nicht irgendeine Meinung hierüber haben. Nur wer das Wissen vom unwandelbaren Gerechten und Guten besitzt, weiß, wie das Gerechte und Gute im Staat herbeizuführen ist.

Wir können das Gesagte zusammenfassen: Das Höhlengleichnis stellt den Aufstieg von der Sinneswahrnehmung bis zur Schau des unveränderlich Seienden und des Guten dar, dann erfolgt der Abstieg: Der zum Philosophen Ausgebildete muß sich in der Praxis bewähren. Erste Stufe des Aufstiegs ist die Erkenntnis, daß das, was die Sinneswahrnehmung für das Seiende ausgibt, nur ein undeutliches Abbild der Realität und vom Seienden einige Stufen entfernt ist: Was auf der ersten Stufe des Aufstiegs erkannt wird, ist ein Abbild der Realität, das aber mehr seiend ist als die wahrnehmbaren Phänomene, weil es Grund für die Phänomene ist. Die zweite Phase des Aufstiegs transzendiert die Bereiche der niederen Wissenschaften, die sich auf die „Geräte", auf die Gründe der Phänomene, richten, und bewirkt Erkenntnis der intelligiblen Abbilder der Ideen, d. h. der Gegenstände der philosophischen Mathematik. Die letzte Stufe des Aufstiegs ist mit der Sicht der Ideen und des agathon erreicht. Höchstes Ziel der Dialektik, deren eigentlicher Bereich die Ideen sind, ist das nicht mehr definierbare agathon als höchster Grund des Seienden und auch des Werdenden. Nach vollzogenem Aufstieg muß der Befreite hinab in die Höhle der Unwissenheit und sich den Staatsgeschäften widmen, weil nur er auf Grund seines Wissens Gutheit und Gerechtigkeit im Staat herbeiführen kann und über den Bestand des guten und gerechten Staates zu wachen hat.

Ein Problem stellt sich der Interpretation insofern, als die an der Mauer in der Höhle vorbeigetragenen Geräte die Objekte der niederen mathematischen Wissenschaften symbolisieren und das Höhlenfeuer (517b 3) der Kraft der Sonne gleichzusetzen ist. Inwiefern bewirkt die Kraft der Sonne, daß die Wissenschaftsobjekte sich in den wahrnehmbaren Phänomenen äußern? Nach dem Sonnengleichnis (509 b 2–4) hat die Sonne gnoseologische und ontologische Funktionen, und beides trifft auf das Höhlenfeuer als Symbol der Kraft der Sonne zu: Die Kraft der Sonne als gnoseologisches und ontologisches Medium bewirkt, daß die den Erscheinungen zugrundeliegende höhere Realität (vgl. 515 d 3) sich in den Phänomenen äußert, daß die Phänomene wahrnehmbar sind und die auf sie Blickenden sie wahrnehmen können.

Die Stufenfolge des Aufstiegs aus der Höhle legt es nahe, die Stufen mit den Abschnitten der geteilten Linie zu vergleichen; jedoch soll der Vergleich hier nicht im einzelnen durchgeführt werden; verwiesen sei auf die kleine Untersuchung im Archiv für Geschichte der Philosophie 43 (1961) S. 1–14: Die drei Gleichnisse bilden eine untrennbare Einheit; die Ergebnisse, welche Platon in den einzelnen Gleichnissen gewinnt, werden jeweils im folgenden verwertet. Linien- und Höhlengleichnis entsprechen sich in den beiden oberen Stufen (Ideen und hypotheseis) genau, in den beiden unteren Stufen nicht genau. Die Betrachtung der Schatten an der Höhlenwand ist zwar nicht die eikasia des Liniengleichnisses, stimmt aber insofern mit ihr überein, als die Erkenntnisweise der unerlösten Gefangenen Sehen auf Schatten ist. Ähnlich verhält es sich mit der pistis des Liniengleichnisses: Sie betrachtet die Naturdinge und Artefakten selbst (so im Liniengleichnis); im Höhlengleichnis ist sie bereits das Sehen auf die an der Mauer vorbeigetragenen Geräte. Aber damit möge es hier sein Bewenden haben.

d) Der Aufstieg zur Ideenerkenntnis: Liebe und Einsicht (Symposion)

Der Aufstieg zur Ideenerkenntnis und die Bedeutung der Liebe bei diesem Aufstieg sind meisterhaft dargestellt im Symposion.

Platons Meisterdialog über den Eros wurde wohl kurz vor dem „Phaidon“ geschrieben (vgl. oben S. 16). Die Wiedergabe des eigentlichen Gesprächs ist von einem Rahmengespräch umfaßt. Im Rahmengespräch treten auf: Apollodoros und einige seiner Freunde; das Gespräch bei einem Gastmahl wird von Apollodor erzählt; er berichtet, was ihm ein anderer, Aristodemos, erzählte. Im erzählten Gespräch treten auf: Agathon, der Tragödiendichter, Aristophanes, der Komödiendichter, neben Sokrates der Arzt Eryximachos, der aus dem sokratisch-platonischen Kreis bekannte Phaidros und Pausanias aus dem Gefolge des Sophisten Prodikos; dann treten später auf Alkibiades und einige Ungenannte.

Den Anlaß zum nächtlichen Symposion bietet der erste Tragödiensieg des Dichters Agathon im Januar 416. Während er am selben Tag eine Feier für einen größeren Kreis veranstaltet hatte, waren am folgenden Abend die engeren Freunde eingeladen. Ob bei dem Symposion 416 wirklich die genannten Männer sich einfanden oder nicht, braucht uns nicht zu interessieren.

Die Teilnehmer des Symposion wollen über den Eros, den Liebesgott oder die Liebe, reden. Alle Teilnehmer sollen also einen Beitrag zum gleichen Thema liefern, ohne daß hierbei eine Preisverleihung für den besten Redner intendiert wäre; auch sollen nicht, wie sonst bei Symposien üblich, Gesänge im zweiten Teil des Gelages angestimmt werden.

Eros, der Gott der Liebe oder die Liebe, ist also das Thema der Reden. Eros ist das Liebesverlangen, das wie jedes andere überwältigende Phänomen Werk einer Gottheit ist. Hier geht es aber nicht um die Liebe zwischen Mann und Frau, sondern um den männlichen Eros, um die Knabenliebe, die in der dorischen Wanderung und wohl auch im griechischen Schönheitsgefühl ihren Ursprung hat: der Mann galt für schöner als die Frau. (Platon selbst verhielt sich zu dieser Liebe ursprünglich nicht ablehnend; erst in den Nomoi wird der männliche Eros abgelehnt.) Hier treten also sechs Redner auf, die den Eros preisen, wobei zu beachten ist, daß der antike Schriftsteller nie eine Rede im ursprünglichen Wortlaut wiedergibt, sondern immer ausführt, was der Redner gemäß seiner Eigenart gesagt haben könnte. Selbst wenn also das Symposion mit den genannten Personen stattgefunden hat, sind die Wiedergaben der Reden nicht historisch genau.

Phaidros beginnt das Lob des Eros; er fragt nach dem Ursprung des Eros und zeigt an Beispielen aus der Geschichte und dem Mythos, wie groß die Macht des Eros ist. Eros ist elternlos, der älteste Gott, er ist Urheber großer Wohltaten für die Menschen. Eros befähigt den Liebenden zu außergewöhnlichen Taten, wahre arete hat nur der vom Eros Besessene; deshalb sollen Staat und Armee aus Liebhabern und Geliebten bestehen. Von der arete hängt der Besitz der Eudaimonie ab.

Pausanias, der zweite Redner, unterscheidet zwischen einem göttlichen Eros und einem Allerweltseros. Phaidros sprach von Eros als einer einheitlichen Gottheit; in Wirklichkeit aber gibt es den göttlichen Eros und den Allerweltseros. Der göttliche Eros liebt mehr die Seele als den Leib, und dieser ist zugleich der Eros, der Männer veranlaßt, junge Männer zu lieben. Die griechischen Stämme verhalten sich ganz verschieden zu ihm: teils sind sie dem Eros der Knabenliebe schlechthin zugetan, teils verdammen sie ihn einfachhin, teils ist ihre Beurteilung eine gemischte (wie in Athen). Der nomos, das Herkommen, die Tradition, ist, wie sich hier zeigt, nichts Absolutes, sondern etwas Relatives (wie es die Sophisten lehrten), und die Rede des Pausanias ist selbst poikile, bunt schillernd: Pausanias trennt zwar den göttlichen Eros vom Allerweltseros, jedoch ist der göttliche Eros selbst ein Eros, in dem neben geistigen Beziehungen sinnliches Verlangen sich offenbart; es handelt sich um den Eros, wie er in Athen und Sparta bei den Vornehmen im Schwange war. Der männliche Eros ist das gemeinsame Streben nach der arete; worin die arete besteht, sagt Pausanias ebensowenig wie sein Vorredner Phaidros, wodurch offenbar wird, daß er zu wissen meint, was arete ist, es tatsächlich jedoch nicht weiß und noch nicht zur Erkenntnis seines Nichtwissens gelangt ist. Aristophanes, der jetzt an der Reihe ist, kann einstweilen nicht sprechen (185 c); er hat gerade den Schluckauf infolge von Übersättigung oder aufgrund irgendeiner anderen Ursache. Der an seiner Stelle redende Arzt Eryximachos konzediert die Unterscheidung eines doppelten Eros, versteht aber unter dem Eros nicht primär die Knabenliebe. Die

Wirksamkeit des Eros erstreckt sich zudem nicht nur auf die menschliche Seele, sondern auch auf die gesamte lebendige und leblose Natur und auch auf die Kunst; nämlich auf die Natur des Leibes, wie die Medizin als Wissenschaft zeige, auf die Musik in Harmonie, Rhythmus und Melodie, auf die Astronomie (Lauf der Sonne 188 a–b; geregelter Gang der Jahreszeiten, harmonisches Verhältnis der Gegensatzpaare Warm–Kalt, Feucht–Trocken), auf Religion und Frömmigkeit (188 c–d: Freundschaft zwischen Göttern und Menschen). Überall ist jeweils ein guter und ein schlechter Eros zu unterscheiden; der schlechte führt zu Zügellosigkeit und Disharmonie; nur der gute bewirkt Harmonie, und nur er ist zu fördern. Der gute Eros bewirkt Ordnung und Gutes, er kann sich aber nicht immer durchsetzen. Eros ist das erhaltende Prinzip des Kosmos.

Aristophanes, der nun spricht, wartet mit einer grotesken Darstellung des Eros auf, wie man es von ihm als dem Komödiendichter erwarten kann: Der gegenwärtige Zustand der Menschen ist nicht der ursprüngliche. Ursprünglich gab es drei Geschlechter: Doppelmann, Doppelfrau und Mannfrau. Das männliche Geschlecht stammte von der Sonne, das weibliche von der Erde, das gemischte vom Mond. Die Menschen waren kugelgestaltig und besaßen je vier Arme, vier Beine, zwei Gesichter usw. Da sie von größter Kraft waren und sich sehr schnell bewegen konnten, wurden sie alsbald den Göttern gefährlich, weshalb Zeus ihrem Treiben ein Ende machte: er halbierte einen jeden, ließ durch Apollon Gesicht und Hals gegen die Schnittseite umdrehen und die Heilung vollziehen. Die getrennten Hälften waren von Sehnsucht nach Vereinigung erfüllt und schmiegten sich zusammen, voll Begierde zusammenzuwachsen. Durch Hunger und Untätigkeit starben sie, und das gesamte Menschengeschlecht war in Gefahr auszusterben. Da erbarmte sich Zeus und schuf Abhilfe, indem er ihnen die Zeugung ermöglichte. Die Sehnsucht zueinander verläßt sie nicht. Eros führt die getrennten, ursprünglich zueinander gehörenden Hälften zusammen und versucht, aus Zweien Eins zu machen. Wenn wir den Göttern nicht die gebotene Ehrfurcht erweisen, werden wir abermals gespalten werden; deshalb muß jeder den anderen veranlassen, den Göttern Ehrfurcht zu erweisen, und dazu verhilft uns Eros. Wer dem Eros zuwider handelt, macht sich den Göttern verhaßt; folgen wir dem Eros, dann sind wir mit den Göttern in Freundschaft und Eintracht und werden wohl auch die uns jeweils zugehörige Hälfte finden. – Hinter dieser Groteske steht ein ernster Gedanke: Aristophanes sieht als erster von den Rednern den Eros als Verlangen nach der Seele des anderen, mit welcher man eins werden will (vgl. A. Capelle, Einleitung S. X der zweisprachigen Ausgabe des Symposion, 3. Aufl. Hamburg 1981). Eros ist nicht nur das Streben nach leiblicher Vereinigung, er ist nicht nur ein somatischer Trieb, der sich überall geltend macht, sondern er ist ein in der menschlichen Natur angelegtes Streben nach seelischer Vereinigung, das aus der Begrenztheit der menschlichen Natur hervorgeht und danach drängt, durch die Vereinigung mit dem anderen die eigene Begrenztheit aufzuheben. Nicht die in der Sophistenkunst ausgebildeten Phaidros und Pausanias und nicht der Arzt Eryximachos, sondern der Komödiendichter Aristophanes erkennt im Eros die Kraft, welche Seelen zusammenführt.

Mit der Rede des Tragödiendichters Agathon erfolgt die Überleitung zur sokratisch-platonischen Darstellung des Eros. Agathon will ergänzen, was seine Vorgänger nicht beachtet haben. Sie haben nur das Glück der Menschen dargestellt, das Eros gewährt, sie haben aber nicht (oder kaum) gesagt, wie beschaffen Eros ist (194 e). Eros ist nicht der älteste (im Gegensatz zur Rede des Phaidros), sondern der jüngste Gott und immer jung: Er hält es immer mit den jungen Menschen und flieht vor dem Alter. Als jüngster Gott ist er der schönste der Götter – im einzelnen wird Eros als schöner junger Mann geschildert, worauf wir nicht einzugehen brauchen –, und wer so schön ist wie Eros, muß auch gut sein. Wäre er nicht gut, dann wäre seine Schönheit nur eine äußerliche, nicht auch eine innerliche; die Schönheit wäre unvollkommen; und so werden ihm von Agathon die vier aretai zugeordnet: Er ist gerecht, weil er weder Unrecht tut noch – da er kein Unrecht erleidet – einen Grund hat, Unrecht mit Unrecht zu vergelten. Er besitzt die sophrosyne, die Besonnenheit; denn Besonnenheit ist nach allgemeiner Auffassung die Herrschaft über Lüste und Begierden. Keine Lust ist stärker als Eros, also muß Eros Herrscher über Lüste und Begierden sein und demzufolge an Besonnenheit allen anderen überlegen sein (was ein offensichtlicher Trugschluß ist: Eros ist selbst die stärkste Lust. Daraus folgt nicht, daß Eros besonnen ist, sondern das Gegenteil). Tapfer und der tapferste ist Eros: Er besiegt sogar den wilden, aber schönen Kriegsgott Ares (hier wird die Geschichte von Ares und Aphrodite tangiert). Weise (sophos) ist Eros auch, denn er spornt die Menschen zu hohen Leistungen im Bereich der Musenkunst an (vgl. Rede des Eryximachos); des weiteren offenbart sich seine Weisheit darin, daß er allem Lebendigen Entstehung und Wachstum verleiht. So ist Eros nicht nur der schönste, sondern auch der beste Gott und auf Grund dessen äußerlich und innerlich schön; darüber hinaus verleiht er alle die Vorzüge, die er selbst hat. Das Schwergewicht dieser Darstellung ist also das kallos, die Schönheit, des Eros.

Nun folgt die Rede des Sokrates (198 a – 212 b): Sokrates möchte nicht reden, da er sich nicht auf die Kunst verstehe, schöne Worte zu machen; das einzige, was er vermag, ist, die Wahrheit zu sagen über ein jedes (198 d), d. h. von einem jeden das zu sagen, was es in Wirklichkeit ist – oder wenigstens zu versuchen, es zu sagen (ta alethe legein: die Wirklichkeit unverstellt, unverhüllt aussagen). Im Gegensatz zu seinen Vorgängern, die Eros verherrlichten, ihm, ohne viel zu überlegen, das Schönste und Beste zuschrieben, will Sokrates sagen, was Eros in Wirklichkeit ist, nicht verstellend, nicht verhüllend, denn nur wenn nichtverstellend gesagt wird, was Eros ist, zeigt sich Eros selbst unverstellt, d. h. er zeigt sich in seiner aletheia, in seiner unverborgenen Wirklichkeit.

Die Grundlagen hierzu werden in einem Vorgespräch mit Agathon geschaffen (199c–201d); in diesem Vorgespräch erweist sich, daß Agathon, der in seiner Rede sagen wollte, wie beschaffen Eros ist, gar nicht weiß, wie er beschaffen ist. Eros richtet sich immer auf etwas; Liebe ist immer Liebe zu etwas. Als Liebe zu etwas begehrt (epithymei) Eros das, worauf er sich richtet. Wenn Eros begehrt und liebt, tut er es als einer, der das nicht hat, was er begehrt; und das ist nicht nur wahrscheinlich, sondern mit Notwendigkeit so. Denn wer z. B. stark zu sein begehrt, ist nicht selbst stark, sonst würde er nicht begehren, stark zu sein; wer gesund zu sein begehrt, ist nicht gesund usw. Man könnte zwar meinen, jemand, der stark und gesund ist, begehre auch, stark und gesund zu sein; aber das ist unsinnig; in der Gegenwart ist er stark und gesund, ob er es begehrt oder nicht. Wenn jemand sagt, er sei stark und gesund und wünsche, stark und gesund zu sein, dann heißt das doch, daß er wünscht, auch in Zukunft das zu sein, was er in der Gegenwart ist. Jeder, der begehrt, begehrt also etwas, was er (noch) nicht hat. Eros als Liebe, als Begehren, begehrt demnach etwas, was er nicht hat. Nun ergibt sich folgendes: In der Rede des Agathon wurde gesagt, Eros liebe, erstrebe die Schönheit. Also hat er – das zeigt das soeben erreichte Ergebnis hinsichtlich des Liebens und Begehrens – nicht die Schönheit. Was aber Schönheit nicht hat, ist nicht schön. Eros ist nicht schön. Weiter: Schön ist auch das Gute. Wenn Eros das Schöne nicht hat, hat er auch nicht das Gute und ist demzufolge nicht gut. Eros ist selbst weder schön noch gut; er erstrebt und liebt das Schöne und Gute.

Hier setzt die eigentliche Rede des Sokrates über den Eros ein (201 d – 212 b): Sokrates spricht nicht in eigenem Namen, sondern beruft sich auf ein Gespräch, das er mit einer weisen Frau, Diotima aus Mantineia in Arkadien, vor längerer Zeit führte. Weshalb das? Versagt die Dialektik, wenn es darum geht zu ergründen, was Eros ist? Und was vermag diese Frau dem Dialektiker zu sagen, wenn es der Dialektiker nicht selbst finden kann?

Zunächst ist eines zu beachten wichtig: Diese Priesterin Diotima ist als reale Gestalt für das Werk ohne Bedeutung, wenn sie eine geschichtliche Gestalt ist, stammt die ihr in den Mund gelegte Rede nicht von ihr. Weshalb führt Platon hier diese Frau ein, die das Wesen des Eros in einer Rede darstellt? Sicher ist, daß Diotima im wesentlichen ein Geschöpf Platons ist, der den Sokrates sich bisweilen hinter einem anonymen „Jemand“ verbergen läßt, um seine Theorien vorzutragen. Ist die Priesterin „gleichsam die höchste Gestaltwerdung jenes mehr oder minder unbestimmten ‚Jemand'" (so P. Friedländer, Platon I, S. 157)? Mit welcher Absicht führt Platon gerade die Diotima ein? Nicht hinreichend ist die Erklärung, Diotima trage Lehren vor, die nicht Auffassung des historischen Sokrates waren; denn sehr vieles läßt Platon seinen Sokrates reden, worüber der historische Sokrates sich nie ausgelassen hat (vgl. Friedländer a. a. O.). Unzureichend ist weiterhin die Annahme, Platon erweise dem Agathon mit der Einführung der Diotima insofern eine captatio benevolentiae, als er ihn nicht durch Sokrates, sondern durch eine Priesterin übertreffe. Von der gesellschaftlichen Urbanität her wird man die Einführung dieser Gestalt nicht erklären können. Ähnliches gilt von der Meinung, Sokrates als Dialektiker habe selbst keine Rede über das Wesen des Eros halten dürfen; Platon führt ihn oft genug als lange Reden haltend vor. Und wie steht es mit der Auffassung, Sokrates, der oft als der Nichtwissende vorgeführt wird, könne mit seiner Dialektik nicht das Wesen des Eros ergründen (die hier vorgeführten Erklärungsversuche sind referiert bei Friedländer I 157–158)? Hieran ist etwas richtig. Der eigentliche Anwendungsbereich der Dialektik ist der Bereich der Ideen. Der Aufstieg von den wahrnehmbaren Erscheinungsformen des Schönen zum Schönen selbst (als der Idee) kann von der Dialektik demzufolge bewältigt werden. Wie aber steht es mit dem Wesen des Eros, der selbst keine Idee und nicht selbst das Schöne ist? Das Wesen des Eros entzieht sich der dialektischen Methode; es kann auch nicht durch die doxa, die auf Entstehendes und Vergehendes gerichtet ist, erkannt werden, denn 1. verleiht die doxa kein Wissen, und 2. ist Eros als ein Gott nicht ein Entstehender und Vergehender. Soll über das Wesen des Eros gehandelt werden, dann kann weder die Dialektik noch die doxa zum Ziel führen; es bleibt also nur eine Erörterung, die weder Dialektik noch das von der Wahrnehmung ausgehende Meinen ist. Eine solche ist der *Mythos*. Da aber zugleich mit dem Eros auch das Schöne (als Idee) thematisch wird, ist der Mythos durchsetzt mit dialektischen Partien.

Damit ist freilich noch nicht erklärt, weshalb nicht Sokrates, sondern Diotima redet (Sokrates gibt lediglich das Gespräch wieder, das er mit Diotima hatte); Sokrates selbst wird in platonischen Schriften vorgeführt als in Mythen Redender. Hier geht es um etwas anderes grundsätzlicher Art. Der volle Besitz der Weisheit ist dem Menschen versagt, der Mensch kann nach ihr streben, er kann philosophos sein. Die Methode des philosophos, der Kenntnis des Seienden erstrebt, ist die Dialektik. Auch die Dialektik ist ein Instrument, das die Wahrheit nicht völlig erreicht; höher als die dialektische Methode steht die mystische Weisheit (vgl. 210 a: Sokrates kann bis zu einem gewissen Grad in die Geheimnisse des Eros eingeweiht werden; ob er den höchsten Grad erreichen kann, ist unbestimmt). Die mystische Weisheit übertrifft das dialektische Suchen nach der Weisheit. Deshalb steht die Mysterienpriesterin höher als Sokrates (vgl. G. Krüger, Einsicht und Leidenschaft, 2. Aufl. Frankfurt a. M. 1948, S. 145); sie vermag den Liebenden (Sokrates ist philosophos, Liebhaber der Weisheit) in das Mysterium des Eros einzuführen, so daß er seinen eigenen Eros zu begreifen imstande ist (vgl. Ernst Hoffmann, Über Platons Symposion, Heidelberg 1947, S. 19). Nun erleben wir, daß Sokrates von Diotima geschulmeistert wird, wie er sonst die anderen schulmeistert; er wird von der Priesterin ausgelacht (202 b); er muß sich belehren lassen, daß es zwischen Weisheit und Unverstand die richtige Meinung gibt, die jedoch keine Rechenschaft von den Gründen zu geben vermag (202 a), und daß er offenbar noch nicht so weit gekommen ist, das zu bemerken. – Nun zur Rede des Sokrates, der Wiedergabe der Rede der Diotima.

Im Gespräch mit Agathon wurde festgestellt: 1. Eros ist immer Liebe zu etwas, es gibt keine Liebe einfachhin. 2. Eros ist Liebe und Sehnsucht nach etwas, das er nicht hat, das ihm fehlt. Eros begehrt also etwas, das er nicht hat. 3. Eros begehrt das Gute und Schöne (zwei Namen oft für dasselbe). Er selbst ist weder gut noch schön. Hieran knüpft die Rede der Diotima an: Das, was weder gut noch schön ist, ist nicht identisch mit dem Schlechten und Häßlichen; es gibt hier ein

Mittleres, so wie zwischen Weisheit und Unvernunft die richtige Meinung steht. Diesem Mittelbereich ist Eros zuzuordnen: Er besitzt ja nicht, sondern strebt nach etwas, nach dem Guten und Schönen. Als Liebhaber des Schönen ist er auch Liebhaber der Weisheit, die er ebensowenig wie das Gute und Schöne besitzt; Weisheit ist etwas Gutes und Schönes; Eros ist ein philosophos (als Mittlerer zwischen Weisen und Unweisen); er besitzt nicht, sondern strebt. Er hat nicht Anteil am Guten und Schönen, sondern strebt nach ihm. Also ist er auch nicht eudaimon, glücklich, sondern strebt nach der Eudaimonie. Wer nicht Anteil am Guten, Schönen und an der Eudaimonie hat, ist kein Gott; denn alle Götter sind gut, schön und glücklich. Das Gute, Schöne und die Eudaimonie sind etwas Höheres als der Eros. Ein Sterblicher, ein Mensch, ist Eros auch nicht, die Liebe ist nicht einfachhin vergänglich; sie ist aber auch nicht einfachhin unvergänglich. Eros ist ein Mittleres zwischen Gott und Mensch, sozusagen einer, der Botendienste zwischen Göttern und Menschen versieht, ein Vermittler zwischen Göttern und Menschen. (Die Götter treten nicht unmittelbar mit den Menschen in Verbindung, sondern bedienen sich vermittelnder Wesen: die Transzendenz des Göttlichen wird nicht von den Göttern durchbrochen, und den Menschen ist jeder Zugang zum Transzendenten verwehrt; wenn also irgendeine Verbindung zwischen Göttern und Menschen besteht, beruht sie auf vermittelnden Wesen, die weniger als die Götter, aber mehr als die Menschen sind. Diese vermittelnden Wesen sind die Dämonen – ein Gedanke, der besonders im Judentum ausgebildet wurde und von den Christen in der Lehre von den Engeln übernommen wurde.) Derartige Vermittler zwischen Göttern und Menschen gibt es viele, einer von ihnen ist Eros.

Seine Eltern sind Poros (Weg, Ausweg, Erwerb, Reichtum), der Sohn der Klugheit (Metis), und Penia (Bedürftigkeit, Armut), ein sehr gegensätzliches Elternpaar. Die Eigenschaften der Eltern wurden dem Eros vererbt: Von seinem Vater her ist Eros der listige Späher nach allem Guten und Schönen, er ist tapfer, waghalsig und unermüdlich (203 d), er ersinnt immer irgendwelche Listen, ist beseelt von Verlangen nach Erkenntnis, strebt immer nach Weisheit (philosophon), ein großer Zauberer, Hexer und Sophist; er ist weder wie ein Unsterblicher noch wie ein Sterblicher, bald ist er stark wie ein Gott, bald kraftlos wie ein Toter. Von seiner Mutter her ist er arm, rauh und struppig, immer bedürftig. Aber er wurde erzeugt am Geburtsfest der schönen Aphrodite, und daher ist er von Natur aus auf das Schöne gerichtet, Begleiter und Diener der Aphrodite (der Schönheitsgöttin).

Nach der Darstellung von Wesen und Herkunft des Eros ist nun von den Wirkungen des Eros auf die Menschen zu handeln (204 c): Eros richtet sich von Natur aus auf das Schöne. Wenn die Wirkungsweise des Eros erhellt werden soll, ist auszugehen von der Frage: In welcher Weise ist der Eros auf das Schöne gerichtet (204 d)? Wer das Schöne liebt, strebt danach, daß ihm das Schöne zuteil werde. Das aber ist genauer zu klären: Was wird dem zuteil, dem das Schöne zuteil wird? Diese Frage ist nicht dadurch zu beantworten, daß ihm das Schöne zuteil werde, sondern gefragt ist nach etwas anderem, wie es durch eine Zusatzfrage deutlich wird: Was wird dem zuteil, dem das Gute zuteil wird? Die Antwort lautet: die Eudaimonie. Durch den Besitz des Guten sind die Menschen glücklich. Daß an die Stelle des Schönen in der Zusatzfrage das Gute gesetzt wurde, ist mehr als nur eine beispielhafte Verdeutlichung. Das Schöne ist gut und das Gute ist schön; das Streben oder die Liebe zum Guten ist allen Menschen gemeinsam; alle Menschen wollen im dauernden Besitz des Guten (und des mit dem Guten identischen Schönen) sein; da der Besitz des Guten und Schönen die Menschen glücklich macht, wollen alle Menschen – das zeigt ihr Streben nach dem Guten und Schönen – glücklich sein.

Aber hier ist ein Einwand zurückzuweisen. Dem bisher erreichten Ergebnis scheint entgegenzustehen, daß wir nur von einigen Menschen sagen, sie lieben, von anderen dagegen nicht. Aber das ist nur ein scheinbarer Einwand. Es gibt Worte, die nicht nur einen Artbegriff bezeichnen, sondern zugleich auch einen Gattungsbegriff. So bezeichnen wir mit dem Wort poietes hauptsächlich die Dichter (Artbegriff); daneben heißt poietes jeder Künstler (Gattungsbegriff). Poietes ist also eines dieser Worte, die Art- und Gattungsbegriff bezeichnen. Ebenso verhält es sich mit dem Wort „Eros“: Meist verwenden wir es, um die Zuneigung der Menschen zueinander zu bezeichnen, es bedeutet aber auch das Verlangen nach dem Guten und der Eudaimonie überhaupt. Die allgemeine Bedeutung von Eros ist: Jedes Verlangen nach dem Guten und der Eudaimonie (205 d). Freilich halten die Menschen Verschiedenes für das Gute und streben demzufolge auf verschiedene Art zum Guten, und für solches gibt es verschiedene Bezeichnungen (Gier nach Geld, Sportbegeisterung und dergleichen mehr); mit Liebe, Lieben und Liebhaber – eros, eran und erastes – bezeichnen wir in der Regel etwas Spezielles, was nichts daran ändert, daß generell „Eros“ jedes Streben nach dem Guten und der Eudaimonie ist. Zwar wurde in der Rede des Aristophanes gesagt, diejenigen seien Liebhaber, die ihre andere Hälfte suchen. Aber Eros geht weder auf die Hälfte noch auf das Ganze, es sei denn, daß die Hälfte oder das Ganze ein Gutes ist. Die Menschen lieben das Gute, und zwar lieben sie (erstreben sie) den Besitz des Guten, nicht nur für einige Zeit, sondern sie erstreben den fortwährenden Besitz des Guten. Eros erstrebt also den dauernden Besitz des Guten (206 a).

Wie wird der dauernde Besitz des Guten erreicht? Damit sind wir bei der Wirkungsweise des Eros. Was ist die Betätigung des Eros, damit der dauernde Besitz des Guten erlangt wird? Wenn Eros sich auf den dauernden Besitz des Guten richtet, gehört zu ihm das Verlangen nach Unsterblichkeit; denn wie sollte ohne Unsterblichkeit dauernder Besitz des Guten möglich sein? Die Menschen sind sterblich. Wie kann das Verlangen nach Unsterblichkeit erfüllt werden? Der einzelne Mensch kann nicht unsterblich werden (nicht als Mensch, als Zusammengesetztes aus Leib und Seele). Die Art Mensch dagegen kann sehr wohl unsterblich sein, und das, was zur Unsterblichkeit des Menschengeschlechts verhilft, ist Zeugung und Schwangerschaft (206 c). Die menschliche Natur trägt von einem bestimmten Alter an das Verlangen nach Zeugung in sich (206 c). Zeugen aber kann die menschliche Natur nicht im Häßlichen, sondern nur im Schönen (a. a. O.). Das

Schöne ist es, das über allem Werden waltet, sozusagen als das Schicksal (206 d).

Für die Wirkungsweise des Eros ergibt sich auf Grund dieser Überlegung: Eros ist zwar auf das Schöne und Gute gerichtet, genauer aber: auf die Zeugung und das Hervorbringen im Schönen (206 e), und das deshalb, weil durch die Zeugung die Art Mensch unsterblich wird (soweit bei Sterblichen davon die Rede sein kann). Das gilt nicht nur für Menschen, sondern für alle Lebewesen. Das Verlangen nach Unsterblichkeit ist es, das sich hier offenbart. Die somatische Zeugung ist freilich nur eine Erscheinungsform des Verlangens nach Unsterblichkeit; beim Menschen offenbart es sich auch als Streben nach Ruhm und Ehre. Aber in all dem bisher Gesagten ist lediglich ein niederes Streben nach dem dauernden Besitz des Guten zum Vorschein getreten, wenngleich richtig ist, daß Eros das Verlangen nach Zeugung im Schönen ist. Diejenigen, deren Zeugungstrieb sich auf das Somatische richtet, wenden sich den Frauen zu im Glauben, durch Erzeugung von Kindern Unsterblichkeit und Eudaimonie zu erlangen (208 e).

Es gibt auch Menschen, denen es mehr auf die Psyche ankommt als auf das Soma, die mehr mit der Seele als mit dem Körper zeugen wollen. Diese Art des Zeugungsverlangens ist von höherem Rang als das Verlangen nach somatischer Zeugung; denn als Prinzip des Lebens ist die Seele von größerer Dignität als der Leib, der von ihr belebt wird. Die Seele ist in höherem Maße seiend als der Leib, der seine Lebendigkeit der Seele verdankt. Eros als Liebe zum psychisch Schönen richtet sich daher auf ein höherrangiges Schönes. Was ist hiermit gemeint? Gemeint ist die Erzeugung von Erkenntnis und jeder anderen Art von arete (Erkenntnis ist selbst arete, phronesis). Dichter und Künstler sind die hier gemeinten Menschen. Der größte und schönste Teil der Erkenntnis richtet sich auf die Verwaltung von Staat und Hauswesen (209 a) und heißt Besonnenheit und Gerechtigkeit. Wer nach solcher Erzeugung verlangt, sucht nach dem Schönen, um in ihm zu zeugen. Ein schöner Körper gefällt ihm zwar besser als ein häßlicher; wenn er in einem schönen Körper eine schöne psyche entdeckt, dann freut ihn das Zusammentreffen von somatischer und psychischer Schönheit weit mehr als die Schönheit des Leibes; in dieser schönen psyche versucht er durch Reden (logoi, vernünftige Reden) als sperma die arete zu erzeugen.

Soweit kann Sokrates in die Mysterien des Eros eingeweiht werden (209 e f.), ob er für die Weihe der höchsten Stufe tauglich ist, bleibt fraglich (ob der Dialektiker das nun Folgende verstehen wird, bleibt offen, gleichwohl wird es gesagt). Wer den richtigen Weg bis zur höchsten Stufe der Erotik einschlägt, wird folgenden Stufengang wählen: In der Jugend wird er einen schönen Körper lieben und in diesem den Sinn für das Schöne und Vortreffliche wecken; dann aber wird er erkennen, daß die Schönheit an allen Körpern ein und dieselbe ist. Er wird also nicht mehr nur einen schönen Körper lieben, sondern alle. Außerdem wird er der psychischen Schönheit einen höheren Rang zuerkennen als der leiblichen Schönheit. Wenn nur ein wenig körperliche Schönheit mit psychischer Schönheit verbunden ist, genügt ihm das zum geistigen Zeugungswerk. Hiernach soll er veranlaßt werden, auf das Schöne im tätigen Leben und im Herkommen, den nomos, das „Gesetz“, zu achten und zu erkennen, daß derartige Erscheinungsformen des Schönen alle sehr untereinander verwandt sind. Die auf dieser Stufe der Erotik gewonnene Einsicht veranlaßt ihn, dem somatisch Schönen nur geringen Wert beizumessen.

Nach der Erkenntnis des Schönen im tätigen Leben soll er eine weitere Stufe aufwärts geführt werden: zur Erkenntnis der Schönheit der Wissenschaften (das tätige Leben muß von der Erkenntnis geleitet sein); er darf nicht mehr am einzelnen haften bleiben; er wird schöne Gedanken und Reden erzeugen in der Liebe zur Wissenschaft, bis er schließlich zu einer höchsten Wissenschaft gelangt, zur Wissenschaft von einem einzigen Schönen. Dieses Schöne ist immer, es entsteht und vergeht nicht, es wird nicht größer noch kleiner, es ist nicht in einer Weise schön, in einer anderen häßlich, es ist nicht zu bestimmter Zeit, an bestimmten Orten und in bestimmtem Verhältnis und für gewisse Personen schön und häßlich, es ist nicht ein wahrnehmbares Einzelnes, es ist keine Rede, kein Gedanke und auch keine Wissenschaft, es ist überhaupt in keinem anderen, sondern es ist rein für sich immer eingestaltig (monoeides). An ihm hat alles andere, das wir „schön" nennen, auf irgendeine Weise teil. Während das, was wir schön nennen, entsteht und vergeht, ist jenes Schöne selbst unwandelbar, es wird nicht größer und auch nicht kleiner, es ist jedem Wechsel und jeder Veränderung enthoben. Alles einzelne Schöne (vgl. 212 a) ist Bild (eidolon) des an ihm selbst Schönen.

Was den Eros, das Thema auch dieser letzten Rede, betrifft, erweist er sich als das Streben nach Erkenntnis des an ihm selbst Schönen. Das an ihm selbst Schöne ist das höchste Seiende, das, wodurch alles andere schön ist. Eros ist der Trieb nach Erkenntnis des höchsten Seienden. Aufgrund der Identifikation des Schönen mit dem Guten (204 e) ist Eros das Verlangen nach Erkenntnis des Guten.

Der Weg des Eros führt den Menschen vom einzelnen somatisch Schönen zu der Einsicht, daß das Schöne in allem Somatischen ein und dasselbe ist. Von hier aus führt der Weg zum psychisch Schönen, und auf dieser Stufe wiederholt sich der Gang vom jeweils einzelnen zu dem einen Schönen; das Schöne in den vielen schönen seelischen Betätigungen ist eines. Von dem Schönen, das sich in den pragmata der Seele offenbart, leitet Eros zu dem Schönen in den Wissenschaften hin, bis schließlich das an ihm selbst Schöne unverstellt und unverhüllt geschaut wird. Dieses Schöne ist weder ein somatisch noch ein psychisch Schönes; es ist nicht schön wie eine körperliche Gestalt und nicht wie eine Vorstellung oder ein Gedanke; es ist nicht in bestimmter Hinsicht schön, in anderer Hinsicht nicht schön, sondern es bietet immer den gleichen Wesensanblick seiner selbst; es entsteht nicht und vergeht nicht, es wird nicht größer und nicht kleiner. Alles Schöne in den Wissenschaften, im Bereich der Praxis, in den Künsten und in der Region des Körperlichen ist nur deshalb schön, weil es am Schönen selbst Anteil hat. Der stufenweise Fortschritt in der Erkenntnis des Schönen ist möglich aufgrund der kontinuierlichen methexis, der Teilhabe am Schönen selbst, die freilich auf jeder Stufe im Vergleich zur höheren Stufe geringer ist. Das Somatische hat weniger Anteil am Schönen als das Psychische; über allem steht das an ihm selbst Schöne.

Die Erkenntnis des an ihm selbst Schönen erzeugt die wirkliche arete, nicht das, was die Menschen für arete halten, und damit den Besitz, den dauernden Besitz des Guten und Schönen. – Der Rest des Symposions, der Szenenwechsel mit dem Auftreten des schwer betrunkenen Alkibiades, der eine Lobrede auf Sokrates hält, ist für unsere Belange uninteressant.

Im Symposion treffen wir die platonische Ideenlehre in ihrer Anwendung auf eine einzige Idee, die Idee des Schönen. Das Schöne ist gemäß dem Symposion die nicht sinnenfällige, die eingestaltige (= absolut einfache), nicht entstehende und vergehende unveränderliche Seinsheit, durch die alles „schön“ Genannte das ist, was es ist, nämlich schön. Dieses Schöne ist Seins- und Erkenntnisgrund alles vielen „Schönen“. Dieses kalon dürfte identisch sein mit der idea tou agathou der Politeia, wenngleich im Symposion vom kalon nicht gesagt wird, was in der Politeia vom agathon ausgesagt wird, es sei Seins- und Erkenntnisgrund für die anderen Ideen. Derartiges fehlt im Symposion. Weiterhin wird im Symposion zwar die Dialektik zu einem Teil verwendet, der Weg zum kalon selbst jedoch in der Rede einer Priesterin dargelegt. In der Politeia steht die Dialektik viel mehr im Vordergrund. Die Ideenlehre wird dort in drei Gleichnissen, und zwar von Sokrates selbst, vorgetragen. Wenn wir das Symposion kurz mit dem Phaidon vergleichen, so ist im Symposion von der anamnesis, der Wiedererinnerung, nicht die Rede, auch nicht davon, daß Philosophie Streben nach dem Tod sei (der Philosoph müsse sich soweit wie möglich von allem Somatischen frei machen, die Affekte unterdrücken). Aber auch nach dem Symposion zieht die Erkenntnis des an ihm selbst Schönen die Geringschätzung des leiblich Schönen nach sich.

4. Die Unsterblichkeit der Seele

a) Die vier Argumente aus dem Phaidon

Was der Mensch ist, erschließt sich uns nicht dadurch, daß wir ausschließlich die Leiblichkeit des Menschen unter biologischem Aspekt erforschen – wir kämen lediglich zu dem Resultat, daß der Mensch eine nicht gerade hervorragende Art der Gattung „Sinnenwesen“ ist; die meisten Tiere sind physisch viel besser ausgestattet als der Mensch, sie haben Fertigkeiten, die der Mensch sich erst mühsam aneignen muß und vielfach nicht aneignen kann –, sondern nur dadurch können wir die Frage, was der Mensch sei, beantworten, daß wir kraft des Denkens Zugang zu der Seele als dem Lebensprinzip zu gewinnen suchen. Nur die der Empirie verborgene Seele läßt den Menschen sich über das unmittelbar Gegenwärtige erheben und Einsicht in Wahrheit und Falschheit erlangen, sie allein macht ihn zum Menschen. Schon in den Frühschriften gilt die Frage nach der Beschaffenheit der Seele als eine der wichtigsten philosophischen Fragen, aber erst im Zusammenhang mit der Ideenlehre wird dieses Problem zu einem eigenen Thema. Die Ideen können nur durch etwas erkannt werden, das ihnen ähnlich und verwandt ist. Das bedeutet, daß die Seele wie die Ideen ewig sein und für sich bestehen muß, nicht, daß sie selbst eine Idee ist. Dem Nachweis dieses Sachverhalts sind umfangreiche Partien des Phaidon gewidmet, außerdem Teile der Politeia und des Phaidros.

Der Phaidon enthält vier Argumente für die Unsterblichkeit der Seele; die beiden ersten Argumente sind eng miteinander verbunden, so daß sie als ein Beweis in zwei Schritten betrachtet werden dürfen.

α) Das Entstehen aller Dinge aus ihrem Gegenteil (Phaidon 69 e – 72 e)

Platon geht aus von einer Beobachtung, die längst vor ihm gemacht wurde, daß nämlich alle Dinge, soweit wir beobachten können, aus ihrem Gegenteil entstehen. Heraklit sagt in

Fr. 88: „Dasselbe ist Lebendes und Totes und Wachendes und Schlafendes und Junges und Altes. Denn dieses ist umschlagend jenes und jenes ist zurückschlagend dieses.“ Gemeint ist damit, daß alles Werden eine Bewegung zwischen Gegensätzen ist. Das Samenkorn z. B. wird in die Erde gesenkt und stirbt als Samenkorn. Aber aus dem gestorbenen Samenkorn wird eine Pflanze. Die Pflanze entwickelt Samen, sie selbst stirbt; aus dem Samen entsteht wieder eine Pflanze und so fort. Diesen Gedanken des Kreislaufs in der Natur überträgt Platon auf alles, zu dem es einen Gegensatz gibt. Gerechtes ist dem Ungerechten entgegengesetzt, Schönes dem Häßlichen, Großes dem Kleinen, Wachen dem Schlafen. Wenn jemand groß wird, ist er vorher nicht groß gewesen; denn sonst könnte er ja nicht groß werden. Wer gerecht wird, ist vorher nicht gerecht; wer wach wird, ist vorher nicht wach gewesen. Alles entsteht also aus seinem Gegenteil, der gerechte Mensch aus dem ungerechten Menschen, der Ungerechte aus dem Gerechten, der Wachende aus dem Schlafenden, der Schlafende aus dem Wachenden usw. Zwischen den Gegensätzen sind zwangsläufig zwei Arten des Entstehens anzusetzen: Zwischen Schlafen und Wachsein liegt das Aufwachen, zwischen Wachsein und Schlafen das Einschlafen. Ähnliches gilt bei allem Werden aus Gegensätzen. Ebenso entgegengesetzt wie die genannten Gegensatzpaare, vornehmlich wie Wachen und Schlafen, sind Leben und Tod. Wenn das richtig ist, muß auch das Lebendigsein aus dem Totsein entstehen und das Totsein aus dem Lebendigsein. Das letztere ist evident: Totsein entsteht aus dem Lebendigsein. Das dazwischen liegende Werden kennen wir ebenfalls; wir nennen es Sterben. Und woher entsteht das Lebendigsein? Aus seinem Gegenteil, dem Totsein. Das dazwischen anzusetzende Entstehen oder Werden ist das Geborenwerden.

Was ergibt sich aus all dem für die Seele? Nichts, wenn wir annehmen, die Gegensätze selbst entstünden auseinander. Daß das Leben aus dem Tod, d. h. aus dem Nicht-Leben, entsteht und der Tod aus dem Leben, ist nichts Aufregendes. Aber Platon will etwas anderes beweisen. Jede Veränderung ins Gegenteil vollzieht sich an einem Zugrundeliegenden: Nicht das Gerechte für sich genommen entsteht aus dem Ungerechten und umgekehrt, sondern der Mensch wird aus einem ungerechten Menschen zu einem gerechten Menschen und vice versa; nicht das Wachsein wird aus dem Schlafen, sondern der Mensch ist das hypokeimenon, das Zugrundeliegende, an welchem sich der Wechsel von Schlafen und Wachen vollzieht; vgl. Phaid. 103 a b: Aus dem entgegengesetzten Ding (pragma) wird das entgegengesetzte Ding; die Gegensätze selbst aber verändern sich nicht in ihr Gegenteil. Tritt an dem Zugrundeliegenden der eine der entgegengesetzten Zustände auf, dann verschwindet der andere. Wie ist das nun bezüglich des Lebendigseins und des Totseins? Lebendigsein und Totsein sind ebenso wie Wachen und Schlafen Zustände, die ein Zugrundeliegendes erfordern, sie sind nicht etwas, das für sich besteht, sondern etwas, das an einem Substrat ist. Was ist das Substrat, das Zugrundeliegende, für diese Zustände? Der menschliche Körper kann es nicht sein, denn er zerfällt nach dem Tode. Also muß die Psyche das Zugrundeliegende sein, an welchem sich der Wechsel von Leben und Tod vollzieht. Das heißt: Wie Wachen und Schlafen wechselnde Zustände des Menschen sind, so sind Leben und Tod wechselnde Zustände der Seele. Der Mensch überdauert den Wechsel von Wachen und Schlafen; ebenso überdauert die Seele den Wechsel von Leben und Tod. Leben ist dann nichts anderes als die Vereinigung der Seele mit dem Körper, Tod ist die Trennung der Seele vom Körper, wobei aber die Seele selbst nicht stirbt, sondern allein für sich existiert. Wie der Schlafende erwacht, so tritt auch die vom Körper getrennte Seele wieder in einen Körper ein; nach bestimmter Zeit verläßt sie diesen Körper, existiert einige Zeit für sich vom Körper getrennt, geht wieder in einen Körper ein und so weiter. Wäre das nicht so, würden die vom Körper getrennten Seelen nicht wieder in andere Körper übergehen, dann wäre schließlich aus unserer Erfahrungswelt alles Leben verschwunden. Das fortwährende Neuentstehen in der Natur beweist aber das Gegenteil, daß nämlich von einem allmählichen Verschwinden des Lebendigen, dessen Endprozeß der Tod von allem wäre, nicht die Rede sein kann.

Es gibt also einen Kreislauf von Leben und Tod; das, was diesen Kreislauf überdauert, ebenso wie der menschliche Körper den Kreislauf von Wachen und Schlafen überdauert, ist die Seele. Wenn aber die Seelen nicht sterben, sondern bei der Trennung vom Körper und nach ihr weiter existieren, kann die Anzahl der Seelen nicht geringer werden. Sie kann aber auch nicht größer werden, denn es kommen keine neuen Seelen zu den bestehenden hinzu (Politeia 611 a).

Dieser Gedanke wird bisweilen dadurch kritisiert, daß man auf den Bevölkerungszuwachs hinweist und glaubt, damit Platons Argument widerlegt zu haben. Nun, so klug wie seine Kritiker ist Platon längst gewesen. Die Seelen brauchen nicht in menschliche Körper einzugehen (ein Dummkopf wird bei der Wiedergeburt sicher ein Esel), sondern können sich auch mit tierischen Organismen verbinden, in einem Insekt kann die Seele jemandes sein, der in einem früheren Leben Mensch war und umgekehrt. Damit ist das Problem gelöst. Platon lehrt also die Seelenwanderung, und das nicht als erster. Xenophanes (ca. 570–475 v. Chr.) Fr. 7 bezeugt die Seelenwanderungslehre für Pythagoras, ebenso Empedokles (aus Agrigent, ca. 495–435) Fr. 129, der auch selbst glaubte (Fr. 115–117), dieselbe Seele könne in Pflanzen, Tiere und Menschen eingehen. Herodot (2, 123) berichtet, die Ägypter seien die ersten gewesen, welche eine Seelenwanderung angenommen hätten. Von einer Seelenwanderung spricht auch der Dichter Pindar (Zeitgenosse des Parmenides) Olympia 2, 62 ff. Für Parmenides bezeugt Simplikios Phys. 39, 17 ff. diese Lehre; sie ist mit dem, was wir sonst über Parmenides wissen, vereinbar. Platon selbst sagt im Menon 81 b f.: „Pindar und viele andere Dichter sagen, die Seele des Menschen sei unsterblich, und bald komme sie ans Ende, was sie sterben nennen, bald aber werde sie wieder geboren, zugrunde gehe sie aber nie.“ Als Beleg wird ein Pindarzitat (Fr. 127) geboten.

β) Die Wiedererinnerungslehre (Menon 80 d – 86 c, Phaidon 72 e – 77 b)

Wenn die Seele sich nacheinander in eine Vielzahl von Körpern inkarniert und zwischen den einzelnen Inkarnationen getrennt vom Körper in einer jenseitigen Welt herumschweift oder auch in dieser Welt, dann „gibt es nichts, wovon sie nicht eine Kenntnis erlangt hätte" (Menon 81 c). Es ist daher möglich, daß sich die Seele an das erinnern kann, was sie auf ihrer Wanderung geschaut hat. Wir alle kennen den Vorgang des sich Wiedererinnerns: Wir haben früher etwas kennengelernt, es aber vergessen. Auf einmal fällt es uns wieder ein. Das Wiedereinfallen kann mehrere Ursachen haben: Wir nehmen irgendetwas wahr, das mit dem früher Beobachteten, aber Vergessenen in einer Beziehung stand. Wir können uns, wenn wir ein bestimmtes Buch sehen, an einen Menschen erinnern, dem das Buch gehörte; oder wir lesen einen Bericht und erinnern uns, daß wir den dargestellten Vorgang selbst erlebt haben; oder noch anders: Wir sehen ein Bild und erinnern uns an den, der auf dem Bild dargestellt ist. In Platons Worten: Wiedererinnerung kann von Ähnlichem und von Unähnlichem ausgehen (Phaid. 74 a). Mit der Wiedererinnerung erklärt Platon jedes Lernen und jedes Erkennen.

Lernen und Erkennen im eigentlichen Sinne haben nichts zu tun mit empirischen Fakten; Erkenntnis richtet sich auf das unveränderlich Seiende. Platon versucht mit der Wiedererinnerungslehre die bis heute nicht beantwortete Frage zu lösen, wie der Mensch zu einem Wissen von etwas gelange, das nicht Gegenstand der Erfahrung wird. Woher wissen wir, was das Gute, das Gerechte ist, woher kennen wir die mathematischen Sachverhalte? Bei der Lehre von der Wiedererinnerung geht es nicht um die Frage, woher wir z. B. wissen, daß eine bestimmte Stadt eine bestimmte Einwohnerzahl hat. Nicht die „Kenntnis" empirischer Sachverhalte soll durch die Wiedererinnerung erklärt werden, sondern die Kenntnis des Nichtempirischen.

Eine erste Antwort wird im Menon erteilt. Gefragt wird nach der arete. Nach einigen mißglückten Definitionsversuchen ist der Gesprächspartner des Sokrates ratlos und meint, was unbekannt sei, könne gar nicht erforscht werden; wir können weder das erforschen, was wir wissen, noch das, was wir nicht wissen. Denn was wir wissen, braucht nicht mehr erforscht zu werden, und was wir nicht wissen, können wir nicht erforschen, weil wir nicht wissen, was wir erforschen sollen. Demgegenüber will Sokrates augenscheinlich nachweisen, daß Unbekanntes sehr wohl erforscht werden kann. Er zeigt es dadurch, daß er dem jungen Diener des Menon die Aufgabe stellt, ein Quadrat zu konstruieren, das doppelt so groß ist wie ein gegebenes. Der Diener glaubt zuerst zu wissen, wie die Aufgabe zu lösen ist, wird aber alsbald zu der Erkenntnis gebracht, daß er es nicht weiß, sondern zu wissen glaubt. Dann wird er zur richtigen Lösung geführt. Was ist damit für die Wiedererinnerung gewonnen? 1. Der junge Diener hat keinen Unterricht in Mathematik erhalten, kann also nicht aufgrund seines Schulwissens zur Lösung gelangen. 2. Er glaubt zunächst zu wissen, sieht dann aber seine Unkenntnis ein. Hier setzt die Wiedererinnerung ein: Er findet schließlich, geleitet durch die Fragen des Sokrates, das Richtige. 3. Zu irgendeinem Zeitpunkt erlangte er ein Wissen – in diesem Falle die Kenntnis eines mathematischen Sachverhalts –, das er vergaß und das durch Fragen in ihm wieder erweckt wird. Da er von seiner Kindheit an dieses Wissen nicht erwerben konnte, bleibt als einzige Möglichkeit, daß er es zu einer anderen Zeit erwarb, d. h. vor dem gegenwärtigen Leben. Die Lehre von der Wiedererinnerung kann somit ein Argument für die Präexistenz der Seele sein: Weil präexistent, ist die Seele immer im Besitz von Kenntnissen; sie vergaß beim Eintritt in den Leib alles; durch Fragen oder Assoziation wird das Wissen wieder aktualisiert.

„Wissen“ kann zwar eine einzelne sichere Erkenntnis bedeuten. Auf einzelne sichere Erkenntnisse, die möglicherweise in keinem Zusammenhang miteinander stehen, kommt es Platon jedoch nicht an. Episteme, phronesis oder noesis bedeuten eine Gesamtheit von Erkenntnissen, die untereinander in einem Begründungszusammenhang stehen. Da wir in der episteme das Seiende so erfassen, wie es sich unserem Denken entbirgt, können wir weiter argumentieren: Wenn episteme eine Gesamtheit von Erkenntnissen ist, die untereinander in Zusammenhang stehen, dann stehen auch die Gegenstände der episteme in einem solchen Zusammenhang untereinander. Wenn ein solcher Zusammenhang innerhalb dessen, was die „physis“ (Menon 81 c d) konstituiert, besteht, dann braucht man sich nur an eines wiederzuerinnern, um alles andere auffinden zu können (Menon a. a. O.). Das heißt: Zur Erkenntnis gelangen wir dadurch, daß wir uns an etwas von dem wiedererinnern, was die Seele an Kenntnissen unbewußt in sich trägt. Dann aber finden wir alle anderen Erkenntnisse nicht durch Wiedererinnerung, sondern durch forschendes Suchen wieder.

Jetzt können wir zusammenfassen, was wir vom Menon her über die Anamnesis gehört haben: Mit der Wiedererinnerung soll nicht erklärt werden, wie wir Kenntnis empirischer Sachverhalte erlangen. Denn erstens können wir nachweisen, daß wir empirische Sachverhalte durch die Wahrnehmung aufnehmen, und zweitens gibt es vom Bereich des Empirischen kein Wissen (Liniengleichnis!), sondern nur ein Meinen. Vielmehr soll die Wiedererinnerung verständlich machen, wie wir zur episteme kommen, d. h. wie wir ein Wissen über etwas erlangen, das nicht Gegenstand der sinnlichen Wahrnehmung werden kann. Zwar glauben wir alle zunächst, etwas zu wissen. Aber in der Diskussion oder auch, wenn wir selbst uns genau Frage und Antwort stehen, sehen wir sehr bald ein, daß wir nichts wissen. Das Einsehen der eigenen Unwissenheit ist die eigentliche Voraussetzung dafür, daß wir uns wiedererinnern können. Nur wer seine Unwissenheit einsieht, ist bereit, zu lernen. Das griechische Wort für Lernen ist manthanein. Es kann selbstverständlich auch verwendet werden, um das Kennenlernen empirisch nachprüfbarer Fakten zu bezeichnen. In Platons anamnesis-Lehre jedoch bedeutet manthanein: zum Wissen gelangen, sich über die Gegenstände der Wahrnehmung erheben und zum unveränderlich Seienden vordringen. Ein solches Vordringen, das sich Wiedererinnern, kann ausgehen von Ungleichem, von Ähnlichem oder auch von der philosophischen Diskussion. Das Denken wird sich plötzlich eines Sachverhaltes bewußt, der in der Empirie nicht exakt nachzuprüfen ist, aber von höchster Evidenz ist. Dieser eine evidente Sachverhalt weist sofort auf anderes hin, mit dem er in notwendigem Zusammenhang steht. So eröffnet sich von hier aus das gesamte Gebiet des Wissens. Eben darauf will Platon hinweisen: Wer zu einem Gegenstand des Wissens vorgedrungen ist und weiter forscht, gelangt von diesem einen Gegenstand zu dem gesamten zusammenhängenden System.

Zwar ist im Menon die Ideenlehre noch nicht ausgebildet. Wir sehen aber deutlich, woraus sie hervorgeht, nämlich aus der Suche nach dem unveränderlich Seienden, das allein Gegenstand der episteme sein kann. Im Phaidon wird aus der anamnesis-Lehre ein Teilbeweis für die Unsterblichkeit der Seele gestaltet.

Einleitend ist im Phaidon kurz auf den Menon verwiesen: In der Mathematik zeigt es sich deutlich, daß Lernen gleich Wiedererinnerung ist; denn in der Mathematik verwendet man Figuren, mit denen man den nicht empirischen Sachverhalt dem Denken zugänglich machen will. Während aber im Menon Sokrates an mythische Vorstellungen anknüpft und mit einem Pindarzitat die Theorie der Wiedererinnerung einleitet, geht es im Phaidon streng wissenschaftlich zu. Erinnerung beruht auf Assoziation. Die Assoziationsgesetze sind das der Ähnlichkeit, des Kontrastes und der Nachbarschaft in Raum und Zeit, das heißt der Kontiguität. Hierzu jeweils ein Beispiel: Wir sehen ein Instrument und erinnern uns an den, dem das Instrument gehört. Das Bild eines Menschen kann in mir die Erinnerung an etwas ganz anderes wachrufen, z. B. an einen Esel. Der Anblick einer Photographie z. B. erinnert mich an den, der auf dem Bild dargestellt ist.

Für die Anamnesis, welche zur Erkenntnis der Washeiten führt, ist das Assoziationsgesetz der Ähnlichkeit wichtig. Wenn man sich auf Grund der Ähnlichkeit wiedererinnert, überlegt man, wie es mit der Ähnlichkeit steht, ob das eine hinter dem anderen zurückbleibt oder nicht, d. h. ob das Bild dem Abgebildeten mehr oder weniger ähnlich ist. Wir müssen uns hierbei vergegenwärtigen, daß die Anamnesis zu

Wissen führen soll, also zur Erkenntnis der unveränderlichen Washeiten. Wir sagen z. B., zwei Gegenstände seien einander gleich, etwa zwei Steine seien einander gleich, zwei Dinge seien gleich schön oder auch gleich gut. Aber derartige Aussagen sind relativ. Bei genauerem Zusehen entdecken wir Unterschiede; und was Prädikate wie schön und gut betrifft, so wissen wir, daß gerade hierbei die Urteile über die Gleichheit (gleich schön, gleich gut) sehr differieren. Zwei Gegenstände mögen dem einen als gleich schön, dem anderen als ungleich schön erscheinen. Eine solche Differenz in der Beurteilung weist darauf hin, daß die als gleich angenommenen Dinge in ihrer Gleichheit ein Mehr oder Weniger zulassen, daß sie aber nie gänzlich gleich sind. Die Dinge unserer Erfahrungswelt sind immer nur angenähert gleich.

Wie aber können wir überhaupt von mehr oder weniger gut, mehr oder weniger schön, mehr oder weniger groß reden, wenn es sich hierbei immer nur um Annäherungen handelt? Wenn wir sagen, einige Dinge seien in ihrem Verhältnis zueinander angenähert gleich, verwenden wir die absolute Gleichheit als Maß; und von diesem Maß her beurteilen wir die relative Gleichheit der verglichenen Dinge, und so bei allem, das wir in Beziehung zueinander setzen, beim Guten, Schönen usw. Die Dinge unserer Erfahrungswelt sind mehr oder weniger gut und mehr oder weniger schön. Wo es ein Mehr oder Weniger gibt, da muß es auch ein Absolutes geben, in unserem Beispiel die absolute Gleichheit. Dieses Absolute, wenn wir bei unseren Beispielen bleiben: das Gleiche an sich, das Gute an sich und das Schöne an sich, kann als Absolutes kein Mehr oder Weniger in sich zulassen. Das an sich Gleiche ist nicht in bezug auf ein anderes mehr oder weniger gleich, sondern immer das, was es ist: das absolut Gleiche. Und so bei allem, beim Guten, Schönen und allen eide. Kenntnis des absolut Gleichen, Guten und Schönen können wir aber nicht aus den Dingen haben, die wir als mehr oder weniger gleich, gut und schön bezeichnen; denn bei diesen Dingen überwiegt die Verschiedenheit. Was wir durch die Sinneserfahrung als gleich erkennen, strebt zwar dem Gleichen an sich zu, erreicht es aber nie. Folglich müssen wir die

Kenntnis des Absoluten, das kein Mehr oder Weniger aufnimmt, anderswoher haben. Wir können sie nicht aus der Empirie, der sinnlichen Erfahrung, gewonnen haben. Da wir aber, so lange wir leben, d. h. in platonischer Terminologie: solange die Seele im Körper ist, der Sinneserfahrung verhaftet sind, müssen wir die Kenntnis des unveränderlich Seienden, des an ihm selbst Gleichen, Guten und Schönen und aller eide, zu einem Zeitpunkt gewonnen haben, da unser Denken nicht durch die Empirie verdunkelt war, sondern die Washeiten selbst schauen konnte. Das aber kann nur vor dem Eintritt der Seele in den Körper gewesen sein.

Hier ergeben sich zwei Möglichkeiten. Entweder ist die Seele bei dem Eintritt in den Leib im Besitz ihres Wissens geblieben, oder sie hat alles vergessen, was sie in der Präexistenz geschaut hat, als sie in den Leib einging. Wenn die Seele ihr Wissen behalten hätte, als sie sich mit dem Körper verband, müßten wir von frühester Jugend an Kenntnis von den Ideen besitzen. Das ist aber offensichtlich nicht der Fall. Also bleibt nur die zweite Möglichkeit: Die Seele hat bei dem Eintritt in den Körper, bei der Geburt also, alles vergessen, was sie in der Präexistenz gesehen und erfahren hat. Auf Grund des Assoziationsgesetzes der Ähnlichkeit, genauer der Ähnlichkeit, der sehr viel Unähnlichkeit beigemischt ist, erinnert sie sich an ihr früheres Wissen, an die Ideen, die sie geschaut hat. Wenn sie dieses Wissen wiedererworben hat, vermag sie im Lichte dieses Wissens die Dinge der Erfahrungswelt zu beurteilen.

Die Anamnesislehre leistet somit zweierlei: 1. Sie gibt Antwort auf die Frage, woher wir ein Wissen besitzen über die unvergänglichen Seienden, die nie Gegenstand der Sinneserfahrung werden. Jede notwendige und allgemeingültige Erkenntnis, jede Erkenntnis also, die Kant apriorische Erkenntnis nennt, gewinnt die Seele dadurch, daß sie sich an das erinnert, was sie vor dem Eintritt in den Körper schaute. 2. Die Präexistenz der Seele ist untrennbar verbunden mit dem Sein der Ideen. Daß es unveränderliche Seiende gibt, folgt mit Notwendigkeit aus der Tatsache, daß wir notwendige und allgemeingültige Einsichten besitzen. Daraus aber wieder folgt, daß die Seele präexistent ist (vgl. auch Phaidr. 249 b 6: Seelenwanderung; die Seele kann die aletheia schauen).

Die Anamnesislehre wird im Phaidon deshalb vorgetragen, weil sie ein Argument für die Unsterblichkeit der Seele sein soll (73 a). Sie beweist jedoch nur die Präexistenz der Seele. Daher ist einstweilen der Einwand (Simmias, Phaid. 77 b) berechtigt, die Seele könne sehr wohl präexistent sein: aber wenn sie sich vom Körper trenne, könne sie sich verflüchtigen und dadurch ihr Ende finden. Um diesen Einwand zu entkräften, verbindet Platon den Anamnesisbeweis mit dem voraufgehenden Argument, daß alles aus seinem Gegenteil entsteht, daß demnach das Lebende aus dem Toten und das Tote aus dem Lebenden wird. Das Anamnesisargument zeigt, daß der Seele Sein zukommt, bevor sie in den Körper eintritt, daß also das Lebende aus dem „Toten" wird. Verbunden mit der Lehre vom Kreislauf in der Natur ist die Existenz der Seele jeweils für den Zeitraum gesichert, da sie vom Körper getrennt ist. Der Präexistenz ist die Postexistenz hinzugefügt worden. Der Beweis für die Unsterblichkeit der Seele scheint somit vorzuliegen.

Jedoch gibt Platon sich mit diesem Beweis nicht zufrieden. Der Gedanke des Kreislaufs in der Natur stammt von Heraklit, die Lehre von der Seelenwanderung wird auch in pythagoreischen Kreisen vertreten. Beides zusammen mit der anamnesis verbunden ergibt ein Argument, dem Platon nicht allzuviel Beweiskraft beimißt. Zwar hat er durch die Anamnesislehre Seele und Ideenwelt einander zugeordnet. Noch aber ist nicht bewiesen worden, daß die Seele so beschaffen ist, daß sie sich gar nicht auflösen kann. Der Volksglaube stellte und stellt sich unter Seele ein körperliches Gebilde vor, das zwar andersgeartet ist als der Körper, ihm aber auf Grund seiner Körperhaftigkeit verwandt ist. Ist aber die Seele etwas Körperhaftes, dann besteht die Möglichkeit, daß sie in ihre Bestandteile zerfällt, wenn sie den Körper verläßt. Sie würde dann mit dem Körper oder auch einige Zeit nach ihm sterben.

γ) Das Ähnlichsein der Seele mit dem unsichtbaren Beständigen (Phaidon 78 b – 84 b)

Das, was durch Zusammensetzung (syntithesthai) gebildet wurde und daher zusammengesetzt ist, kann, da es zusammengesetzt wurde, sich in seine Bestandteile auflösen. Daß Entstehen ein Zusammengesetztwerden und Vergehen ein Sichauflösen in die Teile der Zusammensetzung ist, beobachten wir besonders deutlich bei den Artefakten: Ein Haus entsteht durch Zusammensetzung bestimmter Teile; es vergeht, indem es sich in seine Teile auflöst. Auch die Naturdinge entstehen dadurch, daß Grundbestandteile sich miteinander vereinigen. Wenn die Naturdinge vergehen, zerfallen sie in ihre Grundbestandteile. Der zweite Beweis für die Unsterblichkeit der Seele beginnt also mit einer naturphilosophischen Überlegung, die schon von Empedokles und anderen vor Platon angestellt wurde. Empedokles Fr. 8: „Entstehung gibt es bei keinem unter allen sterblichen Dingen, auch nicht Ende im ... Tod, sondern nur Mischung und Sonderung der gemischten Stoffe ..." Die Urstoffe, welche laut Empedokles in aller Mischung und Sonderung unveränderlich beharren, sind die von Empedokles erstmals aufgestellten und später fast allgemein akzeptierten vier Elemente Feuer, Luft, Wasser und Erde.

Da Entstehen und Vergehen nichts anderes sind als Zusammensetzung und Trennung, ist das, was sich immer gleich verhält, was nicht entsteht und vergeht, das Nichtzusammengesetzte. Was nicht zusammengesetzt ist, kann nicht entstanden sein, weil Entstehen nichts anderes heißt als „aus Teilen zusammengesetzt werden" oder „sich aus Teilen zusammensetzen"; auch kann es nicht vergehen, d. h. in seine Teile zerfallen. Alles, wovon wir durch die Sinne Kenntnis gewinnen, kann sich verändern, ist vergänglich, weil es jeweils ein Zusammengesetztes ist. Unveränderlich dagegen ist das, was sich immer gleich verhält, was immer identisch ist mit sich selbst, weder entsteht noch vergeht. Diese genannten Merkmale sind die Merkmale der Ideen. Was unveränderlich ist, kann nicht aus Teilen bestehen, weil auf der Zusammensetzung und Trennung der Teile jede Veränderung einschließlich des Entstehens und Vergehens beruht. Die Ideen sind nur dem Denken zugänglich, nicht der sinnlichen Wahrnehmung.

Die Trennung der Bereiche „Zusammengesetzt-Unzusammengesetzt, Veränderlich-Unveränderlich“ ist demnach gleich der Sonderung des sinnlich Wahrnehmbaren und des nur durch den Verstand, nicht aber durch die Sinne zu Erfassenden. Es gibt zwei „eide ton onton“ (Phaid. 79 a 6), zwei Arten der „Seienden“. Die eine Art ist ein horaton, sichtbar, die nur uneigentlich „seiend“ ist. „Sichtbar“ steht hier für „durch die Sinne wahrnehmbar“. Die andere Art ist aïdes, unsichtbar. Die sichtbare Art der „Seienden“ ist veränderlich, vergänglich und vielfältig, niemals sich gleichbleibend; die unsichtbare Art bleibt sich immer gleich, verändert sich also nicht, ist unvergänglich und einheitlich, d. h. unzusammengesetzt. Welcher der beiden Arten ist der menschliche Körper „ähnlicher und verwandter“ (homoioteron kai syggenesteron), welcher die Seele (Phaid. 79 b 4)?

Weshalb spricht Platon hier im Komparativ? Weshalb stellt er die Frage nicht so: Welcher der beiden Arten ist der Körper und welcher ist die Seele gleich? P. Friedländer meint in der letzten Auflage seines Platonbuches (Bd. 3, S. 42) hierzu sagen zu müssen: „Statt eines radikalen Gegen- und Auseinander“ ergebe sich „jene leidige vergleichende und annähernde Betrachtungsweise, die doch nur ‚das Kind in uns‘ einen ‚Unsterblichkeitsbeweis‘ nennen kann, und die doch Platon immer wieder einschärft, als wollte er zeigen, daß hier, wo man zuviel beweisen will, im Grunde gar nichts bewiesen wird“. Soweit Friedländer. Das ist eine Interpretation, die zu sehr an der Oberfläche bleibt und nicht befriedigen kann.

Die Seele ist, das will Platon hier hervorheben, nicht dem unveränderlich Seienden gleich, sondern sie ist ihm ähnlicher als dem Veränderlichen und Wandelbaren. Die Seele ist nicht selbst ein eidos, nicht selbst eine Washeit. Sie gehört auch nicht zu der Sphäre des sinnlich Wahrnehmbaren; denn sie ist nicht durch die Sinne zu erfassen. Aber insofern sie in den Körper eingeht und ihn belebt, begibt sie sich in den Bereich des Sinnenfälligen, ohne selbst sinnenfällig zu werden. Der

Leib ist zwar sinnlich wahrnehmbar, dennoch aber nicht dem sinnlich Wahrnehmbaren gleich, sondern „ähnlicher und verwandter“, weil in ihm, insofern er beseelt ist, etwas ist, das dem Nichtsinnenfälligen zugehört.

Dieses vorläufige Ergebnis: die Seele ist dem sich immer Gleichbleibenden, dem nur durch das Denken zu Erfassenden ähnlicher, der Leib aber ist ähnlicher dem Sinnenfälligen und Veränderlichen, wird durch zwei zusätzliche Argumente gestützt. Mensch sein bedeutet, sich dem Seienden durch die Erkenntniskräfte zuwenden. Das kann die Seele auf zweifache Weise. Sie kann Auge, Ohr oder sonst einen der Sinne zur Betrachtung irgendeines Dinges mit hinzuziehen. Wem sie sich zuwendet, dessen Eigenart nimmt sie selbst an. Wenn die Seele also mit Hilfe der Sinne etwas zu erkennen sucht, dann richtet sie ihre Erkenntniskraft auf das Unbeständige und Schwankende und wird selbst unbeständig und schwankend. Sie hat keinen festen Halt an den Dingen, auf die sie ihre Erkenntnis richtet. Die Gegenstände ändern sich, die Situation ist jeweils eine andere. Wer sein Augenmerk den veränderlichen Dingen zuwendet und die jeweils sich wandelnde Situation berücksichtigen zu müssen glaubt, soll sich nicht wundern, wenn seine Meinungen hin- und hergeworfen werden wie ein Schiff im Sturm. Wenn die Seele aber von sich selbst aus, ohne Zuhilfenahme der Sinne, das sich immer gleich Verhaltende, das Unwandelbare betrachtet, dann gewinnt sie Halt an eben diesem Unwandelbaren; sie wird selbst unwandelbar wenigstens für solange, als sie dem Unwandelbaren zugewendet ist. Hieraus folgt, daß die Seele dem sich immer gleich Verhaltenden ähnlicher ist als dem sich Verändernden. Wenn sie sich nämlich in der Erkenntnis auf sich selbst zurückzieht und nicht die körperlichen Sinnesorgane zu Hilfe nimmt, gelangt sie zur Erkenntnis des sich immer gleich Bleibenden und nimmt dessen Wesensmerkmale an. Verläßt sie sich jedoch auf die Sinnesorgane, dann wird die Seele in das Körperhafte hinabgezogen und wird durch dessen Wesen geprägt, nämlich durch Unstetheit und Verwirrung.

Ferner: Das sich immer Gleichbleibende, das Unauflösliche und Einfache ist das Göttliche. Da die Ideen sich immer gleichbleiben, unauflöslich und einfach sind, trifft das Prädikat „göttlich" auf sie zu. Die Seele ist, wie wir gesehen haben, dem sich immer Gleichbleibenden, dem „Göttlichen", „sehr ähnlich", sofern sie sich diesem in der Erkenntnis zuwendet (Phaid. 80 b), der Körper dagegen dem sich niemals Gleichbleibenden. Das sich niemals Gleichbleibende ist das Vergängliche und Sterbliche. Läßt die Seele sich vom Körperlichen fesseln, dann wird sie immer in das Somatische hinabgezogen.

Angleichung an das Göttliche oder an das Vergängliche sind die beiden Möglichkeiten, für welche die Seele sich zu entscheiden hat. Die Angleichung an das Göttliche ist nur durch die Erkenntnis möglich, sofern die Seele im reinen Denken sich dem washeitlichen Sein zuwendet und sich hierbei soweit als möglich vom Körper abwendet. Die Seele ist dem Unveränderlichen und Ewigen ähnlicher als dem Veränderlichen und Vergänglichen, dem sie zwar auch angehört, insofern sie den Körper belebt.

Was ergibt sich hieraus für die Frage nach der Unsterblichkeit der Seele? Dem Körper kommt es zu, nach dem Tod verhältnismäßig schnell in seine Bestandteile zu zerfallen. Wenn die Seele aber während des Lebens sich, soweit es ihr möglich war, auf sich selbst zurückzog im Streben nach Erkenntnis und die Gemeinschaft mit dem Körper auf das unvermeidliche Mindestmaß beschränkte, sich also dem Unveränderlichen und Göttlichen anglich, dann gelangt sie nach dem Tod, der Trennung vom Körper, zu dem, welchem sie wesensverwandt ist, und findet dort die eudaimonia (Phaid. 81 a 6). Anders jedoch ist es, wenn die Seele dem Körperlichen verhaftet ist. Die vom Körper ihren Ursprung nehmenden Affekte schlagen die Seele in ihren Bann und lassen sie nicht zur Erkenntnis des immer Seienden gelangen, sondern ziehen sie in das Körperhafte hinab. Eine Seele, die nicht zu ihr selbst gefunden hat, sondern sich dem ihr Fremden hingegeben hat, kann nach der Trennung vom Leib nicht zu dem immer Gleichbleibenden und Göttlichen gelangen, sondern wird wieder in das Körperliche hinabgezogen. Wahrscheinlich wird sie sich dann auch einen Körper wählen, welcher ihrer eigenen Lebensauffassung entspricht. Sie wird dann etwa in einen Esel (Phaid. 81 e 6) oder in einen anderen Tierleib eingehen. Sofern der Mensch ohne Vernunfterkenntnis sich eines rechtschaffenen Lebens befleißigt hat, wird seine Seele entweder in ordnungsliebende Tiere (Bienen) oder auch wieder in einen Menschenleib eingehen. Zur Gemeinschaft mit dem Göttlichen aber gelangt nur die Seele, welche nach Erkenntnis des immer Seienden strebt.

Die bisherigen Ausführungen werfen einiges Licht auf die platonische Lehre von der Seelenwanderung. Der wirklich Weisheitsliebende, der also, welcher nach Erkenntnis des immer Seienden trachtet und demgemäß sich vom Körperlichen abwendet, ist nach dem Tod von der Seelenwanderung befreit (Phaid. 81 a). Seine Seele verweilt nach der Trennung vom Körper im Bereich des Göttlichen. Alle anderen Seelen aber finden keine Ruhe; sie haben, solange sie mit dem Körper vereinigt waren, keinen Halt in der Erkenntnis des Unwandelbaren gefunden und finden ihn daher auch nicht, nachdem sie vom Körper getrennt sind. Da sie auf diese Weise dem Körperhaften mehr verhaftet sind als dem Intelligibeln, werden sie wieder in Körper hineingezogen, und zwar in Tierleiber oder auch in menschliche Körper, entspechend ihrer Betätigung im früheren Leben. Allerdings geht eine solche Seele nicht unmittelbar nach dem Tod, nicht unmittelbar, wenn sie sich vom Körper trennt, in einen anderen Körper ein, sondern sie treibt sich noch einige Zeit allein für sich herum. Platon knüpft hier an Vorstellungen der Mythologie und des Volksglaubens an. Wenn das so ist, daß nur die Seele, die nach reiner Erkenntnis strebt, zu dem ihr Verwandten, dem Göttlichen gelangt, dann ergeben sich bestimmte Forderungen ethischer Art an den Philosophen. Philosophie ist Streben nach reiner Erkenntnis. Weil sie das ist, ist sie zugleich eine Abwendung von den Affekten, eine Abkehr von allem, was das reine Denken trübt und die Seele an den Leib fesselt. Wenn eine Seele entsprechend diesen Forderungen lebt, braucht sie nicht zu befürchten, daß sie zerfällt oder wieder in das Körperliche hinabgezogen wird.

Wir fassen diesen Beweis zusammen: In seine Teile auflösbar und damit vergänglich ist das Zusammengesetzte; das Unzusammengesetzte kann nicht in Teile zerfallen. Zusammengesetzt ist die veränderliche Welt der sinnlichen Erfahrung; das Unzusammengesetzte ist das, was sich immer gleich verhält. Dieses letztere ist nur dem Denken zugänglich. Der menschliche Körper ist dem Veränderlichen verwandter, die Seele dagegen dem Unveränderlichen. Wendet die Seele sich in der reinen Erkenntnis dem Unveränderlichen zu, dann findet sie zu ihrem eigenen Wesen.

Wendet sie sich aber dem Körperlichen zu, dann weiß sie keinen Halt zu erlangen. Hat die Seele die Gemeinschaft mit dem Körper soweit wie möglich aufgegeben und strebt sie immer nach Erkenntnis des Immerseienden, dann gelangt sie nach dem Tod in den Bereich des immer Seienden. Die dem Körperlichen verhaftete Seele jedoch wird immer wieder in das Körperliche hinabgezogen. Von einer Auflösung oder Vernichtung der Seele kann somit wohl kaum die Rede sein.

Ist nun die Unsterblichkeit der Seele bewiesen? Platon läßt Sokrates sagen (Phaid. 84 c): „Das Gesagte gibt in der Tat noch Anlaß zu manchen Bedenken und Einwendungen, wenn man es mit allem ganz genau nehmen will"; und der Gesprächspartner Simmias (a. a. O. 85c) sagt: „Ich denke über derartiges ebenso wie du, Sokrates, nämlich: Die volle Gewißheit in dem jetzigen Leben darüber zu gewinnen ist entweder unmöglich oder sehr schwierig"; anderseits soll man nicht ablassen, den besten und am wenigsten zu widerlegenden menschlichen Beweis zu suchen, es sei denn, jemand vermöchte auf dem festen Fahrzeug eines göttlichen Logos (a. a. O. 85 d) seine Lebensfahrt zu machen; das heißt: Volle Erkenntnis ist dem Menschen unzugänglich; lediglich ein übermenschlicher Logos könnte Klarheit bringen. Platon ist sich der Grenzen, welche menschlichem Erkennen gesetzt sind, wohl bewußt. Diesem Bewußtsein entspringt sein fortwährendes Suchen, sein sich nicht Zufriedengeben mit einem Beweis. Was ist bisher bewiesen worden? Bewiesen wurde, daß die Seele etwas Unkörperliches, Unsichtbares und „Göttliches" ist, und ferner, daß sie präexistent und postexistent ist.

Wahrscheinlich ist sie unsterblich, aber eben nur wahrscheinlich. Es ist nicht unmöglich, daß sie in viele Körper eingeht, aber schließlich stirbt. Auf dieser Stufe der Erörterung läßt Platon zwei Einwände zu. Die Einwände sollen zeigen, daß die Argumentation noch nicht den Grad von Sicherheit erlangt hat, der zu erlangen ist.

δ) Einwand des Simmias gegen die Unsterblichkeit der Seele (Phaidon 85 e – 86 d)

Aristoteles berichtet De an. 407b 27 von einer weitverbreiteten Lehre, wonach die Seele eine Harmonie des Körpers sei. Diese Theorie besagt: Die „Seele“ ist nichts anderes als die Übereinstimmung, das rechte Verhältnis in der Mischung der Elemente, welche den Körper konstituieren. Es scheint, als sei diese Ansicht in pythagoreischen Kreisen vertreten worden; denn Platon läßt sie im Phaidon von einem Pythagoreer (Simmias) vorbringen und den Beifall eines anderen Pythagoreers (Echekrates) finden (Phaid. 88 c f.). Möglicherweise wurde sie auch von dem Eleaten Zenon vertreten, wie Diogenes Laertios IX 29 berichtet: Die Seele sei eine Mischung aus dem Warmen und Kalten, dem Trockenen und Feuchten, und zwar so, daß nichts in dieser Mischung überwiegt. Mit größerer Wahrscheinlichkeit ist diese Auffassung jedoch dem Empedokles zuzusprechen (vgl. Diels-Kranz, Vorsokratiker I 248 Anm. zu 6–9), für den sie Aristoteles De anima 408 a 19 bezeugt. Zu vergleichen ist Empedokles Fr. 107: „Denn aus den Elementen ist alles passend zusammengefügt, und durch diese denken die Menschen, freuen und betrüben sich“; ferner Fr. 108: „So, wie sich die Menschen in ihrer Natur änderten, so ändern sich auch ihre Gedanken“. Empedokles ahmt hier Fr. 16 des Parmenides nach: „Wie es nämlich jedesmal hat die Mischung der vielwandernden Glieder, so kommt das Denken zu den Menschen; denn dasselbe wie das, was sie denkt, ist die Beschaffenheit der Glieder bei den Menschen allen und jedem; denn das Mehr ist das Denken.“ Parmenides sagt in diesem Fragment: Der menschliche Leib ist eine Mischung. Konstituiert wird die Mischung durch die alles erfüllenden Formen oder Gestalten „Licht und Nacht". Die Mischung bleibt nicht, einmal eingerichtet, während der gesamten Dauer des menschlichen Lebens gleich. Entsprechend der Mischung kommt der noos, das Denken zu den Menschen. Noos ist in Fr. 16 des Parmenides nicht das abstrakte Denken, das von der Wahrnehmung wesentlich verschieden wäre, nicht Verstand oder Vernunft, die im Gegensatz zu pistis und eikasia die Wesenheit der Dinge schauen oder per modum abstractionis das Wesen erfassen könnten. Der noos, von dem im Fr. 16 des Parmenides gehandelt wird, ist nicht von anderer Art als der menschliche Körper; er ist nicht der Geist, welcher der Materie gegenübersteht. Er ist nicht wesensverschieden von den Sinnen, ist selbst körperhaft und etwas im menschlichen Körper. Daher wird er von der Mischung der Glieder betroffen: Die Mischung von Licht- und Nachtelement erstreckt sich auf den menschlichen Körper in seiner Gesamtheit einschließlich des noos. Wie die Mischung des Körpers ist, so ist auch die Mischung des noos; denn der noos ist im Körper einbegriffen. Der noos hat Inhalte, nämlich seine Gedanken oder Vorstellungen. Da sich der noos entsprechend der Mischung des Körpers gestaltet, wandeln sich auch seine Inhalte gemäß der Mischung. Licht- und Nachtelement bilden die Mischung. Das Nachtelement ist ein schwer lastendes Gebilde (Fr. 8, 59), das Lichtelement ist milde, sehr leicht. Deshalb kann für Fr. 16 weiter gefolgert werden: je mehr Licht die Mischung enthält, desto klarer ist das Denken; überwiegt die Nacht, dann ist das Denken dumpf. Das Überwiegende nämlich ist das Denken. Soweit die Deutung des Fragments 16, insofern sie für unsere Zwecke erforderlich ist. Alle diese Ausführungen betreffen für Parmenides lediglich die Doxawelt, nicht das Denken, welches zum Seienden und zur Wahrheit vordringt.

Die Theorie, die Seele sei eine Mischung der Elemente, welche den Körper ausmachen, ist der Ausgangspunkt des ersten Einwandes gegen den zweiten Unsterblichkeitsbeweis im Phaidon. Konzediert wird, daß die Seele unkörperlich, unsichtbar und etwas „Göttliches" ist. Dasselbe kann von der Harmonie gesagt werden: Die Harmonie ist etwas Unsichtbares, Unkörperliches und daher als etwas, das vorzüglicher ist als das Sinnenfällige, „göttlich". Das Instrument, auf welchem die Harmonie hervorgebracht wird, ist körperlich, als körperliches vergänglich. Hiermit ist eine Analogie hergestellt zu dem Verhältnis von Seele und Körper: Wie sich Instrument und Harmonie zu einander verhalten, so verhalten sich Körper und Seele zueinander. Eine Harmonie ist abhängig von der Beschaffenheit des Instruments. Ist das Instrument in schlechtem Zustand, dann ist auch die Harmonie alles andere als vortrefflich; ein gutes Instrument dagegen bringt eine gute Harmonie hervor. Wenden wir das auf das Leib-Seele-Verhältnis an, dann ergibt sich: Die Seele ist die durch die Bestandteile des Körpers hervorgebrachte Harmonie, das heißt: was wir Seele nennen, ist lediglich die Übereinstimmung der Bestandteile des Körpers in der Mischung, in der sie sich befinden. Wie beim Instrument gute oder schlechte Beschaffenheit des Instruments sich auf die Harmonie auswirken, so auch beim menschlichen Körper. Wenn der Körper in schlechtem Zustand ist, wenn er krank ist, wirkt das auf das sogenannte „seelische" Befinden ein; und umgekehrt gilt: Wenn wir gesund sind, keine Schmerzen haben, ist auch das seelische Befinden dementsprechend. Das scheint ein Indiz dafür zu sein, daß die Seele nicht das Prinzip der Lebendigkeit und der geistigen Tätigkeit ist. Die Seele kann nur dann die Lebendigkeit des Leibes und das Prinzip der geistigen Tätigkeit sein, wenn sie ein an sich selbst Bestehendes ist. Ist dagegen die Seele wie eine Harmonie durch die Bestandteile des Körpers bedingt und hervorgebracht, dann ist sie dem Körper gegenüber sekundär, ähnlich wie die Harmonie seinsmäßig später ist als das Instrument. Wie die Harmonie zugrunde geht, wenn das Instrument zerstört wird, so muß auch die Seele als eine Übereinstimmung in der Mischung der Elemente des Körpers zugrunde gehen, wenn der Körper sich auflöst. Und noch mehr: Das Instrument braucht nur zu einem Teil beschädigt zu werden, wenn es keine Harmonie mehr hervorbringen soll. Das Instrument kann also die Harmonie überdauern. Übertragen wir auch das auf das Leib-Seele-Verhältnis: Wenn der Körper übermäßig erschlafft oder angespannt wird durch Krankheiten oder sonstige Belastungen, dann ist die Übereinstimmung der ihn konstituierenden Elemente wesentlich gestört. Eine Übereinstimmung oder Harmonie, die wesentlich gestört wird, ist nicht mehr das, was sie vordem war, nämlich Übereinstimmung oder Harmonie, sondern Disharmonie, Mißklang. Ist die Seele eine Harmonie, dann überdauert sie eine solche Störung nicht. Wie die Harmonie zugrunde gehen kann, bevor das Instrument als Ganzes zerstört wird, so kann die Seele als Harmonie zugrunde gehen, bevor der Körper zerfällt. In einem Schwerkranken, der keinen Gedanken mehr fassen kann, ist die Harmonie des Körpers nicht mehr vorhanden. Daß die Harmonie gar den Tod des Körpers überdauern soll, ist schlechterdings ein Widerspruch in sich selbst. Also ist es absurd anzunehmen, der Seele käme Unsterblichkeit zu.

Dieses Gegenargument erhält seine volle Bedeutung, wenn wir uns klarmachen, wie aktuell es ist: Die „Seele" ist nichts anderes als der sich stets wandelnde Komplex von innerlichen Tätigkeiten und Erlebnissen, ein nicht substantielles Schnittbündel von Relationen. Zu behaupten, dieser Komplex von innerlichen Tätigkeiten und Erlebnissen, dieser Schnittpunkt von Relationen könne existieren, nachdem der menschliche Körper gestorben ist, wäre eine absurde Aussage. Was kann Platon hiergegen vorbringen?

Der Einwand versuchte nachzuweisen, daß das, was wir Seele nennen, etwas ist, das nicht an sich selbst besteht, sondern ganz und gar vom Leib abhängig ist und nur am Leib und mit dem Leib Bestand hat. Wenn Platon diesen Einwand durch Sokrates im Phaidon widerlegen läßt, dann muß er zeigen, daß nicht die Seele vom Leib abhängig ist, sondern umgekehrt, daß der Leib von der Seele abhängig ist.

Nun zur Widerlegung des Einwandes. An verschiedenen Stellen der platonischen Dialoge kann man beobachten, daß die Gesprächspartner des Sokrates von diesem auf das Glatteis der Kunst des Fragens und Antwortens gelockt werden und dort sehr bald mit ihrer Kunst am Ende sind. So auch hier. Da der Gesprächspartner Simmias, welcher den Einwand vorbrachte, die Seele sei Harmonie, aus pythagoreischen

Kreisen kommt, wird man nicht fehlgehen in der Annahme, daß Platon hier zeitgenössischen Pythagoreern eine Lektion in Philosophie erteilt. Simmias kann, wie er Phaid. 92 a sagt, es sich nicht vorstellen, daß er jemals die Ansicht aufgäbe, „zu Erkenntnissen gelangen" sei gleich Wiedererinnerung. Er billigt also ausdrücklich die Anamnesistheorie, welche die Präexistenz der Seele voraussetzt, und hält mit dieser Theorie die Annahme vereinbar, die Seele sei eine Art Harmonie. Diese Annahme schließt eine körperlose Existenz der Seele aus. Und eben hier setzt Platon mit seiner Widerlegung an.

Wenn „zu Kenntnissen gelangen" Wiedererinnerung ist, besteht die Seele, bevor sie in den Körper eingeht. Sie hat Bestand vor den körperlichen Elementen, aus deren Übereinstimmung sie sich bildet. Eine Harmonie jedoch hat keinen Bestand vor dem Instrument, sie ist im Gegensatz zur Seele nicht präexistent. „Seele" ist also nicht dasselbe wie Harmonie, sondern seinsmäßig etwas ganz anderes. Und das, was ganz anders ist, läßt sich nicht in Analogie zueinander bringen. Aber dieses ist weniger wichtig; mehr noch weist darauf hin, daß Seele und Harmonie zweierlei sind, daß die Seele nicht eine Funktion des Leibes ist. Eine Harmonie kann sich gegenüber dem Instrument, das sie hervorbringt, nicht verselbständigen, sie ist in ihrem Sein und in ihrer Beschaffenheit von dem Instrument abhängig. Sie kann niemals im Gegensatz zu den Bestandteilen stehen, aus deren Zusammenwirken sie sich bildet. In Platons Worten (93 a): „Die Harmonie kann gegenüber den Bestandteilen, aus denen sie sich bildet, keine führende Stellung einnehmen, sondern sie muß sich führen lassen."

Was aber zeigt sich, wenn wir das Verhältnis der Seele zum Körper zu beobachten versuchen? Die „Seele" kann dem leiblichen Begehren die Zustimmung versagen. Sie hat die Führung von alledem (94 c), woraus sie gemäß dem Einwand entstanden zu sein scheint. Worauf Platon hier hinweist, das kennen wir alle: Wir können uns unserem Begehren und Verlangen widersetzen. Der Mensch ist das Sinnenwesen, das „Nein" sagen kann. Ist das, was begehrt und verlangt, dasselbe wie das, was sich widersetzt? Wir sagen zwar: wir begehren und wir widersetzen uns dem Begehren; aber offensichtlich tun wir beides nicht zugleich in bezug auf dasselbe und in derselben Hinsicht. Wie es unmöglich ist, daß ein und dasselbe zugleich und in der gleichen Hinsicht ist und nicht ist, so ist es unmöglich, daß wir zugleich in bezug auf dasselbe und in der gleichen Hinsicht begehren und uns dem Begehren widersetzen. Dennoch wissen wir, daß wir begehren und uns dem Begehren widersetzen können. Wie ist das möglich? Nur dadurch, daß Begehren und sich dem Begehren Widersetzen nicht zugleich in bezug auf dasselbe und in derselben Hinsicht vonstatten gehen. Aber Begehren und sich Widersetzen sind zugleich und richten sich auf dasselbe. Also kann die Hinsicht nicht die gleiche sein. Das, was begehrt, muß ein anderes sein als das, was sich widersetzt. Wenn der Leib begehrt, kann nicht auch der Leib sich dem gleichen Begehren widersetzen. Folglich muß das sich Widersetzende vom Leib verschieden sein, es kann nicht eine Funktion des Körpers sein: Der Körper begehrt etwas, die Seele kann sich dem widersetzen, und sie kann hierbei sogar Erfolg haben. Wäre die Seele aber nur eine Funktion des Körpers, dann wäre das nicht möglich. Der Einwand, die Seele sei eine Art Harmonie, steht somit im Widerspruch zu dem, was die Selbstbeobachtung uns lehrt.

Ein Drittes ist bezüglich des Einwandes, die Seele sei Harmonie, zu beachten. Bei jeder Harmonie gibt es ein Mehr oder Weniger; die Beschaffenheit des Instrumentes und das Können des Spielers wirken zusammen. Ist es mit dem einen oder dem anderen oder gar mit beiden schlecht bestellt, dann überträgt sich das auf die hervorgebrachte Harmonie. Das wenden wir auf Körper und Seele an: Wäre die Seele eine Harmonie, dann müßte eine Seele mehr Seele sein als eine andere; denn es müßte ja ein Mehr oder Weniger, einen ontischen Unterschied zwischen Seele und Seele geben. Nehmen wir das einmal als richtig an: Bei den Seelen gibt es ein Mehr und Minder; eine Seele ist mehr Seele als die andere. Was wäre die Konsequenz hiervon? Erstens müßte die Seele als Ergebnis der richtigen Mischung der körperlichen Elemente Harmonie sein. Zweitens, wodurch käme das „Mehr“ an Harmonie zustande? Es müßte eine zusätzliche Harmonie sein. Welche kann es sein? Hier bezieht Platon die arete in seine Überlegungen ein. Arete ist die Tüchtigkeit oder Tauglichkeit von etwas; aristos heißt „der Beste“, arete demnach „Bestheit“. Arete ist die Vollkommenheit und Verwirklichung dessen, was im einzelnen Ding angelegt ist. Die arete des Messers z. B. besteht darin, daß es gut schneidet, die eines Hundes, daß er wachsam ist. Und worin besteht die arete der Seele? Allgemein können wir sagen, sie besteht darin, daß die Seele das verwirklicht, was in ihr angelegt ist. Das genügt einstweilen; denn die Frage nach dem, worin die arete der Seele inhaltlich besteht, soll uns hier nicht beschäftigen. Verwirklichung dessen, was in der Seele angelegt ist, ist nicht ohne Ordnung und Maß zu denken. Ordnung und Maß bei dem Bau eines Hauses lassen das Haus so gestaltet werden, wie es sein soll. Ordnung und Maß beim menschlichen Körper bewirken Gesundheit und Stärke. Bei der Seele bewirken Ordnung und Maß ebenso wie bei allem anderen, daß sie das rechte Gefüge hat. „Gefüge“ heißt griechisch „harmonia“. Ordnung und Maß bewirken also, daß die Seele das wird, was sie sein soll, daß sie das verwirklicht, was in ihr angelegt ist. Arete kommt daher zustande durch Ordnung und Maß; und da arete nichts anderes ist als das rechte Gefüge der Seele, ist arete gleich Harmonie. Wenn wir annehmen, die Seele sei als Seele, ohne Berücksichtigung ihrer arete oder ihrer Schlechtigkeit, eine Harmonie, dann müssen wir eine zweifache Seelenharmonie annehmen. Erstens nämlich wäre die Seele eine Harmonie als Ergebnis der rechten Mischung der körperlichen Elemente. Zweitens hätte die Seele, welche arete hat, also gut ist, eine zusätzliche Harmonie; die schlechte Seele aber, die Seele ohne arete, hätte diese Harmonie nicht.

Die Annahme, die Seele sei eine Harmonie, hätte folglich die Konsequenz, daß eine Harmonie Träger einer anderen Harmonie sein müßte. Bei der guten Seele träte zu der ontischen Harmonie die Harmonie der arete hinzu, bei der schlechten Seele jedoch nicht. Bei der guten Seele bestände also die ontische und die moralische Harmonie nebeneinander, bei der schlechten Seele gäbe es nur die ontische Harmonie. Die Seele als Harmonie ließe also ein Mehr oder Minder an Harmonie zu. Und da wir versuchsweise Seele und Harmonie gleichsetzen, wäre die Konsequenz, daß es bei der Seele, insofern sie Harmonie ist, ein Mehr oder Minder gäbe. Nun muß aber zugestanden werden, daß die Seele, insofern sie Seele ist, keinesfalls ein Mehr oder Weniger zuläßt. Die Seele eines guten Menschen ist nicht in höherem Maße Seele als die eines Übeltäters. Unsere Annahme, die Seele sei Harmonie, führt also zu einem Widerspruch. Dieser Widerspruch ließe sich nur in der Weise beseitigen, daß angenommen würde, der Unterschied zwischen der guten und der schlechten Seele, der zur Annahme eines Mehr und Minder von Seelenharmonie führt, sei nichtig. Dann aber müßte angenommen werden, alle Seelen seien gleich gut. Das aber ist nicht der Fall. Daher kann die Seele keine Harmonie sein. Der erste Einwand ist hiermit widerlegt. Harmonie kann nicht mit der Seele gleichgesetzt werden. Vielmehr ist Harmonie eine Forderung an die Seele. Das klingt im Phaidon an, eingehend begründet wird es im Staat (443 d e): Die Gerechtigkeit bewirkt die Harmonie der drei Seelenteile.

ε) Einwand des Kebes gegen die Unsterblichkeit der Seele (Phaidon 86 e – 88 b)

Während der erste Einwand den Dualismus von Seele und Leib bestritt – Seele war nach diesem Einwand etwas, das durch den Leib hervorgebracht wird und kein selbständiges Sein hat –, geht der zweite Einwand von anderen Voraussetzungen aus. Die Präexistenz der Seele wird ausdrücklich zugestanden: „Denn daß unsere Seele existierte, bevor sie in diese Gestalt (d. h. den Leib) eintrat, das scheint mir hinreichend bewiesen zu sein“ (Phaid. 87 a). Auch wird konzediert, daß die Seele dem Leib insofern überlegen ist, als sie größere Kraft hat als der Leib und ihn in der zeitlichen Dauer übertrifft (a. a. O.). Die Seele besteht gemäß diesen Prämissen vor und nach dem Leib. Was wird dann aber bestritten? Bestritten wird, daß sie überhaupt nicht sterben kann, daß sie ein athanaton ist, d. h. etwas, das dem Tod keinen Zugang gestattet. Der Einwand selbst hat wieder die Form eines Analogieschlusses und stellt folgende Proportion auf: Die Seele verhält sich zum Leib wie ein Weber zu seinem selbstgewebten Anzug. Bei der Ausgestaltung dieser Analogie benutzt Platon Argumente, die zuvor bei den Beweisen für die Unsterblichkeit der Seele verwendet wurden; er weist also selbst auf Schwächen der voraufgegangenen Demonstration hin. Es wurde gesagt, die Seele sei kräftiger als der Leib und dementsprechend lebe sie länger. Ein Hinweis darauf schien sich daraus zu ergeben (80 c, beim zweiten Beweis), daß der Leib beim Tod nicht gleich zerfalle, sondern noch einige Zeit erhalten bleibe. Wenn das so ist, so wurde geschlossen, dann kann die Seele als das dem Leib Überlegene nicht alsbald zugrunde gehen. Wie unbegründet dieser Schluß ist, wird offenbar, wenn die Analogie zum Weber und seinem Anzug aufgestellt wird. Der Weber ist zweifellos seinem selbstgewebten Anzug überlegen; denn er hat ihn ja hergestellt. Weiterhin hält ein Anzug in der Regel nicht ein ganzes Menschenleben aus. Der Mensch, in unserem Analogieschluß der Weber, ist also von längerer Dauer als der Anzug. Wenn der Weber schließlich alt wird und stirbt, hat er viele Anzüge verbraucht. Der letzte Anzug jedoch (oder die letzten Anzüge) ist (oder sind) beim Tod des Webers noch da. Wollte man daraus schließen, daß der Weber nicht tot sei, sondern noch irgendwo existiere, weil ja sein Anzug noch da ist, dann wäre das absurd. Ebenso absurd aber ist es, zu schließen: Beim Tode zerfällt der Leib nicht sogleich, also muß die Seele als das Vorzüglichere noch irgendwo existieren. Die Argumente für die Unsterblichkeit der Seele beweisen lediglich folgendes: Wie der Weber viele Anzüge herstellt und aufbraucht, so ist es auch bei der Seele in ihrem Verhältnis zum Leib. Die Materie, aus der der Leib besteht, wandelt sich immer wieder; sie wird gleichsam durch die Seele aufgebraucht; und das Aufgebrauchte wird von der Seele durch Neues ersetzt, ebenso wie es der Weber mit seinen Anzügen macht. Im Laufe eines langen Lebens webt sich die Seele also mehrere Anzüge, nämlich Leiber, und verbraucht sie. Schließlich stirbt sie. Ihr letzter Leib, mit dem sie bekleidet war, ist dann aber noch nicht aufgebraucht. Er hält sich noch einige Zeit, bis er schließlich zerfällt. Daraus kann aber nicht geschlossen werden, daß die Seele noch existiert.

Selbst wenn man zugesteht, daß die Seele nicht stirbt, wenn sie sich vom Leib trennt, sondern nach dem Tod wieder in andere Leiber eingeht, selbst wenn man also die Seelenwanderung konzediert, dann folgt aufgrund des Gesagten nicht die Unsterblichkeit der Seele, sondern nur ihre Langlebigkeit. Es muß angenommen werden, daß sie einmal, wenn sich der Leib auflöst, mitstirbt. Der Einwand sagt: Bisher wurde nur bewiesen, daß die Seele präexistent ist und den Leib überdauern kann, nicht aber, daß sie gar nicht stirbt. Im zweiten Argument läßt Platon den Sokrates einen Hinweis hierauf geben (80 b): Die Seele ist entweder gar nicht auflöslich oder wenigstens nahezu unauflöslich. Jetzt muß, wenn der Einwand entkräftet werden soll, demonstriert werden, daß die Seele todlos (athanatos) ist.

ζ) Der Beweis der Unsterblichkeit aus dem Wesen der Seele (Phaidon 102 a – 107 b).

Daß die Seele athanatos ist, daß sie nicht vergehen kann, fordert auf zu einer Untersuchung der Ursachen des Werdens und Vergehens. Seit Anaximander hatten die physikoi, die Naturphilosophen, diese Ursachen anzugeben versucht und dabei teils materielle Ursachen angegeben, teils auch, so Anaxagoras, den nous, der aber hier eine Art „Denkstoff" ist, so daß auch Anaxagoras nicht über materielle Ursachen hinauskam, die Werden und Vergehen herbeiführen sollen. Mit diesen materiellen Ursachen glaubte man, alle Vorgänge in der Welt erklären zu können, sowohl das Leben, die Verstandeserkenntnis als auch das Verhalten der Menschen. Reichen aber diese Ursachen hierzu aus? Versuchen wir, mit ihnen die Erklärung dafür zu geben, daß Sokrates (entsprechend der Darstellung des Phaidon) im Gefängnis sitzt und auf den Tod wartet und nicht geflohen ist, als ihm die Gelegenheit hierzu gegeben wurde. Eine Deutung dieses Sachverhaltes durch materielle Ursachen käme nicht weiter als bis zu der Angabe: Sokrates sitzt im Gefängnis, weil ihn sein Körper dorthin getragen hat. In Wirklichkeit sitzt er jedoch da, weil er es für das Beste erachtete, Kriton, der die Wächter bestochen hatte, nicht zu folgen, sondern den Gesetzen zu gehorchen. Und weiter: Weshalb erachtete er das für das Beste? Auf Grund seiner Einsicht. Einsicht worin? Hier versagt eine Erklärung durch materielle Ursachen. Ein anderes Beispiel: Weshalb ist eine Blume schön? Weil sie die und die Farben und diese ganz bestimmte Gestalt hat? Oder ist sie nicht vielmehr schön durch das Anwesen oder die Gemeinschaft oder Teilhabe des an ihm selbst Schönen (parousia, koinonia, methexis), oder wie auch immer das eidos zu dem jeweilig Schönen hinzutritt (Phaid. 100 b ff.)?

Zweifellos ist nicht zu bestreiten, daß es materielle Ursachen gibt und daß ihnen große Bedeutung zukommt. Aber sie sind nicht die eigentlichen Ursachen, wie wir an den Beispielen gesehen haben. Nicht die materiellen Ursachen machen die Dinge zu dem, was sie sind, sondern das Anwesen des eidos, die Gemeinschaft mit dem eidos oder die Teilhabe an ihm konstituiert die Dinge. Erst durch die parousia des eidos werden auch die Zweitursachen konstituiert. Wenn Simmias größer ist als Sokrates, aber kleiner als Phaidon, dann deswegen, weil in Simmias beides, die Größe und die Kleinheit, anwesend ist, in Sokrates dagegen die Kleinheit, in Phaidon die Größe.

Nachdem nun diese Ursachen unterschieden wurden und die materiellen Ursachen sich als Zweitursachen erwiesen haben, kann die Widerlegung des Einwandes erfolgen. Zugleich ergibt sich ein dritter und letzter Beweis für die Unsterblichkeit der Seele. Er ist auf das engste mit der Lehre von den eigentlichen Ursachen, den eide, verbunden.

Bei den Ausführungen über die Ideenlehre haben wir vernommen, daß jedes eidos eine an ihm selbst bestehende Washeit ist und daß die Dinge durch Teilnahme an den eide das sind, was sie sind. Das jeweilige Ding kann durch eine Mehrheit von eide bestimmt sein. Wenden wir uns nun noch einmal unserem Beispiel zu: Simmias ist größer als Sokrates, aber kleiner als Phaidon. Wie ist das nun hier? Sokrates hat teil an der Kleinheit, Phaidon an der Größe. Läßt nun das Große in Simmias das Kleine an sich heran und ist das Große in ihm groß und klein zugleich, oder läßt das Kleine in Simmias das Große an sich heran und ist das Kleine in ihm zugleich klein und groß? Weder das eine noch das andere. Aufschluß erlangen wir, wenn wir von der Frage ausgehen, ob das an ihm selbst Große (auto to megethos) jemals groß und klein zugleich sein kann. Das ist unmöglich. Das an ihm selbst Große kann nie zu dem werden, was ihm entgegengesetzt ist. Wie aber steht es mit dem Großen in uns? Simmias hat ein bestimmtes megethos, eine bestimmte Größe. Wird dieses megethos klein, wenn wir ihn mit dem größeren Phaidon vergleichen? Nein. Das megethos in Simmias nimmt, wenn Simmias mit Phaidon verglichen wird, nicht die Kleinheit auf; denn als groß kann das megethos nicht auch klein sein. Dennoch aber ist Simmias im Vergleich zu Phaidon klein; und da die Ursache hierfür die parousia des eidos Kleinheit ist, muß Simmias, wenn er mit Phaidon verglichen wird, am eidos Kleinheit partizipieren. Wo aber ist dann sein megethos geblieben? Da das megethos des Simmias nicht klein geworden sein kann – das Große in uns läßt das Kleine nicht an sich heran –, muß es entweder entwichen sein, als das entgegengesetzte Kleine an es herankam, oder das megethos ist zugrunde gegangen. Ebenso ist es bei dem Kleinen und bei allen Gegensätzen. Aus dem Entgegengesetzten wird nie das Entgegengesetzte; sondern wenn das Entgegengesetzte sich ihm naht, entweicht es entweder oder es geht zugrunde. Im ersten Unsterblichkeitsargument wurde lediglich gesagt, das entgegengesetzte Ding werde zu dem entgegengesetzten Ding.

So, wie das bei den eide ist, ist es auch bei den Dingen, für welche die Teilnahme an einem bestimmten eidos wesentlich ist. Das verdeutlichen wir am Beispiel von Schnee und Feuer. Für den Schnee ist das Bestimmtsein durch das Kalte wesentlich, ebenso wie das Feuer durch das Warme wesentlich bestimmt ist. Um das zu verstehen, erinnern wir uns an das, was wir über die Teilhabe der sinnenfälligen Dinge an den

Ideen gesagt haben. Jedes Sinnenfällige ist durch ebensoviele Ideen determiniert, wie Eigenschaften an dem sinnenfälligen Ding nachweisbar sind. Von den Eigenschaften sind einige so, daß das Ding sie haben kann oder nicht, sie jedenfalls nicht zu haben braucht (groß im Verhältnis zu etwas, klein im Verhältnis zu etwas). Andere Eigenschaften wiederum sind immer mit dem jeweiligen Ding verbunden und nicht von ihm zu trennen; dennoch aber sind sie nicht wesentlich für das Ding (Rothaarigkeit des Menschen z. B.). Wieder andere scheinen sich unmittelbar aus dem Wesen des Dinges zu ergeben (die Sprache des Menschen resultiert aus seiner Vernunftbegabung). Andere Bestimmungen unterscheiden sich von den soeben genannten dadurch, daß sie für das Ding wesentlich sind, beim Menschen z. B. die Vernunftbegabung. Für die Partizipationslehre ergibt sich von hier aus: 1. Das Ding hat bisweilen an eide teil, bisweilen nicht (trennbare Akzidenzien). 2. Das Ding hat immer an gewissen eide teil, ohne daß die Teilnahme an diesen eide es wesentlich bestimmte (untrennbare Akzidenzien). 3. Das Ding hat immer an bestimmten eide teil, aber die Teilhabe an diesen eide konstituiert das Ding nicht in seinem Wesen, sondern resultiert aus seinem Wesen. 4. Das Ding nimmt an bestimmten eide teil und wird durch die Teilhabe an diesen eide in seinem Wesen konstituiert.

Nun zurück zum Beispiel von Schnee und Feuer. Wir sagten, der Schnee sei in seinem Wesen durch das eidos des Kalten bestimmt, das Feuer durch das eidos des Warmen. Daraus folgt, daß der Schnee nie ohne das Kalte sein kann, ebensowenig wie das Feuer nie ohne das Warme ist, ohne aber mit ihm identisch zu sein. Was wird geschehen, wenn an den durch das Kalte in seinem Wesen bestimmten Schnee das Warme herankommt? Und was ereignet sich, wenn das Kalte sich dem durch das Warme in seinem Wesen bestimmten Feuer nähert? Es gibt zwei Möglichkeiten: Entweder es entweicht oder es geht zugrunde. Ein Beispiel für das letztere ist: Der Schnee schmilzt, das Feuer erlischt. Ein Beispiel für das Entweichen: Das Feuer springt auf anderes über, wenn es vom Kalten bedrängt wird, es sucht sich neuen Brennstoff. Niemals aber kann das Ding die Teilhabe an dem eidos, die für es wesentlich ist, aufgeben und das entgegengesetzte eidos als Wesensform aufnehmen. Wir ersehen hieraus, daß die entgegengesetzten eide (z. B. Warm und Kalt) sich nicht miteinander verbinden können. Aber auch die Dinge, welche durch ein eidos in ihrem Wesen bestimmt sind, können nicht das entgegengesetzte eidos aufnehmen.

Die Ergebnisse dieser Untersuchung müssen auf die Seele übertragen werden. Wenn ein Leib lebendig ist, muß in ihm das Leben sein, ebenso, wie in etwas, das warm ist, die Wärme sein muß. „Die Wärme" aber, das eidos Wärme, ist nicht als solches in dem, das warm ist. So ist auch das eidos „Leben" als solches nicht im Leib, der lebendig ist. Wenn ein Körper warm ist, muß das in ihm sein, für das die Teilhabe am Warmen wesentlich ist, nämlich das Feuer. Und wenn ein Leib lebendig ist, muß das in ihm sein, für das die Teilhabe am eidos „Leben" wesensbestimmend ist. Dieses ist die Seele, die, wie wir aus früheren Darlegungen wissen, das ist, was den Leib belebt. Wenn also die Seele in einen Leib eingeht, bringt sie immer das Leben mit, ebenso wie das Feuer immer Wärme mit sich bringt. Feuer ohne Wärme gibt es nicht; analog hierzu gibt es auch keine Seele ohne Leben. Wie das Feuer nicht identisch ist mit dem eidos Wärme, so ist auch die Seele nicht identisch mit dem eidos Leben. Wärme ist das übergeordnete eidos, mit dem das eidos Feuer immer verbunden ist.

Und wie ist das Verhältnis von Seele und Leben? Leben ist das übergeordnete eidos, an dem die Seele immer partizipiert, insofern sie Seele ist. Was ist dem übergeordneten eidos entgegengesetzt? Gegensatz der zoe, des Lebens, ist der thanatos, der Tod. Das eidos „Leben" nimmt den thanatos nie auf, ebensowenig wie das eidos „Wärme" nie das Kalte aufnimmt. Ist das auch auf die psyche zu übertragen, für welche die Teilhabe am Leben wesentlich ist? Wie das Feuer nie ohne das Warme sein kann, so kann auch die Seele nie ohne das Leben sein. Das Feuer ist ein apsykton (Unkaltes), die Seele ein athanaton (Todloses). Damit ist noch nicht bewiesen, daß die Seele unvergänglich ist, sondern lediglich, daß sie, insofern sie

Seele ist, d. h. durch das eidos „Leben“ in ihrem Wesen determiniert ist, dem Tod keinen Zugang gestattet, sie ist „todlos“, wie wir hier athanaton übersetzen müssen. Bewiesen werden muß noch, daß die Seele unvergänglich, unzerstörbar ist.

Im Vorhergehenden hatten wir vernommen, daß, wenn dem Feuer sich das Kalte naht, es niemals das Kalte in sich aufnimmt und dabei das bleibt, was es war, nämlich Feuer. Entweder entweicht das Feuer, wenn sich ihm das Kalte naht, oder es geht zugrunde. Wenn wir das auf die Seele übertragen, ergäbe sich: Wenn sich der thanatos der Seele naht, entweicht sie entweder – dann wäre die Seele unvergänglich –, oder sie geht zugrunde. Daß sie jedoch nicht zugrunde geht, muß demonstriert werden. Wir müssen also fragen: ist das athanaton auch anolethron; ist das „Todlose“ auch unverderblich (= unvergänglich)? Oder kann das athanaton, wenn sich ihm der thanatos naht, zwar nicht als athanaton zu einem thneton (sterblich) werden – die Drei wird ja auch nicht gerade, wenn sich ihr das Gerade naht, – sondern als athanaton zugrunde gehen, so daß an seine Stelle das thneton träte?

Diese Möglichkeit besteht nicht. Was wesensmäßig durch die zoe, das Leben, bestimmt ist, so sehr, daß sein Wesensmerkmal das Lebendigsein ist, kann dieses Wesensmerkmal nicht verlieren. Die Seele ist an ihr selbst Lebendigkeit, das Zugrundeliegende des eidos „Leben“. Wie das eidos „Leben“ den Tod nicht aufnimmt, so nimmt der Träger des eidos „Leben“ den Tod nicht auf. Seele kann von Leben ebensowenig getrennt werden wie die Drei vom Ungeraden und das Feuer von der Wärme. Diese Vergleiche jedoch verstellen den Sachverhalt mehr als sie ihn erhellen. Wäre das Warme identisch mit dem Unzerstörbaren, dann könnte das Feuer als Träger des Warmen nicht zugrundegehen. Das Leben an ihm selbst ist identisch mit dem Unvergänglichen. Die Seele kann als Träger des eidos Leben nicht das aufnehmen, was dem Leben entgegengesetzt ist. Folglich ist sie ebenso unvergänglich wie das eidos „Leben“ selbst. Athanatos ist sie daher nicht nur insofern, als sie entweder entweicht oder zugrunde ginge, wenn sich ihr der thanatos naht, sondern sie ist auch insofern athanatos, als sie niemals vom Leben getrennt werden kann. Die Seele geht beim Herankommen des thanatos nicht zugrunde, sondern entweicht. Sie ist unvergänglich.

Was nun die Frage betrifft, ob Platon selbst diese Argumente, wie wir sie kennengelernt haben, als schlüssig betrachtet, so ist darauf zu antworten: Die beiden ersten Argumente einschließlich des Anamnesis-Beweises sind nach Platon (vgl. oben S. 106) Wahrscheinlichkeitsbeweise. Die Seele ist wahrscheinlich unsterblich; sicher ist das jedoch nicht. Und wie stellt Platon sich zu dem letzten Argument des Phaidon? Was die Platonforschung hierzu zu sagen hat, wollen wir außer acht lassen. Platon wird vorgeworfen (von Ueberweg-Praechter, S. 267), Platon habe durch Äquivokation aus athanatos mit der Bedeutung „todlos“ auf die absolute Unsterblichkeit geschlossen. Ein anderer Einwand besagt (vgl. H. Leisegang, Platon, in: Paulys Realencyclopädie, 40. Halbband, S. 2440): Wie ein rollendes Rad an dem eidos der Bewegung nur so lange teilhat, wie es rollt, so hat die Seele nur so lange teil am eidos „Leben“, wie sie tatsächlich lebt. Wie das Rad sowohl am eidos der Bewegung wie am eidos der Ruhe, zwar nicht zugleich, aber doch nacheinander teilhaben könne, so kann auch die Seele nacheinander am eidos des Lebens und des Todes teilhaben. Gegen diese Einwände ist zu sagen: 1. Platon ist weit davon entfernt, hier den logischen Fehler der Quaternio terminorum, hervorgerufen durch Äquivokation, zu begehen. Die Seele ist deshalb unvergänglich, weil sie Träger des eidos „Leben“ ist; nicht aber schließt Platon von athanatos „todlos“ auf athanatos „schlechthin unvergänglich“. 2. Der zweite Einwand trifft ebensowenig. Ein rollendes Rad hat per accidens teil an der Bewegung, die Seele hat jedoch ihrem Wesen nach teil am Leben. Von akzidenteller Teilhabe kann aber nicht auf wesensmäßige Teilhabe geschlossen werden. Wir lassen diese Einwände gegen Platon auf sich beruhen.

Wie stellt sich Platon selbst zu dem dritten und letzten Beweis des Phaidon? Der Gesprächspartner Kebes, der den Einwand vom Weber und Gewand brachte, sagt, er sei gänzlich überzeugt (107 a). Simmias jedoch, von dem der Einwand von Instrument und Harmonie vorgetragen wurde, sagt, er glaube zwar, daß es sich mit der Seele so verhalte, wie Sokrates demonstriert hat; aber wegen der Schwäche der menschlichen Natur regten sich bei ihm Zweifel (107 a b). Darauf antwortet Sokrates (a. a. O. b): Das ist richtig, außerdem müssen auch wohl die Grundvoraussetzungen (tas... hypotheseis tas protas) noch genauer untersucht werden. Wenn das geschehen sei, werde man allerdings die größtmögliche Klarheit, die ein Mensch erlangen kann, gewinnen. Das bedeutet: 1. Volle Einsicht zu erlangen, ist dem Menschen in diesem Leben verwehrt. Das stimmt überein damit, daß die volle Erkenntnis der Seele nur zuteil wird, wenn sie gänzlich vom Körper getrennt ist. 2. Die Grundvoraussetzungen des Beweises sind noch nicht so gesichert, wie sie gesichert werden könnten. Was sind die Grundvoraussetzungen? Die Frage kann auch so formuliert werden: Unter welchen Voraussetzungen ist der letzte Beweis des Phaidon richtig? Richtig ist der Beweis offensichtlich dann, wenn a) die Seele nicht eine Funktion des Körpers, sondern ein an ihr selbst Seiendes ist, wenn sie, wie später die mittelalterlichen Denker sagten, eine Substanz ist. Und ferner: b) Wenn das zugestanden wird, ist die weitere Voraussetzung, daß die eide, die subsistierenden Washeiten, die reale Ursache der Beschaffenheiten der Dinge sind, die an den Washeiten teilhaben, daß also, was die Seele betrifft, das eidos „Leben" Ursache der Unvergänglichkeit der Seele, die am eidos „Leben" teilhat, ist. Zu a): Daß die Seele eine Substanz ist, bezweifelt Platon nicht; überdies hat er bei der Widerlegung des Einwandes, die Seele sei eine Harmonie, nachzuweisen versucht, daß die Seele an ihr selbst besteht, also Substanz ist. Seit Kant wird oft gesagt, daß ein solcher Beweis ein transzendentaler Paralogismus ist, d. h. ein Fehlschluß, der seinen Grund in der Natur der Menschenvernunft hat und eine unvermeidliche, wenn auch nicht unauflösbare Illusion bei sich führt (Kritik der reinen Vernunft B 399). Zu b): Die Ideenlehre war schon zu Platons Lebzeiten Gegenstand heftiger Diskussionen; Platon verdeutlichte sie mehrmals. In der Folgezeit bestritt vornehmlich Aristoteles, daß die Washeiten von den Dingen getrennt sein und eine eigene Welt für sich bilden sollen; der Neuplatonismus sah die Washeiten als Inhalte des nous. Wenn nun Platon den Sokrates sagen läßt, die Grundvoraussetzungen des Beweises müßten noch genauer überprüft werden, dann wird dadurch offenbar, daß er genau erkannte, unter welchen Voraussetzungen der letzte Beweis schlüssig ist. Nur wenn die Seele eine Substanz ist und nur wenn die Washeiten realer Grund dessen sind, was im Ding verwirklicht ist, kann bewiesen werden, daß die Seele unvergänglich ist. Werden jedoch die Voraussetzungen bestritten, dann ist der Beweis hinfällig. Ferner: Bisher ist von Platon noch nie so recht gesagt worden, was denn die Seele eigentlich ist.

Das Bestreben, den Beweis für die Unsterblichkeit so zu gestalten, daß er nicht widerlegt werden und vornehmlich nicht von den Voraussetzungen her bestritten werden kann, veranlaßte Platon, im Phaidros das letzte Argument des Phaidon umzugestalten. Wenn ich sage, er gestaltet das Argument im Phaidros um, dann ist damit gemeint, daß der Phaidros kein gänzlich neues Argument für die Unsterblichkeit bietet, sondern daß er die im letzten Teil des Phaidon entwickelten Gedanken aufgreift und sie in eine neue Form bringt. Des weiteren ist hieraus zu entnehmen, daß Platon diesem letzten Argument des Phaidon die größte Beweiskraft zugesteht; denn die beiden ersten Argumente läßt er auf sich beruhen. Außerdem wird jetzt gesagt, was die Seele ist.

b) Die Unsterblichkeit der Seele nach Phaidros (245 c – 246 a)

Das Argument des Phaidon, an das der Beweis aus dem Phaidros anknüpft, wies nach, daß die Seele Träger des eidos „Leben“ ist. Als Träger des eidos „Leben“ kann die Seele nie das dem Leben Entgegengesetzte aufnehmen. Naht sich ihr das Entgegengesetzte, dann weicht sie aus. Als Träger des Lebens bringt die Seele allem, in das sie eingeht, das Leben. Sie ist das, was alles andere belebt, während sie selbst durch sich selbst als Träger des eidos Leben belebt ist. Gegenüber dem, das durch sie belebt wird, ist sie ein proton, ein Erstes und Oberstes. Das, von dem als dem Ersten und Obersten etwas Sein oder Werden erlangt, ist der Anfang, unter dem alles andere steht. Das griechische Wort hierfür ist arche. Die Seele als Träger des Lebens, die alles andere belebt, ist demnach arche. Was bedeutet „Leben"? Leben ist immanentes Wirken (= immanente Tätigkeit) im Gegensatz zum transeunten Wirken, das nur auf das Hervorbringen oder Umgestalten anderer Dinge gerichtet ist. Im immanenten Wirken oder Tätigsein entfaltet das Tätige sich selbst. Tätigsein, sich entfalten, Wirken sind nichts anderes als eine Art Bewegung. Da „Leben" immanente Tätigkeit ist, ist „Leben" eine Art Bewegung. Die Seele belebt alles andere, als Träger des eidos „Leben" ist sie durch sich selbst belebt. Da „Leben" eine Art Bewegung ist, können wir nun die Seele bestimmen als das, was alles andere bewegt, selbst aber durch sich selbst bewegt ist (vgl. Nomoi 894 e ff.). Was durch sich selbst bewegt ist, erhält die Bewegung nicht von außen, d. h. die Bewegung wird ihm nicht durch ein anderes als es selbst mitgeteilt; sondern was durch sich selbst bewegt ist, hat den Grund seiner Bewegung in sich selbst. In sich selbst den Grund der Bewegung haben und alles andere bewegen, von der Seele ausgesagt, bedeutet: Die Seele ist Träger des eidos Leben; und da sie wesensgemäß an diesem eidos teilhat und nie von diesem eidos getrennt werden kann, ist sie immer belebt, und zwar aus ihrem eigenen Wesen oder durch sich selbst. Als durch sich selbst belebt ist sie durch sich selbst bewegt, d. h. durch ihr eigenes Wesen. In sich selbst den Grund der Bewegung haben bedeutet daher: Der Grund der Bewegung liegt im eigenen Wesen. Insofern die Seele alles andere belebt, in das sie eingeht, ist sie, wie wir uns klargemacht haben, arche. Nunmehr können wir sagen: die Seele ist Ursprung und arche der Bewegung (pege kai arche kineseos, Phaidr. 245 c 9), das, wovon die Bewegung ausgeht; daher ist Seele die pege der Bewegung. Auf Grund dieser Vorüberlegungen kann jetzt der Beweis für die Unsterblichkeit der Seele geführt werden (Phaidros 245 c – 246 a).

Was von einem anderen bewegt wird und selbst anderes bewegt, ist in seiner Bewegung abhängig von dem, durch welches es bewegt wird. Wenn die Bewegung ihm nicht mehr übertragen wird, hört es selbst in der Bewegung auf und kann auch nicht mehr anderes bewegen. Hierzu ein Beispiel: Der Stock, von der Hand bewegt, bewegt den Ball; teilt die Hand dem Stock nicht mehr die Bewegung mit, dann endet die Bewegung des Stockes, der Stock kann die Bewegung nicht mehr auf den Ball übertragen. Oder ein anderes Beispiel: Der menschliche Leib wird von der Seele bewegt und kann als bewegter anderes bewegen (so den Stock). Erhält er von der Seele keine Bewegung mehr, dann hört seine Bewegung auf, er stirbt und kann selbstverständlich keine Bewegung mehr auf anderes übertragen.

Wie verhält es sich bei dem durch sich selbst Bewegten bezüglich des Aufhörens der Bewegung? Da es in seiner Bewegung nicht von einem anderen abhängig ist, kann seine Bewegung nicht endigen, wenn ein anderes ihm keine Bewegung mehr mitteilte, denn es erhält seine Bewegung nicht von anderem, sondern von sich selbst, und zudem teilt es anderen die Bewegung mit; es ist, wie bei den Vorüberlegungen erwiesen wurde, arche. Als arche kann die Seele nicht zum Bereich des Werdenden gehören, denn dann wäre sie in ihrem Werden von etwas anderem abhängig. Das, was zum Werdenden gehört und in seinem Werden von anderem abhängig ist, kann kein Erstes und Oberstes sein, unter dem alles andere steht, es kann nicht arche sein. Alles Werdende nämlich wird das, was es wird, durch die parusia der eide. Die eide, ihrerseits in Sein und Wesen (ousia) das agathon voraussetzend, sind gegenüber dem Werdenden arche, ungewordener Anfang. Denn obschon sie das agathon voraussetzen, werden sie nicht, sondern sind. Würden sie, d. h. entständen sie aus dem agathon, dann wären sie keine seienden Washeiten und keine archai. In den Bereich der seienden Washeiten gehört die Seele, wie aus dem Phaidon bekannt ist. Sie selbst ist zwar kein eidos, aber Träger des eidos „Leben“, und auch auf sie trifft zu, daß sie arche ist. Die Seele ist als arche ungeworden (ageneton, Phaidr. 245 d 3).

Was ungeworden ist, ist mit Notwendigkeit unvergänglich. Diese Folgerung verstehen wir zunächst nicht. Was ist der Grund dafür, daß Unentstandenes nicht vergehen kann? Entstehen ist Zusammengefügtwerden (vgl. Tim. 41 a b). Was zusammengefügt wurde, hat Teile, in die es zerfallen kann. Was jedoch ist, ohne entstanden zu sein, kann nicht zusammengefügt worden sein, hat daher keine Teile, in die es sich auflösen kann. Es bleibt jedoch die Frage, ob das nicht aus Teilen bestehende unentstandene Seiende nicht auf andere Weise vergehen kann, wenn es sich auch nicht in Teile auflösen kann. Es wäre denkbar, daß das Unentstandene erlischt wie ein Feuer, das keine Nahrung mehr findet.

Hier müssen wir überlegen, was „Vergehen" (aristotelisch: phthora) bedeutet. Aristoteles, De generatione et corruptione 335 b 4: Vergehen kann nur das, was sein oder nicht sein kann. Sein oder nicht sein kann das, was sich nicht immer auf die gleiche Weise verhält, was veränderlich ist. Das jedoch, was seinem Wesen nach unveränderlich ist, kann nicht sein oder nicht sein, sondern ist mit Notwendigkeit. Was aber mit Notwendigkeit ist, kann nicht geworden sein; denn wenn es wurde, war es einmal ein noch nicht Seiendes, und von diesem noch nicht Seienden hätte es sich verändert zu einem Seienden. Das aber, was nicht entstanden ist, sondern unveränderlich ist, kann nicht ins Nichtseiende übergehen, denn dann müßte es ein Veränderliches sein. Ferner: Entstehen und Vergehen finden wie jede Veränderung in der Zeit statt. Alles Entstandene ist ein durch und durch Zeitliches (vgl. Tim. 36 c ff.) und deswegen der Veränderung unterworfen. Eine unentstandene arche dagegen unterliegt nicht der Zeit; bei einem solchen Unentstandenen gibt es kein „war, ist, wird sein", sondern nur das „ist", es ist ein aidion, was wir mit „ewig" übersetzen: zeitloses Beharren im „Jetzt". Was zeitlos ist, kann nicht zu irgendeinem Zeitpunkt vergehen. Seine Seinsweise ist die der unveränderlichen Ewigkeit, und wo es keine Veränderung gibt, gibt es auch kein Entstehen und kein Vergehen. Wenn etwas unentstanden ist, kann daher geschlossen werden: Als Unentstandenes ist es ewig, als Ewiges ist es unvergänglich. Unentstandenes ist unvergänglich.

Dieser Gedanke, daß, was nicht entstand, auch nicht vergehen kann, und daß demnach aus dem Unentstandensein auf die Unvergänglichkeit, aus dem Entstandensein auf die Vergänglichkeit geschlossen werden darf, ist bei den Vorsokratikern vorgebildet; die Unterscheidung von Zeit und Ewigkeit (= unveränderliches Jetzt, Zeit ist Abbild der Ewigkeit, tertium comparationis ist die unendliche Dauer der Zeit) jedoch ist vor Platon nirgendwo nachweisbar. Der erste, welcher lehrte, mit dem Entstehen sei das Vergehen, mit dem Unentstandenen sei die Unvergänglichkeit gegeben, ist nach Diog. La. IX 19 Xenophanes: „Er wies als erster nach, daß alles, das wird, vergänglich ist." Parmenides (Fr. 8, 3: hos ageneton eon kai anolethron estin) scheint ebenfalls zu sagen: Weil unentstanden, deshalb ist die Realität unvergänglich. Später wird die These, Entstandenes sei vergänglich, Unentstandenes sei unvergänglich, fast communis opinio, vgl. z. B. Melissos Fr. 2: „Weil es (das Seiende) nicht entstanden ist, ist es und war und wird immer sein und hat keinen Anfang und kein Ende ... Denn wäre es entstanden, so hätte es einen Anfang (denn es müßte ja, wenn entstanden, einmal angefangen haben) ..., Platon (Tim. 41 a 8–b 3): „Alles, was zusammengefügt wurde, ist auflösbar ... deshalb seid ihr, weil entstanden, nicht gänzlich unsterblich und nicht gänzlich unauflösbar" (der Demiurg spricht zu den niederen Gottheiten). Aristoteles (De caelo 282b 8f.) setzt „entstanden" und „vergänglich" gleich und beweist anschließend, daß das Unentstandene unvergänglich und das Unvergängliche unentstanden ist.

Ein zusätzliches Argument dafür, daß die unentstandene arche nicht vergehen kann, und damit kehren wir zum Phaidros zurück, besteht in der Überlegung (Phaidr. 245 d 4–6), daß, wenn angenommen wird, die unentstandene arche könne vergehen, weder die arche selbst noch irgend etwas anderes aus der arche werden könnte. Die arche kann nicht aus der arche werden, weil 1. keine arche da wäre, aus der die arche werden könnte, und weil 2. Gewordenes keine oberste und unveränderliche arche sein kann. Irgendetwas anderes könnte aus der arche nicht entstehen, weil es keine arche gäbe. Denn alles muß aus der arche werden. Wenn es kein Erstes und Oberstes gibt, keine arche der Bewegung, dann gibt es auch keine Bewegung.

Wir können uns diesen Gedanken verdeutlichen am Beispiel der Kausalreihe. Jede Bewegung innerhalb unserer Erfahrungswelt hat eine Ursache, durch welche die Bewegung bewirkt wird. Daß diese Ursache ein anderes in Bewegung setzen kann, ist nur möglich, wenn die Ursache selbst Bewegung hat, die sie anderen mitteilen kann. Woher hat sie Bewegung? Von etwas anderem. Und woher hat dieses seine Bewegung? Wieder von einem anderen usw. Verfolgen wir die Reihe der bewegenden Ursachen und dessen, was durch sie bewegt wird, dann erkennen wir, daß alles, was bewegt wird, von einem anderen bewegt wird. Und diese Reihe von Bewegendem und Bewegtem könnte innerhalb der Welt des Werdens unendlich sein, sofern nicht angenommen wird, daß die Welt des Werdens einen Anfang in der Zeit hat. Die Frage, ob die Welt einen zeitlichen Anfang hat oder nicht, ist für unsere Überlegungen jedoch ohne Bedeutung. Alle Ursachen innerhalb der Erfahrungswelt erfordern eine voraufliegende Ursache, diese wieder eine andere Ursache. Daher sind alle diese Ursachen durch eine andere bedingt. Als solche sind sie nichts anderes als sekundäre Ursachen; wie z. B. der Stock, der, von der Hand bewegt, einen Ball bewegt, eine sekundäre Ursache ist. Wenn aber nur sekundäre Ursachen, nicht jedoch eine Erstursache angenommen wird, ergäbe sich eine absurde Konsequenz: Sekundäre Ursachen gäbe es, nicht jedoch eine Erstursache, welche der ganze Reihe von Bewegendem und Bewegten die Bewegung mitteilt. Das wird uns noch deutlicher, wenn wir in Gedanken die gesamte Reihe der Sekundärursachen zu einer Einheit zusammenfassen. Woher hat diese Gesamtheit der Sekundärursachen ihre Bewegung? Offensichtlich von einer Ursache, die selbst nicht der Reihe der Sekundärursachen angehört, sondern außerhalb der Reihe anzusetzen ist. Die Ursache, die nicht der Reihe der Sekundärursachen angehört, muß durch sich selbst bewegt sein, kann die Bewegung nur aus sich selbst haben und nicht von einem anderen bewegt sein, weil sie dann

Zweitursache und nicht Erstursache wäre. Würde nun die Erstursache beseitigt, dann gäbe es auch keine Zweitursachen.

Das wenden wir auf die Seele an. Die Seele als arche tes kineseos teilt der gesamten Reihe der sekundären Ursachen die Bewegung mit. Als arche tes kineseos, als Erstursache der Bewegung, kann die Seele nicht der Reihe der sekundären Ursachen angehören. Da alle Ursachen innerhalb der Erfahrungswelt sekundäre Ursachen sind, die Seele aber nicht der Erfahrungswelt, sondern dem Intelligibeln zugehört, liegt die Erstursache der Bewegung im Intelligibeln. Würde die Erstursache beseitigt, d. h. würde die Seele vergehen, dann erhielte die Reihe der Zweitursachen keine Bewegung mehr. Das Resultat wäre das Ende jeder Bewegung. Die Seele als arche tes kineseos ist demnach unvergänglich. Sie kann aber auch nicht entstanden sein. Entstehen nämlich ist eine kinesis. Woher sollte die Seele eine solche kinesis erlangen, wenn sie selbst die arche tes kineseos ist? Daher ist die arche tes kineseos, die Seele, unentstanden und unvergänglich. Diese Überlegung will Platon auf jede Seele angewendet wissen (Phaidr. 245 c 5: psyche pasa athanatos), sowohl auf die Seele, die den menschlichen oder auch tierischen Körper belebt, wie auf die Weltseele. Die Quelle dieses Arguments ist Alkmaion von Kroton (ca. 570–500 v. Chr.); er lehrte (vgl. Aristoteles, De anima 405 a 29), die Seele sei immer in Bewegung und deshalb unsterblich (vgl. auch H. Diels, Doxographi Graeci S. 386).

In den Nomoi 894 b ff. wird der Beweis des Phaidros wiederholt, vgl. auch 896 a b: Die Seele ist arche kineseos; die Seele ist Erstbeweger, die den Körper bewegt. Zu vergleichen ist auch die wahrscheinlich unechte Epinomis 988 e: Die Seele ist die Ursache (aitia) jeder Bewegung. Eine andere Begründung der Unsterblichkeit der Seele bietet der Weltgestaltungsmythos des Timaios (vgl. 41 a u. a.): Die Seele ist unsterblich, weil sie durch den Demiurgen selbst gestaltet wurde. Alles Vergängliche verdankt seine Entstehung den niederen Gottheiten.

c) Der Unsterblichkeitsbeweis der Politeia (608 d – 611 b)

Die Unsterblichkeitsbeweise, welche wir bisher kennengelernt haben, gingen entweder von naturphilosophischen Überlegungen aus oder entnahmen ihre Beweiskraft der Ideenlehre. Ein hiervon verschiedenes Argument findet sich im 10. Buch der Politeia. Es ist verwandt mit dem im Gorgias entwickelten Gedanken, daß die adikia, die Ungerechtigkeit, eine Krankheit der Seele ist. Im Anschluß hieran untersucht Platon in der Politeia die Ursachen, die Verderben und Vergehen bewirken. Ausgangspunkt des Arguments ist die Überlegung, daß alles das gut ist, was erhält und Nutzen bringt, schlecht dagegen das, was Zerstörung und Vernichtung nach sich zieht. Die Bestimmung des Guten als das, was Nutzen bringt und das Bestehende fördert, erscheint uns zunächst reichlich suspekt; denn wir wissen, in welcher Weise eine solche Definition des Guten mißverstanden werden und welche Konsequenzen das Mißverständnis nach sich ziehen kann. Gut ist das, was dem Volk, dem Staat oder der Partei nützt: Das scheint doch eine Art Freibrief für jede Art von Gewalttätigkeit gegen Andersdenkende zu sein. Andersdenkende sind Schädlinge, also sind sie dementsprechend zu behandeln. Will Platon das sagen? Keineswegs. Gut ist das, was jedem in dem, was es selbst ist, Nutzen bringt und es erhält, das also, was dem Menschen, insofern er Mensch ist, nützt. Und da die Seele der Mensch im eigentlichen Sinne ist, ist gut das, was der Seele Nutzen bringt, schlecht ist, was der Seele schadet. Das wird verallgemeinert: Gut ist, was ein jegliches, in dem, was es ist, fördert und ihm nützt, schlecht ist, was einem jeden Vernichtung bringt.

Ist das, was Vernichtung bringt, für alle Lebewesen und auch für die unbelebte Natur das gleiche? Wohl kaum; Lebewesen gehen durch Krankheiten und Altersschwäche zugrunde, und keineswegs alle durch die gleichen Krankheiten, Unbelebtes hat wieder anderes, das den Zerfall herbeiführt, wie z. B. beim Eisen der Rost. Die Seele ist weder ein körperliches Lebewesen noch ein Nicht-Lebendiges. Gibt es ein Übel, das der Seele schadet? Zweifellos! Dieses Übel ist einzig die Ungerechtigkeit, die adikia. Wieso das? Durch Krankheiten, welche Organismen befallen und zerstören, kann die Seele offensichtlich nicht Schaden leiden, denn sie ist kein Organismus. Und das, was unbelebte Dinge auflöst und vernichtet, kann der Seele auch nicht schaden; ebensowenig wie irgendetwas der Seele schaden kann, das den Zerfall materieller Dinge bewirkt. Als einziges Übel, das die Seele schädigen kann, ist demnach die adikia zu betrachten. Stirbt die Seele durch die adikia, durch das ihrer Natur gemäße Übel? Wäre das der Fall, dann müßten die adikoi, die Übeltäter, an ihrer eigenen Boshaftigkeit zugrunde gehen. Das tun sie aber gar nicht, sondern im Gegenteil, sie werden, wenn man sie gewähren läßt, immer munterer. Wohl aber können sie so bestraft werden, daß die Seele sich vom Körper trennt. Das heißt: Die Ungerechtigkeit selbst schädigt zwar die Seele, bewirkt aber nicht wie eine Art Krankheit den Tod der Seele. Wenn ein Ungerechter wegen seiner Ungerechtigkeit mit dem Tode bestraft wird, dann ist nicht die adikia das, was den Tod des Leibes herbeiführt, sondern es ist ein Übel, das so geartet ist, daß es den Leib zugrunde richten kann. Da also die Seele durch das Übel, das ihr schadet, nicht zugrunde gehen kann und es außer diesem einen Übel der Seele, der adikia, kein anderes gibt, das der Seele schadet, kann die Seele überhaupt nicht zugrunde gehen.

Hiergegen könnte eingewendet werden: Zwar kann ein jedes nur durch das ihm entsprechende Übel vernichtet werden; aber dieses entsprechende Übel wird durch andere Übel erzeugt. Verdorbene Speisen, Speisen also, die von dem ihnen eigentümlichen Übel befallen sind, verursachen, wenn sie gegessen werden, Krankheit; durch die Krankheit kann der Leib zugrunde gehen. Dann ist der Leib infolge der Speisen durch sein eigenes Übel, die Krankheit, vernichtet worden. Gibt es Ähnliches bei der Seele etwa in der Weise, daß durch Krankheit des Leibes die Krankheit der Seele hervorgerufen wird und daß die Seele dann infolge der Krankheit der Seele durch ihr eigenes Übel vernichtet wird? Wenn das der Fall wäre, müßte nachgewiesen werden, daß körperliche Krankheit adikia hervorruft, Ungerechtigkeit und Boshaftigkeit. Derartiges gibt es zweifellos bei bestimmten Krankheiten, ist aber nicht die Regel. Aber auch wenn wir konzedieren, daß einige Krankheiten sich negativ auf das auswirken, was Platon Seele nennt, ist damit noch gar nichts bewiesen; denn die adikia läßt die Seele des mit ihr Behafteten nicht sterben. Also ist die Seele unsterblich.

Lehrt Platon eine individuelle Unsterblichkeit, ist die individuelle Seele unsterblich oder nicht? U. v. Wilamowitz schreibt in seinem verdienstvollen Platonbuch (S. 374): „Eine Seele, die durch zahllose Menschenleiber wandelt, hat keine Individualität, und soweit sie sie in der einzelnen Verkörperung erwirbt, muß sie sie ableben ... Und doch bricht (bei Platon) das starke Gefühl des individuellen Seelenlebens durch, weil Platon selbst eine so stark individuelle Seele besaß. Er hat es tatsächlich zu keiner vollen logischen Einheit in dem gebracht, was er über die Menschenseele lehrt und glaubt.“ Ähnliche Meinungen finden wir in der jüngsten Platonliteratur. Hierzu folgendes: Daß der Körper Prinzip der Individuation sei, ist die Lehre des Thomas von Aquin, nicht aber die Platons. Der Gedanke, daß die Seele im Jenseits für ihre Taten Lohn oder Strafe empfängt (Phaidon, Politeia), ist nur sinnvoll, wenn die Seele als Individuum weiterlebt. Ebenfalls zeigt die anamnesis-Theorie, daß die einzelne Seele in der Präexistenz die Wesenheiten gesehen hat. Nichts weist darauf hin, daß die Seele nach der Trennung vom Körper in die Weltseele aufgenommen wird und dabei ihre Individualität verliert. Nun fragen wir weiter: Ist die Seele als ganze unsterblich, oder nur etwas an ihr? Wenn nur etwas an der Seele unsterblich wäre, müßte die Seele Teile haben. Das aber wird im Phaidon bestritten. Die Seele ist den Washeiten ähnlicher und verwandter, weil sie dem Bereich des Unzusammengesetzten angehört. Da also die Seele unzusammengesetzt ist, kann sie keine Teile haben. Für den Phaidon ist demnach unsere Frage eindeutig zu beantworten: Das, was im Phaidon Seele genannt wird und das Gegenstand der Erörterung ist, ist als ganzes unsterblich. Hat Platon an dieser Auffassung in der Folgezeit festgehalten? Die Antwort der Forschung lautet: Nein. Erstmals in der Politeia können wir nachweisen, daß Platon Seelenteile annimmt.

5. *Die Beschaffenheit der Seele*

a) Die Seelenteile (Politeia 435 b – 444 a)

Im Phaidon (94 b ff.) lehrt Platon eindeutig, daß die in sich einheitliche Seele sich dem, was vom Körper an sie herangetragen wird, widersetzen kann. Was ist das, was der Körper an sie herantragen kann? Es sind die Regungen der Begierde, des Zornes und der Furcht, kurz die Affekte, wie Lust, Trauer, Begierde (Phaidon 83 b 6 f., wo einige Handschriften noch den phobos (Furcht) nennen). Die Affekte als die unvernünftigen Regungen im Menschen stammen aus dem Leib, keinesfalls aus der Seele. Daß die Seele sich den Affekten widersetzen kann, beruht darauf, daß sie ihrer Natur nach Vernunft ist; sie läßt sich von vernünftiger Überlegung leiten und gibt demnach den Affekten nicht nach. Diese Aussagen jedoch (Seele als Vernunft, alle unvernünftigen Regungen im Menschen stammen aus dem Körper) beziehen sich mehr auf die Seele, wie sie sein soll, nämlich gereinigt von allem Körperhaften. Richten wir aber den Blick auf die tatsächlichen Verhältnisse, dann gewinnen wir ein anderes Bild. Wie viele Seelen mag es wohl geben, die dem Körperhaften nur so viel konzedieren, wie unbedingt notwendig ist? Wohl gar keine oder nur sehr wenige. Wollen wir daher der Wirklichkeit gerecht werden, d. h. wollen wir die Seele so betrachten, wie sie sich in der Verbindung mit dem Leib dem Auge des Geistes zeigt, dann dürfen wir nicht erwägen, wie die Seelen einiger weniger Menschen beschaffen sind oder wie die Natur der Seele ist, die nicht mit dem Körper vereinigt ist, sondern wir müssen die Seele betrachten in einem Zustand, „der die Folge von zahllosen Übeln ist“ (Politeia 611 d). Und da gleicht sie mehr „jedem Ungeheuer“ (a. a. O.) als ihrer ursprünglichen Natur. Die unvernünftigen, vom Körper ausgehenden Regungen „nageln“ (Phaid. 83 d) die Seele gleichsam am Körper fest, so daß sie selbst „körperartig“ (somatoeides, Phaid. 83 d) wird. Die Affekte bewirken, daß die Vernunftseele durch die Gemeinschaft mit dem Körper entstellt wird, daß sich gleichsam körperartige Zusätze an ihr festsetzen. Und in diesem Zustand müssen wir die Seele betrachten, wenn wir Auskunft darüber gewinnen wollen, wie ihre Natur in diesem Leben ist.

Im Phaidon wird versucht, die Seele zu beschreiben, wie sie ist, wenn sie sich dem Unsterblichen und Unveränderlichen zuwendet und wenn sie durch die Hinwendung zum Unveränderlichen sich über die Körperwelt erhebt und all das körperhafte Beiwerk abstößt, das sich an ihr festsetzt. Die Politeia dagegen untersucht die Beschaffenheit der Seele im menschlichen Leben, die Seele in ihrer Vereinigung mit dem Leib. Diese verschiedene Betrachtungsweise erklärt die unterschiedlichen Aussagen über die Seele als einheitlich-einfache im Phaidon und als zusammengesetzte in der Politeia. In der Forschungsliteratur wird bisweilen behauptet, Platon habe in der Politeia keine Seelenteile, sondern Seelenvermögen postuliert. Hierzu ist zu bemerken: Platon spricht in der Politeia von „dem einen, dem anderen, dem dritten“ in der Seele, von „Arten der Seele“ (eide tes psyches) oder von „Arten in der Seele“ (eide en psyche), indessen wird auch das Wort meros (Teil) ausdrücklich verwendet, vgl. z. B. 442 b 11, 442 c 5, 581 a 6, so daß man zu der Auffassung gelangen könnte, in der Politeia sei das Problem „Seelenteile – Seelenvermögen“ noch nicht entschieden. Bei genauerer Untersuchung erkennt man jedoch, daß Platon mit der Einteilung der drei „Arten“ (eide) Seelenteile meint: Durch die Vereinigung mit dem Leib bilden sich Zusätze an der Seele (611 b ff.); in der Vereinigung mit dem Leib hat die Seele Teile. Im Timaios lokalisiert Platon die Teile der Seele: Sitz des vernünftigen Seelenteils (logistikon) ist der Kopf, der mutige Teil (thymoeides) befindet sich zwischen Hals und Zwerchfell, der begehrende (epithymetikon) zwischen Zwerchfell und Nabel (69 c ff.).

Der Grund dafür, daß Platon im Anschluß an Alkmaion und die sizilische Ärzteschule den Kopf und somit das Gehirn als Sitz des Denkens betrachtet, besteht nicht in anatomischen Beobachtungen. Das logistikon ist der vornehmste Seelenteil, daher muß es seinen Sitz dort haben, von wo aus es den ganzen Menschen überschauen und ihm wie von einer Hochburg aus Befehle erteilen kann. Aristoteles dagegen hält gerade aufgrund anatomischer Beobachtungen an der älteren Ansicht fest, das Denken habe seinen Sitz im Herzen; das Gehirn hat nach Aristoteles die Aufgabe, die Wärme, welche Grundbedingung für das Leben ist, zu regulieren.

Wenn aber die Seele Teile hat, dann ist zu fragen, wie es sich mit der Unsterblichkeit der Seele verhalte, ob sie mit allen ihren Teilen unsterblich sei oder nicht. Diese Frage ist zum Teil schon beantwortet. Die beiden unvernünftigen Teile sind Zusätze, die der Seele durch die Vereinigung mit dem Leib zuwachsen. Wenn sie erst durch die Vereinigung mit dem Leib sich an der Seele bilden, ist zu erwarten, daß sie sich nach der Trennung von Seele und Leib wieder von der Seele lösen. Das ist zwar prinzipiell richtig; die beiden vernunftlosen Seelenteile sind das Sterbliche an der Seele (Tim. 69 c f.). Jedoch kann dieses Sterbliche sich so an der Seele festsetzen, daß die Seele bei der Trennung vom Leib nicht von ihm frei wird (Phaidon 81 c f.). Die Aufgabe der Seele, das Werk, das sie verrichten soll, solange sie mit dem Leib vereinigt ist, besteht darin, dafür zu sorgen, daß sie schon während der Vereinigung mit dem Leib sich soweit wie möglich der Einsicht und jeder Tüchtigkeit (arete) befleißigt und dadurch zu ihr selbst findet. Platons Lehre von den aretai wird uns anläßlich der Darstellung seiner Staatskonzeption beschäftigen; einstweilen geht es uns noch um die Seelenteile. Das thymoeides stellt sich seiner Natur nach auf die Seite des logistikon; das epithymetikon strebt seiner Natur nach zum Somatischen. Dieses Verhältnis der Seelenteile zueinander stellt Platon durch zwei Gleichnisse dar, durch das Gleichnis des Seelenwagens (Phaidros 246 a – 256 e) und das des Seelentieres (Politeia 588 b ff.).

b) Das Gleichnis vom Seelenwagen (Phaidros 246 a – 256 e)

Wie beschaffen die Seele ist, kann nur durch eine umständliche und göttliche Erörterung dargelegt werden. In einer kürzeren und dem menschlichen Verständnis angemessenen Darlegung kann aber in einem mythenhaften Gleichnis gesagt werden, wem die Seele gleicht: „Die Seele soll gleichen der zu einer Einheit zusammengewachsenen Verbindung eines geflügelten, im Joch gehenden Gespannes und seines Lenkers. Bei den Göttern sind Pferde und Lenker alle gut und stammen vom Guten; bei den anderen sind sie gemischt. Bei uns lenkt der Lenker zwei Pferde in losem Gespann; das eine Pferd ist trefflich und gut und stammt von solchen, das andere ist schlecht und stammt von schlechten." Hiermit ist die Einleitung für die folgende mythische Erzählung gegeben. Was die beiden Pferde darstellen, wird nirgendwo gesagt. Vom Staat her und der Lehre von den Seelenteilen wird man im Lenker das logistikon erkennen, im guten Pferd das thymoeides, während das schlechte Pferd das epithymetikon symbolisiert. Anders interpretiert H. Leisegang (Platon, Paulys Realencyclopädie 40. Halbband, Sp. 2476): Hier liege etwas ganz anderes vor als in der Politeia. Die beiden Pferde stellen nach Leisegang den „inneren Kampf zwischen reiner Liebe und sinnlichem Begehren dar, der sich in der Seele beim Anblick der Schönheit abspielt". Diese Interpretation ist unrichtig, denn der Eros beruht auf der Erinnerung an das an ihm selbst Schöne, das der Lenker des Seelenwagens schauen konnte, wie wir gleich vernehmen werden.

Alle Seelengespanne streben, nach der äußeren Seite des Himmelsgewölbes zu gelangen, zum hyperouranios topos (247 c 3). Dort gibt bei der Umdrehung des Himmelsgewölbes die Schau der Ideen den Flügeln des Seelengespannes neue Nahrung. Aber nur den göttlichen Gespannen, angeführt von Zeus, gelingt der Flug vollkommen. Sie dringen durch das Himmelsgewölbe und stehen auf dem Rücken des Himmels. Der Umschwung des Gewölbes führt sie mit sich, und sie schauen, was außerhalb des Himmels ist. – Die Schau der Ideen, wie sie uns vom Staat her bekannt ist, wird in diesem mythischen Gleichnis umgeformt und mit der Bewegung des Kosmos verbunden.

Bei den menschlichen Seelengespannen drückt das unedle Pferd den ganzen Wagen zur Erde nieder, so daß die menschlichen Seelen nicht auf die Rückseite des Himmels gelangen. Bestenfalls ragt der Kopf des Lenkers in den hyperouranios topos hinein während der ganzen Fahrt oder auch nur zu einigen Zeiten. Hierbei entgeht dem Lenker manches; denn selbst wenn er in den überhimmlischen Ort hineinragt, kann er das Seiende nur mit Mühe schauen, weil er durch das unedle Pferd behindert wird. Im ungünstigsten Falle bleibt der Seelenwagen mitsamt seinem Lenker unterhalb des Gewölbes. Ob die Seele zur Erde niedersinkt, weil die Seelenflügel keine Nahrung finden, und ob und in welchen Körper die Seele inkarniert wird, das hängt davon ab, ob und bis zu welchem Grade die Seelen die Ideen schauen konnten. Die Seelen, welche während eines ganzen Umschwunges die Ideen sahen, bleiben für immer frei von dem Zwang, in einen Körper eingehen zu müssen, die anderen sinken abwärts, bis sie Halt in einem Körper finden. Je nach dem Grad dessen, was sie von den Washeiten schauen konnten, werden sie in die Lebenskeime verschiedener Menschengruppen eingepflanzt, vom Philosophen abwärts bis zum Sophisten und Tyrannen (insgesamt sind es neun Gruppen, die im einzelnen hier nicht genannt zu werden brauchen). In einer neuen Weltperiode kann die Seele dann die Fahrt erneut wagen. Die Einzelheiten der Fahrt und der Schau des Seienden können wir übergehen; sie sind mythische Ausgestaltung und ohne philosophischen Wert.

Damit die Seele die Fahrt zum hyperouranios topos wieder aufnehmen kann, müssen die Seelenflügel neue Nahrung erhalten. Diese wird ihnen zugeführt durch den Abglanz des Schönen an ihm selbst, das in sinnenfälligen Abbildern widerstrahlt. Durch den Anblick des sinnenfällig Schönen wird der Eros geweckt. Der Eros beruht auf der Erinnerung an das an ihm selbst Schöne, das der Lenker des Seelenwagens beim Flug des Gespannes zeitweise sehen konnte. Damit ist zugleich gesagt, daß die Seele, welche das Schöne selbst niemals schauen konnte, auch nicht des Eros teilhaft werden kann. Die vom Eros erfüllte Seele drängt nach dem Zusammensein mit dem Schönen. Hierbei kommt es zu einem Zwist zwischen dem Lenker des Seelenwagens und dem edlen Pferd einerseits und dem unedlen Pferd anderseits. Das schlechte Pferd stürmt los und will seine niedere Begierde befriedigen, wird aber hierin gehemmt. Wenn es sich aber durchsetzt, verläßt die Seele nach dem Tod den Leib ohne Flügel, jedoch, sofern die Seele nicht ganz in der epithymia versank, auf dem Wege zur Beflügelung. Behalten aber der Lenker und das edle Pferd die Oberhand, dann führt die Seele ein Leben in Selbstbeherrschung und erhält nach der Trennung vom Körper neue Flügel. – Soweit die Darstellung des Mythos.

Die beiden Pferde müssen gedeutet werden als die beiden unvernünftigen Seelenteile, von denen der eine sich von Natur aus auf die Seite der Vernunft stellt. Der Mythos des Phaidros stellt es so dar, als habe die Seele vor und nach dem Eintritt in den Körper diese beiden Teile. Das würde bedeuten, daß die gesamte Seele mit ihren unvernünftigen Teilen und dem logistikon unsterblich ist. Insofern die Seele mit dem Körper vereinigt ist, macht das Bild des Phaidros keine Schwierigkeiten: Der Lenker ist das logistikon, das edle Pferd stellt das thymoeides dar; es strebt nach time (253 d), nach Ehre, was in der Politeia an mehreren Stellen vom thymoeides und dem vom thymoeides geleiteten Menschen gesagt wird. Das unedle Pferd hat die Merkmale des epithymetikon (vgl. Phaidr. 253 e f.). Nach der Politeia und dem Timaios sind thymoeides und epithymetikon sterbliche Teile der Seele, wenn sie sich auch nicht sofort vom logistikon trennen, sobald die Seele den Leib verläßt, sondern sich an ihm festsetzen können, so daß sie als Ballast wirken und das logistikon ins Leibliche hinabziehen. Nach dem Phaidros-Mythos besteht die Seele aber ihrem Wesen nach aus drei Teilen; thymoeides und epithymetikon sind nicht nur Teile der Seele, die ins Leibliche zurückgefallen ist und die nicht zur vollen Schau der Washeiten vordringen konnte, sondern sie sind auch Teile der vorzüglichsten Seelen, nämlich der Götter, die nie in Körper eingehen. Freilich sind bei diesen die drei Seelenteile einheitlich gut. Dennoch sind auch die vorzüglichsten Seelen zusammengesetzt.

Liegt demnach im Phaidros eine andere Lehre bezüglich der Unsterblichkeit der unvernünftigen Seelenteile vor als im Staat, dem Timaios und auch als im Phaidon? Mit einer solchen Möglichkeit ist bei Platon durchaus zu rechnen. U. v. Wilamowitz (Platon I, S. 368) argumentiert in folgender

Weise: „Das komplizierte Bild des Seelenwagens ist allein für das Verhalten der Seele im Menschenleibe erfunden; da ist es von glücklichster Wirkung, und um deswillen hat Platon es in den Kauf genommen, daß die Rosse Wille und Begierde vor den Wagen der Seele, schon ehe sie das erstemal eingekörpert ist, gespannt sind, ja daß auch die Götterseele so kompliziert ist." Diese Interpretation hat manches für sich; vor allem scheint für sie zu sprechen, daß Platon in einem Mythos das Bild des Seelenwagens vorführt und daß in einer mythischen Darstellung nicht alles philosophisch relevant ist. Jedoch ist eine solche Auslegung nicht überzeugend. Das Gleichnis könnte auch so verstanden werden, daß auch in den vorzüglichsten Seelen eine epithymia vorhanden ist, nämlich die epithymia, die sich auf Weisheit und Erkennen richtet, und ein thymoeides, welches nichts anderes wäre als das Streben, sich durch Erkenntnis hervorzutun. Das würde insofern im Mythos eine Stütze finden, als (246 a) gesagt wird, bei den Seelen der Götter, den besten Seelen also, seien Wagenlenker und Pferde gleich gut. Der Unterschied zwischen diesen dreigeteilten vorzüglichsten Seelen und den dreigeteilten weniger guten Seelen würde dann darin bestehen, daß in den letzteren thymoeides und epithymetikon sich auf Gegenstände richten, die nicht zum Bereich des Noetischen gehören, daß also das thymoeides ein sich Hervortun im Sinnenfälligen erstrebt und daß das epithymetikon in der Sinnenlust Befriedigung sucht, nicht aber in der Erkenntnis und Wahrheit. Grundsätzlich aber wären alle Seelen gleich strukturiert; und die Reinigung der dem Leiblichen verfallenen Seele bestände darin, daß thymoeides und epithymetikon sich vom Somatischen abwenden und sich dem Noetischen zuwenden. Diese Deutung würde dem Wortlaut des Phaidros-Mythos gerecht werden.

Zu beachten ist, daß mit dem Mythos nicht dargelegt werden kann, wie beschaffen die Seele in Wirklichkeit ist, sondern nur, womit sie verglichen werden kann. Hinzu kommt, daß die Erkenntnis des Wesens der Seele äußerst schwierig ist und vielleicht über menschliches Fassungsvermögen hinausgeht (vgl. Phaidr. 246 a). Menschliche Erkenntnis schließt von den Manifestationen der Seele, die in den Leib eingegangen ist, darauf, daß sie immer von der Struktur ist, die sie im gegenwärtigen Leben hat. Ihre wahre Natur könnte (vgl. Politeia 612 a) nur erfaßt werden, wenn die Seele in dem Zustand betrachtet werden könnte, da sie alles Beiwerk, das sich während der Inkarnation an ihr festsetzt, abgestoßen hat. Dann könnte ihre wahre physis erkannt werden, ob sie vielgestaltig oder eingestaltig ist, oder wie sie sonst beschaffen sein mag (Politeia 612 a). (Physis bedeutet hier Wesen, Natur. Eine Interpretation des Wortes physis bei Platon wollen wir hier gar nicht versuchen. Erstens müßte dann auch der nichtphilosophische Gebrauch des Wortes physis berücksichtigt werden; denn Platons Sprache ist ein kompliziertes Gebilde urbaner Konversation. Und zweitens ist physis in der Sprache der damaligen Zeit schon ein Allerweltswort, ähnlich unserem „Natur“ oder „Wesen“.)

Dieses schöne und freundliche Bild der menschlichen Seele, wie es der Phaidros entwirft, ist, sofern der Phaidros später anzusetzen ist als die Politeia, an die Stelle eines anderen Bildes der Seele getreten, das keineswegs heitere Züge trägt.

c) Das Seelentier der Politeia (588 c – 592 b)

Die Seele ist zusammengewachsen aus einem Menschen, einem von Schlangen umgebenen Löwen und einem buntscheckigen vielköpfigen Tier, das ringsum Köpfe zahmer und wilder Tiere trägt und sich in alle diese Tiere verwandeln und sie aus sich erzeugen kann (588 c). Dieses sonderbare, aus einem Menschen, einem Löwen und dem wandelbaren Ungeheuer bestehende Wesen ist eingeschlossen in die Gestalt eines Menschen, d. h. in den Leib, und zwar ist es so in die Menschengestalt eingeschlossen, daß es nicht zu sehen ist. In diesem Bild sind alle Zustände der menschlichen Seele dargestellt. Die Gerechtigkeit besteht darin, daß der innere Mensch, das logistikon, über den gesamten Menschen herrscht, wobei er sich der Kraft des Löwen (des thymoeides) bedient und das Zahme an dem vielköpfigen Tier (dem epithymetikon) veredelt, das Wilde an ihm aber verkümmern läßt. Ist dieser

Zustand erreicht, dann tut jeder Seelenteil das Seine, das logistikon ist weise, das thymoeides tapfer, das epithymetikon gehorcht. Damit ist zugleich auch die Gesundheit der Seele, die sophrosyne, gegeben: das Löwenartige und das Vielgestaltig-Wandelbare sind sich mit dem inneren Menschen darüber einig, daß der innere Mensch, das logistikon, zur Herrschaft berufen ist. Zur Ungerechtigkeit in ihren vielerlei Ausprägungen kommt es, wenn das Löwenartige die Oberherrschaft gewinnt oder wenn das buntscheckige Tier die Gewalt an sich reißt, d. h. wenn die Seelenteile nicht das ihre tun, sondern sich die Aufgabe des logistikon anmaßen. Dann aber sind sie vielgeschäftig; und die Vielgeschäftigkeit, das sich nicht mit seiner Aufgabe begnügen, ist die eigentliche Ungerechtigkeit.

Im Spätwerk der Nomoi tritt an die Stelle dieser Bilder das Gleichnis von der Marionette, welche die Götter geschaffen haben (644 d ff.), gleichviel ob zu ihrem Spielzeug oder zu etwas Ernsthaftem. Ein Draht der Marionette ist aus weichem Gold, er stellt die Vernunft dar, andere Drähte sind aus hartem Eisen: Die Vernunft ist zwar schön, aber weich, daher muß sie durch anderes unterstützt werden, wenn sie die Marionette „Mensch" in Bewegung setzen soll. Aufgabe des Menschen ist, nur dem Zug der Vernunft zu folgen. – Gegenüber den Bildern aus der Politeia und dem Phaidros ist an der Darstellung in den Nomoi eine Resignation zu bemerken: Der Mensch ist das kunstvoll ersonnene Spielzeug der Gottheit, und das ist noch das Beste am Menschen (803 c). Das gilt freilich nur, wenn im Hinblick auf die Gottheit gesprochen wird (804 b). Läßt man die Gottheit außer acht und blickt nur auf das Menschengeschlecht, so ist zu sagen, daß der Mensch nichts Verächtliches ist, sondern einiger Bemühungen wert ist (a. a. O.).

a) Staatsgründung und Reinigung (Politeia 369 a – 427 c)

Bei der Darstellung der platonischen Staatslehre beziehen wir uns auf die „Politeia". Politeia, meist mit „Staat" übersetzt, heißt Bürgerschaft, Bürgerrecht, öffentliches Wirken, Regierung, Regierungsform, Verfassung, Staat im geographischen Sinne (vgl. F. Gschnitzer in: Lex. der Alten Welt, S. 2390). Der später hinzugefügte Untertitel „oder über das Gerechte" weist auf das eigentliche Thema der Schrift hin; der Staat, die Polis, dient als Paradeigma, an dem die Gerechtigkeit gezeigt werden soll. Nach einigen mißglückten Definitionsversuchen im ersten Buch, dem sogenannten „Thrasymachos" (vgl. oben S. 33) bitten Sokrates' Gesprächspartner Glaukon und Adeimantos, Platons Brüder, die Überlegenheit der Gerechtigkeit über die Ungerechtigkeit überzeugender darzustellen, als es bisher geschah. Beide machen sich zu Sprechern der Gegenpartei; demgemäß erscheint in ihren Reden die Gerechtigkeit als mühevoll und schädlich, die Ungerechtigkeit als nutzbringendes Gut.

Glaukon geht aus von einer Einteilung der Güter: Alles Gute erstreben wir 1. um seiner selbst willen, ohne die Folgen zu berücksichtigen, wie z. B. Fröhlichkeit, 2. um seiner selbst willen und wegen seiner Folgen, wie z. B. Gesundsein, 3. nur wegen seiner Folgen, wie z. B. Tätigkeit des Arztes, Gelderwerb. Zu welcher dieser drei Gruppen gehört die Gerechtigkeit? Wird sie allein um ihrer selbst willen oder um ihrer selbst und ihrer Folgen willen erstrebt oder gehört sie zu den Gütern, die nur wegen ihrer Folgen begehrenswert sind und viel Mühe mit sich bringen? Gerechtigkeit liegt in der Mitte zwischen dem höchsten Gut, nämlich dem Unrechttun ohne Strafe zu erleiden, und dem größten Übel, Unrecht zu leiden, ohne sich rächen zu können. Die Gerechten sind nur deshalb gerecht, weil sie nicht Unrecht tun können. Über das Leben des Gerechten kann am besten geurteilt werden, wenn es mit dem Leben des Ungerechten verglichen wird: Der Ungerechte scheint gerecht zu sein, hat aber alle Vorteile, die ein ungerechtes Leben mit sich bringt. Der Gerechte dagegen scheint ungerecht zu sein; auf Grund des Scheines der Ungerechtigkeit erleidet er alle Nachteile, die nur denkbar sind, und wird schließlich noch gekreuzigt, damit er endlich begreift, daß es besser ist, gerecht scheinen zu wollen, es aber nicht zu sein, als gerecht zu sein und mit dem Schein der Ungerechtigkeit behaftet zu sein.

Adeimantos verlangt eine Begründung dafür, daß die Gerechtigkeit sowohl um ihrer selbst willen als auch wegen ihrer Wirkungen erstrebenswert sei, wobei von Lohn und Ehre abgesehen werden müsse. Wenn Dichter und Erzieher die Gerechtigkeit loben, so verweisen sie immer auf die Ehren, die dem Gerechten entgegengebracht werden. Hieraus erwuchs die Meinung, gerecht zu sein sei mit großer Mühe verbunden und wenig gewinnbringend, während die Ungerechtigkeit viel nützlicher als die Gerechtigkeit sei; gerecht sei nur, wer zu schwach sei, Unrecht zu tun, oder wer auf Grund einer besonderen Naturanlage die Ungerechtigkeit verabscheue.

Beide Gesprächspartner fordern Sokrates auf, die Untersuchung nicht zu beenden, sondern ihre Argumente zu entkräften. Hier setzt die eigentliche Untersuchung ein (368 d). Die Gerechtigkeit soll an der Polis betrachtet werden, weil sie an der Polis als einem großen Gebilde leichter zu erkennen sei als am einzelnen Menschen. Wenn man Ursprung und Wachsen der Polis betrachtet, erkennt man zugleich das Entstehen der Gerechtigkeit und der Ungerechtigkeit. Da kein Mensch autark ist, kann er sein Leben nur dann führen, wenn ihm von anderen geholfen wird; daher ist der Grund für den Zusammenschluß mit anderen in den menschlichen Bedürfnissen zu sehen, primär in den Bedürfnissen nach Nahrung, Wohnung und Kleidung. Am besten sind die Bedürfnisse durch Arbeitsteilung zu befriedigen; die Arbeitsteilung erleichtert in einer noch so kleinen Polis – die auf die Befriedigung der notwendigen Bedürfnisse ausgerichtete Polis besteht aus vier oder fünf Gewerbetreibenden und deren Familien – das Zusammenleben mehr, als wenn jeder selbst für Nahrung, Wohnung und Kleidung sorgte. Der Mensch ist also auf Grund der fehlenden Autarkie auf die Gemeinschaft angewiesen; die Polis wird zweckmäßig eingerichtet nach dem Prinzip der Arbeitsteilung: Jeder wird seine Arbeit besser verrichten, wenn er nur eine Tätigkeit auszuüben braucht, wenn er nicht vielgeschäftig sein muß, zumal jeder von Natur aus verschiedene Anlagen hat und sich nicht in gleichem Maße für jede Arbeit eignet. Hieraus folgt, daß die Urgemeinschaft, bestehend aus Landwirt, Baumeister, Weber, Schuhmacher und vielleicht sonst noch jemandem, erweitert wird durch das Hinzukommen anderer Handwerker; auch Kaufleute, die Waren importieren und exportieren, sind erforderlich, woraus weiterhin die Notwendigkeit erwächst, den einfachen Tauschhandel zu beseitigen und den Geldverkehr in der Polis zu gestatten. Diese Polis, in welcher nur die notwendigen Begierden nach Nahrung, Wohnung und Kleidung befriedigt werden, ist der Staat der Bauern, Hirten, Handwerker, Tagelöhner, Händler und Seefahrer. Ordnungsprinzip der Polis ist die Arbeitsteilung und die mit ihr verbundene Spezialisierung. Das Problem von Herrschaft und Knechtschaft gibt es in dieser Polis nicht, weil keine Herrschaft in der primitiven Polis besteht. Privateigentum ist gestattet; da jeder es in ausreichendem Maße besitzt, ergeben sich auch diesbezüglich keine Probleme. So scheint es sich bei dieser primitiven Polis um ein glückliches und auch gerechtes Gemeinwesen zu handeln; gerecht ist die Polis insofern, als jeder das Seine tut und nicht vielgeschäftig ist, wenngleich diese Gerechtigkeit in der primitiven Polis eine naturhaft-unreflektierte ist: Ein Wissen von der Gerechtigkeit ist noch nicht vorhanden.

Demzufolge ist mit der Darstellung der primitiven Polis die Frage nach der Gerechtigkeit nicht beantwortet. Wo sich die Gerechtigkeit und die Ungerechtigkeit in dieser Polis befinden, ist nicht zu erkennen, es sei denn, die Gerechtigkeit bestünde in der gegenseitigen Bedarfsbefriedigung der Angehörigen einer solchen Polis: Jeder tut das Seine, aber ohne das Wissen, durch welches „das Seine tun“ erst zur Gerechtigkeit werden kann. Weil aber jeder das Seine tut, ist diese Polis eine echte, wahre und gleichsam gesunde Polis (372 e, 373 b). Überdies ist in ihr die Vorform des gerechten Staates zu sehen, was aber nicht bedeutet, daß Platon in dieser primitiven Polis jemals eine erstrebenswerte Form menschlichen Zusammenlebens gesehen hätte. Eine Polis von Schweinen (372 d) würde wohl ähnlich beschaffen sein wie die gesunde Polis; die ausschließliche Befriedigung der primären menschlichen Bedürfnisse schafft noch keine menschliche Polis. In einer solchen Polis werden nur die animalischen Bedürfnisse gestillt, während Künste und Wissenschaften sich gar nicht entfalten können. Die primitive, aber gesunde Polis muß erweitert werden. Alle Berufe müssen in ihr entstehen, die nicht mehr ausschließlich der Befriedigung der notwendigen Bedürfnisse dienen, so daß aus der gesunden, primitiven Polis ein kulturell und zivilisatorisch hochstehendes Gemeinwesen entsteht, das sich aber alsbald als üppig (372 e), aufgedunsen oder entzündet (372 e) erweist. In der ursprünglichen, herrschaftslosen Polis setzt sich der Trieb nach unbegrenztem Erwerb von Hab und Gut durch und überschreitet die Grenzen des Notwendigen, was wiederum zur Folge hat, daß nunmehr der Krieg entsteht, weil das Gebiet der Polis ständig erweitert werden muß. Die Befriedigung der sogenannten nicht notwendigen Bedürfnisse zieht die Ungerechtigkeit nach sich. Aber die üppige und entzündete Polis ist nicht gänzlich krank, sie enthält auch Bestandteile der gesunden Polis. Bei der Auswahl der nunmehr erforderlichen Wächter (Soldaten) offenbart sich das Prinzip, daß jeder das Seine tun müsse. Der Stand der Soldaten oder der Wächter wird abgesondert von den anderen Berufsgruppen, damit das Prinzip „das Seine tun" erhalten bleibe. Ungerechtigkeit und Gerechtigkeit durchdringen einander in der üppigen Polis. Die Wächter müssen die Eigenschaften besitzen, die verbunden mit dem erst im Philosophenstaat gegebenen Wissen zu Tüchtigkeiten werden: Mut und Lernbegierde, womit sich sofort das Problem stellt, wie die Wächter zu erziehen seien im Hinblick auf die noch zu bestimmende Gerechtigkeit.

Den Ausgangspunkt bildet folgende Überlegung. In jedem Menschen besteht der Anlage nach etwas Mutiges, etwas also, das in der Polis dem Wächterstand entspricht. Dieses Mutige muß gebildet und erzogen werden, und zwar durch eine rechte Mischung gymnastischer und musischer Bildung, damit die Anlagen, welche die Auswahl der Wächter bestimmen, nämlich Mut und Lernbegierde, in ein harmonisches Verhältnis gebracht werden. Die Erörterung der Erziehung und Bildung der Wächter beginnt mit dem musischen Unterricht (Literatur, Musik). Der Unterricht erfolgt durch logoi (Worte). Von den logoi gibt es zwei Arten, die täuschenden und die wahren. Von den wahren logoi kann erst am Schluß der gesamten Bildung und Erziehung gehandelt werden, wenn das wirklich Seiende erkannt ist; demzufolge werden zunächst die täuschenden logoi erörtert. Die wenigen guten Bestandteile dieser logoi sind beizubehalten, die schlechten sind zu verwerfen.

Hinsichtlich der Götterdarstellungen haben folgende Grundsätze zu gelten: 1. Wie der Gott ist, so muß er auch dargestellt werden. Da die Götter gut sind, müssen sie auch als gute auftreten, gleich ob es in einem Epos, in einem Lied oder in einer Tragödie geschieht. Die Gutheit der Götter bedingt, daß sie nicht Ursache des Bösen und Schlechten, sondern nur des Guten sind. 2. Aufgrund ihrer Gutheit und Vollkommenheit nehmen die Götter nicht wie Betrüger verschiedene Gestalten an. Alle logoi, die gegen diese Grundsätze verstoßen, sind aus der Erziehung und Bildung der Wächter zu eliminieren.

Was die Darstellung menschlicher Schicksale betrifft, so ist die nachahmende Dichtung zu verwerfen, weil sie den Anschein erweckt, viele Ungerechte seien glücklich, viele Gerechte seien unglücklich und Unrechttun sei nützlich, wenn es nur nicht entdeckt werde, die Gerechtigkeit jedoch sei ein Gut für andere, für uns selbst aber nur ein Nachteil (392 b). In die Polis dürfen nur Loblieder auf die Guten und Preislieder der Götter aufgenommen werden (607 a), weil nur sie Mut und Sanftmut der Wächter in ein harmonisches Verhältnis bringen können.

Entsprechendes gilt für die Ausbildung in der Musik. Bestimmte Harmonien und Rhythmen sind als ungeeignet auszuschließen. Die Wächter dürfen nur mit solchen Harmonien und Rhythmen vertraut gemacht werden, durch welche ihre Anlagen in das rechte Verhältnis gebracht werden. Zweck jeder musischen Ausbildung ist die Herbeiführung der Seelenharmonie. Nur wer die Seelenharmonie besitzt, kann zur Erkenntnis des wirklich Seienden aufsteigen. So ist die musische Bildung eine notwendige Vorstufe der philosophischen Bildung. Alle musische Bildung muß enden in der Liebe zum Schönen (403 c). Und nur der in richtiger Weise musisch Ausgebildete liebt das Schöne besonnen, womit die Erosdiskussion des Symposion und des Phaidros anklingt. Der Eros führt zu dem an ihm selbst Schönen. Er ist auch auf der Stufe der musischen Erziehung gegenwärtig.

Mit der musischen Ausbildung der Wächter steht in engstem Zusammenhang die Ausbildung in der Gymnastik. Entgegen der landläufigen Auffassung hat die Gymnastik nicht die Gesundheit des Körpers und die musische Ausbildung nicht die der Seele zu bewirken, sondern beide, die musische und die gymnastische Bildung, sollen die Anlagen zum Mut und zur Weisheitsliebe ausprägen; denn ein tüchtiger Leib macht durch seine Tüchtigkeit nicht auch die Seele gut, sondern es verhält sich umgekehrt, nämlich so, daß eine rechtschaffene Seele durch ihre Tüchtigkeit dem Leib die denkbar beste Ausbildung vermittelt. Ein Übermaß an Gymnastik oder an musischer Bildung macht den Menschen entweder zu hart oder zu weich. Nur die rechte Mischung beider Künste stellt die rechte Seelenharmonie her.

Aus dem Stand der Wächter werden durch fortwährende Prüfungen die Regenten als die vollkommenen Wächter ausgesondert, die bisher so genannten Wächter sind deren Helfer. Die Regenten müssen älter sein als die anderen, sie müssen die Tüchtigsten sein, d. h. sie müssen am meisten Verstand und Bereitschaft besitzen, sich für die Polis einzusetzen, und sie dürfen diese Bereitschaft nie aufgeben, was durch Prüfungen festgestellt werden muß. Oberstes Prinzip für das Leben der Wächter und Helfer ist strengste Einfachheit. Jede Art von persönlichem Eigentum ist ihnen verboten (416 d ff.); denn das Privateigentum ist die Quelle der Ungleichheit, des Neides und des Streites in einer Polis. Deshalb muß es denen verboten sein, Eigentum zu erwerben oder zu besitzen, die Waffen tragen: die Regierenden und ihre Helfer dürfen weder Geld noch private Wohnungen besitzen, Frauen und Kinder müssen ihnen gemeinsam gehören. Andererseits kommt keine Polis ohne Vermögen aus. Dieses Vermögen aber muß in den Händen derer sein, die damit umgehen können, die sich auf die Erwerbskunst verstehen. Ihnen ist in bestimmten Grenzen Privateigentum gestattet. Primär haben aber diese Leute für den wirtschaftlichen Bestand der Polis zu sorgen.

So bestehen in der Polis nunmehr drei Stände: Die Regierenden, ihre Helfer und die Arbeiter, Bauern und Gewerbetreibenden. Die drei Stände der Polis sind keine Kasten; da alle Menschen ihrer Herkunft nach gleich, ihren Anlagen nach aber verschieden sind, ist jeder entsprechend seinen Anlagen einem der drei Stände zuzuweisen; denn die Polis kann nur bestehen bleiben, wenn die Grenzen zwischen den Ständen durchlässig sind. So führte die Frage nach der Erziehung und Ausbildung der Berufssoldaten zu einer Reinigung der üppigen, aufgedunsenen Polis; aus der kranken Polis wurde wieder eine gesunde Polis, die im Gegensatz zur primitiven Polis Rücksicht auf die nicht notwendigen Begierden nimmt, wenn auch nicht in uneingeschränkter Weise. In ihr bestehen drei Stände, die jeder ihre besondere Aufgabe verrichten. Der gereinigte Staat enthält Bestandteile der primitiven Polis und der entzündeten Polis, nämlich die Arbeiter, Bauern und Händler der primitiven Polis, die Berufssoldaten der kranken Polis, aber erzogen nach platonischen Grundsätzen; und schließlich enthält er die durch einen zugleich mit der Reinigung erfolgten Selektionsprozeß instituierten vollkommenen Wächter, die Regenten. Die Wächterpolis darf nicht zu groß sein, weil dann ihre Einheit gefährdet wäre; sie darf aber auch nicht zu klein sein, weil sich dann die Gefahr ergäbe, daß jeder alles und nicht nur das Seine tut. Außerdem wird bei einem zu kleinen Staat die Nachwuchsfrage problematisch. Wahrung der Einheit des Staates, Verhütung von Armut und Reichtum und Verteidigung im Krieg sind die Hauptaufgaben der beiden oberen Stände; der dritte Stand sorgt für die wirtschaftliche Erhaltung des Staates. Bemerkenswert ist, daß es in dieser Polis zwar Herrschaft, aber keine Knechtschaft gibt. Die drei Stände verrichten jeder ihre besonderen Aufgaben in Freiheit und tragen somit zum Erhalt des Ganzen bei.

Besteht Gerechtigkeit in dieser Polis? Diese Frage ist jetzt legitim, denn die gereinigte, anscheinend gute Polis ist in Worten gegründet. Zu beachten ist, daß es sich um den Wächterstaat und noch nicht um den Philosophenstaat handelt. Wie also kann die Gerechtigkeit in diesem Staat gefunden werden? Eine richtig gegründete Polis ist, so läßt sich vermuten, vollkommen gut (427 e). Mit dieser Auskunft wird freilich ein neues Problem geschaffen: Was ist gut? Dem wird aber jetzt nicht nachgegangen, sondern es wird einstweilen so getan, als sei bekannt, worin das vollkommen Gute besteht. Eine vollkommen gute Polis ist ganz offensichtlich weise, tapfer, besonnen, gerecht (427 e). Das Gutsein besteht also darin, weise, tapfer, besonnen, gerecht zu sein. Wenn bekannt ist, was Weisheit, Tapferkeit und Besonnenheit sind, kann bestimmt werden, was Gerechtigkeit ist. Die Erörterung von Weisheit, Tapferkeit, Besonnenheit und Gerechtigkeit erfolgt also in der Art einer Gleichung mit einer Unbekannten, wobei Gerechtigkeit die zu bestimmende Unbekannte ist. Daß diese mathematische Methode, mit deren Hilfe die Gerechtigkeit zu bestimmen versucht wird, nicht zum Ziel führen kann, weiß Platon sehr gut; vgl. 435 d: „Aufgrund solcher Methoden, wie wir sie jetzt bei unseren Unterredungen anwenden, werden wir die Sache niemals genau erfassen, denn ein umständlicherer und längerer Weg führt dorthin.“ Der umständlichere und längere Weg ist der Aufstieg zum Seienden. Wer das Seiende nicht kennt, kann auch die Gerechtigkeit nicht exakt bestimmen; und da der gerechte Staat der gute Staat ist, kann nur von der Seinslehre her die Frage nach dem guten und gerechten Staat beantwortet werden. Hinsichtlich des Wächterstaates kann die Frage nach der Gerechtigkeit nur unvollkommen mit Hilfe einer inadäquaten Methode beantwortet werden. Der Wächterstaat ist ein vorläufiges Gebilde, eine in der platonischen Konstruktion notwendige Vorstufe des Philosophenstaates.

b) Die aretai des Staates

α) Die Weisheit (Politeia 428 a – 429 a)

Die Weisheit, der sich die Untersuchung zuerst zuwendet, wird in 428 b als Wohlberatenheit bestimmt: „Die Polis ist weise, denn sie ist wohlberaten." Als Wohlberatenheit ist die Weisheit ein Wissen (428 b): „Durch Wissen ist man wohlberaten." Zu fragen ist, auf welchem Wissen die Wohlberatenheit beruht. Nicht auf dem Wissen, das Handwerker oder Geschäftsleute von ihrem Fach haben, beruht sie, sondern auf einem Wissen, aufgrund dessen die Polis nicht über eine einzelne Angelegenheit, sondern über sich selbst als Ganzes berät, auf welche Weise sie in ihrem Verhalten nach innen und nach außen zu anderen Poleis am besten verfährt (428 c d). Dieses Wissen ist das Wissen, das die Wächter, und zwar die vollkommenen Wächter, die Regenten, besitzen. Durch den zahlenmäßig kleinsten Teil der Polis und deren Wissen ist die Polis weise (428 e). Auf der Stufe der Wächterpolis ist die Weisheit das auf die Praxis bezogene Wissen von dem, was der Polis nach innen und nach außen hin zuträglich ist und sie fördert. Erst auf der Stufe der Philosophenpolis kann die Weisheit bestimmt werden als das Wissen von dem, was in Wirklichkeit ist. Die abschließende Bemerkung des Sokrates (429 a): „So haben wir denn, ich weiß nicht auf welche Weise, von den vieren dieses eine gefunden", mag darauf hinweisen, daß die Bestimmung der Weisheit hier noch eine vorläufige ist. Primär scheint diese Bemerkung aber auf etwas anderes hinzudeuten: Die Weisheit wird unvermittelt mit der Wohlberatenheit identifiziert; daß Wohlberatenheit ein Wissen besonderer Art voraussetzt, ist einsichtig. Auf diese Methode, fast ohne Argumentation etwas zu finden, dürfte das „ich weiß nicht wie" sich beziehen.

β) Die Tapferkeit (Politeia 429 a – 430 c)

Die Tapferkeit wird eingeschränkt auf den Kreis der Helfer (429 b). Tapfer und feige wird eine Polis im Hinblick auf ihr Heer genannt, was wiederum eine vorläufige Auskunft ist. Ist denn jeder, der nicht dem Berufsheer angehört, nicht tapfer? Aber der einzelne interessiert hier nicht, sondern der Ständestaat. Die Tapferkeit ist ein Festhalten, ein Bewahren der Meinung über das Furchtbare (429 b c), „als was und von welcher Art es der Gesetzgeber in der Erziehung festlegte“. Das ist eine Bestimmung der Tapferkeit, die der Gesprächspartner zuerst nicht versteht; sie wird daher im folgenden erläutert: Die Tapferkeit ist ein Festhalten an der richtigen Meinung über das Furchtbare, ein Festhalten, das auch nicht durch die Affekte beeinträchtigt wird. Tapferkeit ist eine Art Wissen, aber dieses „Wissen“ ist Meinung, wenn auch richtige Meinung. Die Helfer, deren Stand nicht die arete der Weisheit besitzt, können kein Wissen der Tapferkeit haben. Die Tapferkeit geht jedoch nicht in der wahren Meinung auf. Als Festhalten oder Bewahren der wahren Meinung über das Zu-Fürchtende erweist sie sich außerdem als Beharrlichkeit. Richtige Meinung über das Zu-Fürchtende, die ohne planmäßige Erziehung entstanden ist, ist nicht Tapferkeit, sondern eine Art Instinkt wie bei Tieren und Sklaven (gemeint sind die Sklaven in den bestehenden Poleis, in der Wächterpolis und in der Philosophenpolis gibt es keine Sklaven). Zwar ist die Tapferkeit der Helfer nicht auf wirkliche Einsicht gegründet, sondern auf wahre Meinung, die aber durch paideia vermittelt ist. Aufgrund der paideia unterscheidet sie sich von der naturhaften Tapferkeit, die diesen Namen nicht verdient.

γ) Die Besonnenheit (Politeia 430 d – 432 a)

Die Besonnenheit gleicht einer symphonia kai harmonia, einem Zusammenklingen und einer Harmonie, einem Gefüge. Sie ist (430 e) eine Ordnung und eine Überlegenheit über Lüste und Begierde, ein „Sich selbst überlegen sein“ (430 e ff.). In der Seele gibt es etwas, das von Natur besser und etwas, das von Natur schlechter ist. Schlechte Erziehung, schlechter Umgang fördern das Schlechte in der Seele und führen dazu, daß das Bessere in der Seele von dem Schlechteren überwältigt wird. Wie steht es diesbezüglich im Wächterstaat? Er ist insofern sich selbst überlegen, als in ihm das von Natur aus Bessere über das Schlechtere herrscht (eben darin besteht die Besonnenheit). Im Gegensatz zu Weisheit und Tapferkeit als Standestüchtigkeiten kommt die Besonnenheit jedem Stand zu. Sie ist die Einhelligkeit des von Natur besseren und des von Natur schlechteren Teils bezüglich der Frage, wer im Staat und in jedem einzelnen zu herrschen hat.

δ) Die Gerechtigkeit (Politeia 432 b – 434 c)

Entsprechend dem in 428 a eingeschlagenen Verfahren muß, da die drei Tüchtigkeiten Weisheit, Tapferkeit, Besonnenheit bekannt sind, die noch unbekannte Gerechtigkeit bestimmt werden können. „Wir haben schon lange davon gesprochen und es oft gehört, sind uns aber selbst dessen nicht bewußt geworden, daß wir gewissermaßen davon redeten." (432 e) Die Gerechtigkeit ist das, was von Anfang an die Konstruktion der Polis bestimmte, auch schon auf der Stufe der primitiven Polis, was in der üppigen Polis durchgehalten wurde, dort jedoch durch das ihm Entgegengesetzte eingeschränkt wurde und was anläßlich der Frage nach der Erziehung und Bildung der Wächter zur Reinigung der aufgedunsenen Polis führte: Das Prinzip, daß jeder das Seine tue, das sich als Prinzip der Arbeitsteilung offenbarte und zur Gliederung der Polis in drei Stände führte. Die anfängliche Forderung nach Arbeitsteilung wurde nicht willkürlich aufgestellt, sondern der Natur entsprechend. Arbeitsteilung findet sich in jeder Polis, die den menschlichen Anlagen entspricht. Auf der Stufe der gereinigten Polis finden wir nicht die naturhaft unreflektierte Gerechtigkeit wieder, sondern eine Gerechtigkeit, die durch paideia zustande gekommen ist. Der paideia ist zu verdanken, daß jeder Stand das Seine tut. Die Erkenntnis dessen, was in Wirklichkeit ist, ist jedoch in der Wächterpolis noch nicht gegeben. Dementsprechend sehen wir noch nicht, was Gerechtigkeit an ihr selbst ist, sondern betrachten ihre Auswirkungen: Wenn jeder das Seine tut und das auf irgendeine Art geschieht (433 b), verwirklicht sich die Gerechtigkeit.

Welche der genannten Tüchtigkeiten macht die Polis hauptsächlich zu einer guten? Ist es die Besonnenheit als Übereinstimmung der Regierenden und Regierten, die Tapferkeit als Kraft des festen Beharrens bei der gesetzesmäßigen Meinung über das, was zu fürchten ist und was nicht (433 c), ist es die Weisheit oder die Gerechtigkeit? Diese Frage wird entschieden, indem von der Rechtsprechung ausgegangen wird. Erstrebt wird, daß keiner sich etwas aneignet, was anderen gehört, und daß keinem etwas weggenommen wird, das ihm gehört. Hier zeigt sich: Die Gerechtigkeit besteht darin, daß jeder das Seine hat und das Seine tut. Die Ungerechtigkeit (434 a–c) dagegen besteht darin, daß dieses Prinzip verlassen wird. Das wird dargestellt am Beispiel der aufgehobenen Arbeitsteilung: Es kommt zur Vielgeschäftigkeit der drei Stände, in der Vielgeschäftigkeit besteht die Ungerechtigkeit. Die Gerechtigkeit ist es, die die Polis zu einer guten macht.

c) Die aretai des Menschen

Das Ergebnis muß angewendet werden auf die einzelnen Menschen; denn die Konstruktion der gerechten Polis war nur ein Hilfsmittel, die Gerechtigkeit jedes einzelnen Menschen aufzufinden und zu bestimmen. Wenn sich dasselbe Resultat zeigt, ist die Aufgabe gelöst. (Zu den vier aretai vgl. Symp. 196 d, Xenophon, Comm. 3, 9, 1–5).

435 a: Wenn die Gerechtigkeit der Polis dieselbe ist wie die eines jeden einzelnen, muß der Gliederung in drei Stände etwas ähnliches im Menschen entsprechen. Der Übergang von den drei Ständen im Staat zu dem, was ihnen im Menschen entspricht, ist konsequent. Weisheit, Tapferkeit, Besonnenheit, Gerechtigkeit können nur von den einzelnen Menschen her in die Polis gelangen. (Übrigens vertritt Platon die Auffassung, die geographische Lage beeinflusse die menschlichen Anlagen, vgl. auch Nomoi 747 c.) Hier ergibt sich folgende Frage (436 a b): Verrichten wir mit ein und demselben in uns jede Tätigkeit oder sind es drei, entsprechend der Dreizahl der Tätigkeitsarten? Die Frage wird präzisiert: Entweder

lernen wir mit einer Fähigkeit, sind mutig aufgrund einer anderen und begehren mit einer dritten, oder diese drei Tätigkeitsarten werden jeweils mit der gesamten Seele ausgeführt. Die Frage wird beantwortet durch Anwendung des Satzes vom ausgeschlossenen Widerspruch (436 b): „Offenbar wird dasselbe Entgegengesetztes nicht zugleich in derselben Bedeutung und in Bezug auf dasselbe tun oder erleiden wollen." Die Formulierung wird 436 e ergänzt: „Irgendetwas, das sich gleich bleibt, wird nicht zugleich im selben Sinne und in Bezug auf dasselbe Entgegengesetzes leiden, sein oder tun." Die Anwendung des Kontradiktionsprinzips auf die vorliegende Frage (437 b ff.) ergibt: Zusagen, absagen, etwas erstreben, etwas abweisen sind einander entgegengesetzt; gleichgültig ist, ob es sich hier um ein Tun oder Leiden handelt. Das wird angewendet auf das Begehren. Begehren bedeutet: Etwas bekommen wollen. Es ist also ein Zusagen; verwerfen, sich der Begierde widersetzen, ist das Gegenteil, ein Absagen, ein Verweigern. Es ist unmöglich, daß wir mit der ganzen Seele etwas zugleich in derselben Hinsicht erstreben und nicht erstreben. Also sind offenbar zwei Teile oder „Vermögen "der Seele anzusetzen. Der Widerstreit von Begehren und Widerstreben ist nur verständlich, wenn verschiedene Seelenteile angenommen werden, von denen jeder einem bestimmten Objektbereich zugeordnet ist. (Zum Problem „Seelenteile oder Seelenvermögen" vgl. oben S. 141.) Das wird in folgender Weise nachgewiesen:

Begehren richtet sich auf etwas, es gehört also zu dem Relativen. Wird das Begehren, zum Beispiel Begehren von Speise, rein für sich betrachtet, so richtet es sich auf Speise rein für sich genommen. Richtet es sich auf etwas Bestimmtes, so hat auch das Begehren selbst eine bestimmte Beschaffenheit. Nun betrachten wir das Begehren rein für sich. Das Begehren zu trinken richtet sich auf nichts anderes als auf Trank, gleich welcher Art er auch sei. Hierbei geschieht es bisweilen, daß, obwohl Gelegenheit zu trinken gegeben ist, wir doch nicht trinken (439 b c). Entsprechend dem Kontradiktionsprinzip kann nicht ein und dasselbe zugleich trinken wollen und sich dem Trinkenwollen widersetzen. Es muß also in der Seele etwas sein, das trinken will, und etwas, das sich diesem widersetzt. Das sich Widersetzende beruht auf Überlegung. Das Begehrende wird geweckt durch Affekte und Krankheiten. Der vernünftig denkende Seelenteil ist also verschieden von dem Begehrenden, dem unvernünftigen Seelenteil.

Wie steht es mit dem thymos, dem Seelenvermögen, mit dem wir uns ereifern? Ist es ein drittes in der Seele oder fällt es mit einem der beiden zusammen? Mit dem begehrenden Teil ist es nicht identisch, denn bisweilen liegt der thymos (Mut und Zorn) im Widerstreit mit den Begierden und stellt sich auf die Seite des vernünftig Denkenden. Ist der thymos zum vernünftig denkenden Teil zu rechnen, oder ist er von diesem verschieden? 440 d wird ein Hinweis auf die Regierenden und die Helfer in der Wächterpolis geboten, der 440 e weiter ausgeführt ist: Wie in der Polis drei Stände bestehen und die Helfer ein eigener Stand sind, so ist das thymoeides ein eigenes eidos oder meros in der Seele. Wenn es nicht durch schlechte Erziehung verdorben ist, ist es von Natur aus ein Helfer des vernünftig Denkenden.

Man kann Platon nicht den Vorwurf machen, er übertrage ohne sorgfältige Argumentation das von ihm konstruierte Dreiständeschema der Polis auf die menschliche Seele. Die drei Stände können nur deshalb in der Wächterpolis entstehen, weil es sich bei der Polis um ein Abbild der menschlichen Seele handelt. Wie die Menschen beschaffen sind, so ist die Polis beschaffen, umgekehrt gilt nicht das gleiche. Nicht in den Strukturen der Polis ist der Grund für die Strukturen innerhalb eines jeden Menschen zu erblicken, sondern die innermenschlichen Strukturen sind Grund für die Strukturen der Polis. Stimmen die Seelenteile so miteinander überein, wie sie ihrer Natur nach übereinstimmen sollen, dann überträgt sich das auf die Polis; die Gerechtigkeit der Menschen erzeugt den gerechten Staat. Dasselbe gilt für den ungerechten Menschen und die ungerechte Polis. Die Gerechtigkeit ist also bedingt durch Übereinstimmung der Seelenteile, die der Naturanlage des Menschen entspricht, die aber herzustellen ist und nicht von Natur aus gegeben ist. Das gleiche gilt für die Polis, die gerechte Polis ist herzustellen, es gibt sie noch nicht.

Die Frage nach den Tüchtigkeiten der Seelenteile ist nunmehr zu stellen (441 c). Weise ist der einzelne in der gleichen Weise und durch dasselbe wie die Polis. Eben das gilt auch für die Tapferkeit, die Besonnenheit und auch für die Gerechtigkeit. Gerechtigkeit kommt in der Polis dadurch zustande, daß jeder das Seine tut; wenn jeder Seelenteil das Seine tut, realisiert sich die Gerechtigkeit im Menschen. Wie bei den Ständen der Polis ist durch eine rechte Mischung von musischer und gymnastischer Bildung zu erreichen, daß die Seelenteile jeweils das Ihre tun. Durch diese paideia soll eine Harmonie zwischen den Anlagen herbeigeführt werden. Der vernünftige Seelenteil ist durch vortreffliche Reden und Lehren zu spannen, der mutige Seelenteil ist zu entspannen, zu besänftigen durch Harmonie und Rhythmus. Was den dritten Seelenteil betrifft, so gibt es für ihn keine eigentliche Ausbildung; denn sie würde nur dazu führen, daß die Begierden erstarken. Es bleibt nur die Möglichkeit, die Begierden durch logos und thymos zu regieren. Nur dann wird der begehrende Seelenteil das Seine tun, d. h. mit den anderen Seelenteilen darin übereinstimmen, daß der vernünftige Teil zu herrschen hat. Das Ergebnis dieses Bildungsprozesses hinsichtlich der arete der Seele ist: Der vernünftige Seelenteil besitzt das Wissen von dem, was einem jeden Seelenteil und der Gesamtheit der Seelenteile zuträglich ist. Aufgrund dieses Wissens ist die Seele weise. Die Tapferkeit wird ebenso bestimmt wie die Tapferkeit der Polis: Sie ist ein Festhalten an dem, was durch die Vernunft als gefährlich und als nicht gefährlich ausgegeben wird. Die Besonnenheit ist die Übereinstimmung der Seelenteile hinsichtlich der Frage, wer zu herrschen und wer zu gehorchen hat. Zu regieren hat der vernünftige Seelenteil, zu gehorchen haben das thymoeides und das epithymetikon. Die Gerechtigkeit ergibt sich hieraus mit Notwendigkeit: Jeder Seelenteil tut das Seine und ist nicht vielgeschäftig. Die Gerechtigkeit ist eine Ordnung der Seele; gerecht ist eine Handlung, die dieser Seelenharmonie, dieser Seelenordnung, entspricht.

d) Die Ungerechtigkeit und die Herstellung der Gerechtigkeit (444 b – 445 e)

Die Ungerechtigkeit wird bestimmt von ihrem Gegenteil, der Gerechtigkeit. Besteht die Gerechtigkeit darin, daß jeder Seelenteil das Seine tut und die drei Teile darin übereinstimmen, daß dem vernünftigen Seelenteil die Herrschaft zukommt, so besteht die Ungerechtigkeit in dem Aufruhr oder in dem Zwiespalt, in der Vielgeschäftigkeit, die alles mögliche zu betreiben sucht, in dem Aufstand eines Seelenteils gegen das Ganze der Seele, um in ihr die Herrschaft zu erlangen, obschon ihm von Natur aus, d. h. seiner natürlichen Beschaffenheit nach, die Herrschaft in der Seele nicht gebührt. Aufgrund der Überlegungen bezüglich der Gerechtigkeit und Ungerechtigkeit ergibt sich: Die Gerechtigkeit ist die den natürlichen Anlagen entsprechende Ausformung des vernünftigen und des mutigen Seelenteils, die den begehrenden Seelenteil unter ihre Leitung nehmen. Gerechtigkeit ist Gesundheit der Seele, Ungerechtigkeit ist Krankheit der Seele. Wie eine gesunde Lebensweise Gesundheit bewirkt, so bewirkt gerechtes Handeln Gerechtigkeit. Vom Gegenteil gilt Entsprechendes.

Wie aber kann die Gerechtigkeit hergestellt werden? Analog zur Gesundheit, die in der Weise hergestellt wird, daß die Organe des Körpers naturgemäß herrschen und voneinander beherrscht werden, besteht gerechtes Handeln darin, die Seelenteile dazu zu bringen, daß sie naturgemäß herrschen und beherrscht werden. Gerechtes Handeln bringt also die Gerechtigkeit hervor, was ein langwieriger Prozeß ist. Der vernünftig denkende Seelenteil muß zu einer Höchstform ausgebildet werden. Ähnliches gilt für den mutigen Seelenteil, wobei hinzukommt, daß dem thymoeides die besonnene Beharrlichkeit, das Festhalten an der richtigen, durch paideia vermittelten Meinung über das Furchtbare anerzogen werden muß und daß es durch eine rechte Mischung von musischer und gymnastischer Bildung befördert wird. Die Begierden sind unter die Herrschaft der Vernunft zu nehmen, was besonders schwierig ist. Das alles können die Menschen und die Polis nicht, ohne daß jemand ihr Lehrmeister ist. Wer ist es? Wenn die Gerechtigkeit als Gesundheit der Seele eine

Übereinstimmung der Seelenteile miteinander ist, dann bedeutet das, daß diese Gesundheit der Seele ständig vor der Krankheit der Ungerechtigkeit bewahrt werden muß. Wer also die Menschen und die Poleis zu Gerechten macht, hat zugleich die Aufgabe, stets dafür zu sorgen, daß die Gerechtigkeit erhalten bleibt.

e) Der Philosophenstaat (Politeia 449 a – 541 b)

Wenn wir jetzt fragen, was die Bedingung der Möglichkeit von Gerechtigkeit ist und worin der Fehler liegt, daß die bestehenden Poleis samt und sonders schlecht sind, die einen mehr, die anderen weniger, und welche möglichst geringe Veränderung die Polis zu einer guten machen kann, so lautet Platons Antwort (473 c d): „Wenn nicht entweder die Philosophen Könige werden in den Poleis oder die heutigen sogenannten Könige und Gewalthaber sich aufrichtig und gründlich mit Philosophie befassen und dies beides in eines zusammenfällt, politische Macht und Philosophie, und wenn nicht die vielen Naturen derer, die jetzt ausschließlich eines der beiden Ziele verfolgen, zwangsweise ausgeschlossen werden, gibt es ... kein Ende des Unheils für die Poleis ... und auch nicht für die einzelnen Menschen." Erst wenn die Philosophen Könige werden oder die Könige Philosophen, wird die beste Politeia Wirklichkeit werden, früher niemals. Was ist ein Philosoph? Ein Philosoph liebt, wie es das Wort sagt, die Weisheit. Der Liebende liebt das Geliebte ganz. Der Philosoph liebt die Weisheit ganz, er ist die Wahrheit zu schauen begierig (475 e), wendet sich dem Schönen selbst zu und schaut es rein für sich. Was damit gesagt sein soll, wird erklärt durch folgende Überlegung (476 e ff.): Dem Wissen, dem Nichtwissen und dem Meinen entsprechen das Seiende, das Nichtseiende und ein Mittleres zwischen Seiendem und Nichtseiendem, so wie das Meinen ein mittleres Vermögen zwischen Wissen und Nichtwissen ist (477 a). Das Mittlere zwischen Seiendem und Nichtseiendem ist das Werdende, das seiend und nichtseiend zugleich ist. Der Philosoph will das wahrhaft Seiende erkennen, er tendiert über die doxa und über das Werdende hinaus. Damit ist noch nicht begründet, daß die Philosophen Herrscher sein müssen. Indessen, die Philosophen, und nur sie, sind es, die das unveränderlich Seiende zu erkennen vermögen. Die Erkenntnis dessen, was ein jedes in Wirklichkeit ist, ist von größter Wichtigkeit für die Regelung der politischen Angelegenheiten; der Philosoph als der, welcher das Seiende erkennt, kann am besten über die Gesetze und Angelegenheiten der Polis wachen, irgendein Halb- oder Vollblinder vermag das nicht. Hinzu kommt, daß die philosophische Natur alle vortrefflichen Anlagen in harmonischem Verhältnis besitzen muß. Zur Vollendung gelangt sie durch paideia und den natürlichen Reifeprozeß.

Platons Forderung nach Philosophenkönigen war und ist vielfältigen Mißverständnissen ausgesetzt. Politeia 487c: Die Wirklichkeit erweise die Absurdität der platonischen Forderung; wer das ganze Leben mit der Philosophie verbringe, werde ein verdrehter, um nicht zu sagen ein grundverdorbener Mensch. Das ist der bekannte Vorwurf gegen die Philosophie aus dem Gorgias: Die besten Philosophen sind unbrauchbar für den Staatsdienst, die Polis kann mit den Philosophen nichts anfangen. Das ist richtig, läßt Platon den Sokrates sagen (487 d), Sterngucker und Schwätzer sind die Philosophen (488 e). Richtig ist an dem Vorwurf, daß in den bestehenden Poleis der Philosoph nutzlos ist. Er braucht zu seiner Betätigung eine andere Polis, eine Polis nämlich, die auf das wahrhaft Seiende bezogen ist. Überdies ist richtig, daß viele Philosophen grundverdorben sind (487 d, 489 d). Wenn eine philosophische Natur (492 a) nicht die ihr entsprechende paideia erhält, wird sie tatsächlich grundverdorben. – Was die Angriffe moderner Historiker und Soziologen betrifft, so sei verwiesen auf P. Friedländer, Platon Bd. 3, 2. Aufl. 1960, S. 444 Anm. 39.

Wie aber ist der Philosophenherrscher zu bilden und zu erziehen? Er kann nicht ausschließlich die Bildung der Wächter (in der Wächterpolis) durchlaufen. Was ist die dem Philosophenherrscher angemessene paideia? Sie scheint äußerst schwierig zu bestimmen zu sein. Die Philosophen müssen im Gegensatz zu den Herrschern der Wächterpolis ein nicht nur vorläufiges, sondern ein wirkliches Wissen besitzen. Worin besteht es? Höchster Gegenstand der philosophischen Belehrung ist das Gute. Was ist das Gute? Es ist weder Lust noch Reichtum noch Ehre. Es ist auch nicht die Gerechtigkeit oder eine der anderen Tüchtigkeiten. Es gibt noch etwas höheres als Gerechtigkeit. Der Philosophenherrscher muß eingeführt sein in die Lehre vom Seienden und vom Guten (vgl. oben S. 44).

Die wahre Ordnung kann sich nur dann in einer Polis durchsetzen, wenn ein Herrscher, dessen Seele selbst geordnet ist und die das Gute geschaut hat, die Ordnung der Polis aufprägt, was immer auf den Widerstand der in der Höhle der Unwissenheit Gefesselten stößt. Über die Verwirklichung der Philosophenpolis, auf die Platon wohl zeitweilig hoffte, gibt Politeia 592 b Aufschluß. Die entworfene Polis ist „vielleicht im Himmel aufgestellt als Vorbild für den, der sie sehen will und, wenn er sie sieht, sich dort ansiedeln will". Das soll nicht heißen, die entworfene Polis sei ein unverbindliches Phantasieprodukt. „Es macht keinen Unterschied, ob sie irgendwo ist oder sein wird. Der Philosoph wird leben entsprechend dem Vorbild und nach keinem anderen Vorbild." (592 b) So ist die Philosophenpolis das Vorbild einer jeden bestehenden Polis, die sich um Gerechtigkeit bemüht, und zugleich das Vorbild des philosophischen Lebens. Sie ist das Resultat philosophischer Erkenntnis, weil sie auf die Ideen ausgerichtet ist. Zugleich aber gehört sie der Welt des Werdens an und trägt dementsprechend den Kern des Verfalls in sich.

f) Der Zerfall

α) Die Timokratie (Politeia 545 c – 550 c)

Alles Entstandene ist vergänglich (546 a), auch die entstandene Philosophenpolis muß vergehen. Alles Entstandene unterliegt kosmischen Gesetzen, die ihren Ausdruck in komplizierten Zahlenverhältnissen finden (546 a ff.), der platonischen Zahl. Aufgabe des Philosophenherrschers ist es, auch die kosmischen Gesetze zu beobachten und die Zeugung nur zu gestatten, wenn die kosmische Konstellation günstig ist. Da es aber menschliche Kräfte übersteigt, den kosmischen Rhythmus genau zu kennen, werden die Philosophenherrscher einmal den günstigen Zeitpunkt der Zeugung nicht richtig festsetzen. Das Ergebnis sind Kinder mit nicht ganz vortrefflichen Anlagen, die nicht mehr den Anforderungen entsprechen, die an die Philosophenherrscher zu stellen sind. Werden sie zu Wächtern des Staates bestellt, was innerhalb der allgemeinen Depravation unvermeidlich ist, dann wird ein Zwist zwischen den Wächtern beginnen. Die vortrefflichen Wächter werden sich weiterhin der Tüchtigkeit und der alten Philosophenverfassung zuwenden, die weniger vortrefflichen suchen den Mangel in ihren Anlagen durch den Erwerb von Eigentum und Geld zu kompensieren. Das Ergebnis des Konfliktes ist ein Kompromiß. Der Kommunismus innerhalb des Wächterstandes wird beseitigt, Privatbesitz wird erlaubt, was wiederum zur Folge hat, daß der im Philosophenstaat freie dritte Stand versklavt wird, daß die Wächter selbst sich der Kriegführung und der Bewachung ihrer Sklaven zuwenden und ihre Herrschaft nicht mehr auf philosophische Einsicht, sondern auf Gewalt gründen. Die so entstandene Politeia ist ein Zwischenzustand zwischen der Königsherrschaft oder der Aristokratie der Philosophen einerseits und der Oligarchie andererseits. Mit der Philosophenverfassung hat sie einige Äußerlichkeiten noch gemeinsam: Respekt gegenüber der Regierung, die Wächter treiben keinen Ackerbau und kein Handwerk, sorgen für Gymnastik und militärische Manöver. Das Prinzip, jeder tue das Seine, wird in Äußerlichkeiten noch gewahrt. Aber die Regierenden und ihre Helfer sind geldgierig, wenn sie auch bemüht sind, das nicht merken zu lassen; für ihre Vergnügungen verwenden sie gern Geld, das ihnen nicht gehört, weil sie ihr eigenes nicht gern ausgeben möchten, schaffen sich Häuser an, in denen es nicht nach den Prinzipien der Tüchtigkeit zugeht, was sie mit der Oligarchie gemeinsam haben. Diese erste der entarteten Staatsformen hat aber auch etwas, das ihr eigentümlich ist und sie von der Oligarchie abhebt: Streitlust und Ehrsucht als Äußerungen des mutigen Seelenteils. Das berechtigt dazu, diese Herrschaftsform als Timokratie zu bezeichnen. Die Gerechtigkeit der Polis ist verschwunden, wenn sie auch noch in Äußerlichkeiten mehr dem Schein nach weiterbesteht: Nicht der Stand der Philosophen herrscht, der dem logistikon in der Seele entspricht, sondern der zweite Stand.

Der Zerfall geht mit logischer Notwendigkeit weiter. Mit der Abfolge der schlechten Verfassungen will Platon nicht ein historisches Gesetz aufstellen, sondern die logische Abfolge darlegen, die der historischen Entwicklung nicht immer entspricht. Wichtig ist, daß auch den entarteten Staatsverfassungen Charaktertypen entsprechen, und die logische Abfolge ist hauptsächlich eine Abfolge der Charaktertypen, vom mutigen Typus bis zum tyrannischen Typus. Mit der je entsprechenden Staatsform werden die Charaktertypen auseinander entwickelt, so daß der Schein einer historischen Abfolge entsteht. Der timokratische Mensch ist z. B. der Sohn eines tüchtigen Vaters aus dem alten Wächterstand. Der Vater verachtet den Wettstreit um Ehre und Vorteil, der in der Polis ausgebrochen ist. Er nimmt am öffentlichen Leben nicht teil und verzichtet auf eine Durchsetzung seiner Rechte. Daraus resultieren unerfreuliche familiäre Verhältnisse: Die Mutter stellt den Vater dem Sohn gegenüber als einen Versager dar, der Sohn solle es weiterbringen, und was sonst noch in dergleichen Situationen gesagt wird. Der Vater bemüht sich, den vernünftigen Seelenteil des Sohnes auszubilden oder ausbilden zu lassen, die andern sind bemüht, dessen begehrenden und mutigen Seelenteil stark werden zu lassen. Das Resultat ist, daß der mutige Seelenteil als Mittleres zwischen dem Vernünftigen und Begehrenden herrscht. Bei dieser Darstellung zeigt sich, daß Platon durchaus eine Einwirkung der politisch-gesellschaftlichen Verhältnisse auf den Charakter der Menschen akzeptiert. – Der timokratische Mensch ist gekennzeichnet durch Ehrgeiz und großes Selbstbewußtsein; er ist nicht sonderlich gebildet, ein schlechter Redner, hart gegen Sklaven, verachtet sie aber nicht, gegenüber Vorgesetzten ist er unterwürfig, seine Ansprüche gründet er nicht auf die Kunst, durch sein Wissen andere zu überzeugen, sondern auf

Gewalt. In seiner Jugend macht er sich wenig aus Geld, mit zunehmendem Alter wird das anders.

β) Die Oligarchie (Politeia 550 c – 555 b)

Die Oligarchie beruht auf der Vermögenseinschätzung. In ihr herrschen die Reichen, die Armen sind von der Regierung ausgeschlossen; nur wer ein Vermögen von bestimmter gesetzlich festgelegter Größe hat, kann an der Staatsregierung teilnehmen. Hierin liegt der Grundfehler der Oligarchie. Wenn nicht die Sachkenntnis, sondern der Reichtum entscheidend ist, ist es mit dem Staat übel bestellt. Die Folge hiervon ist, daß ein Staat der Armen und einer der Reichen in derselben Polis bestehen. Das Proletariat wird vermehrt durch die verarmten Reichen, die durch Verschwendung um ihr Vermögen gekommen sind. Außerdem lassen der Mangel an paideia und schlechte Ordnung Kriminelle entstehen. Bei der Darstellung der Entstehung des oligarchischen Menschen (der Sohn eines verarmten Vaters wirft sich auf den Gelderwerb und schafft es, durch zähe Sparsamkeit ein großes Vermögen zu erwerben, d. h. er macht den vernünftig denkenden und den mutigen Seelenteil zu Sklaven des begehrenden Seelenteils) zeigt sich wiederum sehr deutlich, daß Platon das Grundprinzip der Politeia durchhält: Die Polis ist das Abbild der menschlichen Seele. Demzufolge äußern sich in den verschiedenen politischen Kräften psychische Kräfte. Einerseits werden die politischen Verhältnisse durch die seelischen Strukturen der einzelnen Menschen bestimmt, andererseits aber gehen von den politischen Verhältnissen starke Einwirkungen auf die Seele eines jeden einzelnen aus. Charakteristisch für diesen wechselseitigen Einwirkungsprozeß ist die fortschreitende Auflösung der Seelenharmonie und der Harmonie in der Polis. Die Herrschaft geht vom logistikon über auf das thymoeides (Timokratie) und das epithymetikon (Oligarchie). In der Oligarchie und im oligarchischen Menschen herrschen die notwendigen Begierden vor, wenn auch ins Übermaß gesteigert. Der begehrende Seelenteil enthält aber noch ganz anders geartete Begierden in sich, die nur darauf warten, freigesetzt zu werden, die sogenannten nicht notwendigen Begierden, die luxuriösen und die kriminellen. Die Armen in der Oligarchie, die durch äußerste Not bedrängt sind und zu einem Teil durchaus vortreffliche Menschen sein mögen (555 d), kommen schließlich, wenn sie mit den Reichen näher zu tun haben, auf den Gedanken, es sei doch ein Leichtes, diese verwöhnten Menschen zu entmachten. Der Aufruhr bricht los. Entweder holen die Armen aus einer anderen Polis Verstärkung herbei, oder sie vermögen es selbst, die Reichen zu entmachten. Die Armen gelangen zum Sieg, töten einen Teil ihrer Gegner und verbannen einen anderen Teil, dann erhält jeder in gleichem Maße Anteil an der Verfassung; die Regierenden werden durch das Los bestimmt.

γ) Die Demokratie (Politeia 555 b – 562 a)

Hiermit scheint die klassenlose Gesellschaft eingerichtet zu sein, die uneingeschränkte Herrschaft des Volkes (Demokratie). Ihr wesentliches Merkmal ist Freiheit (557 b): Jeder kann tun und lassen, was er will; es können sich Gruppen der verschiedensten Art und der verschiedensten Zielsetzung bilden, so daß die Demokratie die schönste Verfassung zu sein scheint (557 c), ein bunter Flickenteppich, welcher der Pluralität der Gesellschaft adäquat Rechnung trägt, ein Warenhaus von Verfassungen (557 d), in dem jeder sich die Verfassung aussuchen kann, die er gerne haben möchte. Keiner braucht die Gesetze zu beachten, wenn er nicht will. „Wenn Krieg geführt wird, zwingt dich keiner, mit in den Krieg zu ziehen; du hast nicht Frieden zu halten, wenn es die andern tun, sofern du nicht selbst etwa ein Bedürfnis nach Frieden hast“ (557 e); wer zu irgendeiner Strafe verurteilt ist, braucht sich darum nicht zu kümmern (558 a). Verbunden mit alledem ist „die Nachsicht dieses Staates und seine Abweisung alles dessen, was ihm als Kleinigkeitskrämerei erscheint“ (558 b). Die Demokratie als buntscheckige und herrschaftslose Staatsverfassung verteilt „so etwas wie Gleichheit gleichmäßig an Gleiche und Ungleiche“ (558 c).

Kurz hingewiesen sei auf die Entstehung des demokratischen Menschen. Der Sohn eines reichen Oligarchen, der von seinen Eltern sehr kurz gehalten wird, kommt in Kontakt mit Luxus und Lust. Die luxuriösen Begierden erstarken und übernehmen die Herrschaft in der Seele. Er lebt dann so, „daß er Geld, Mühe und Zeit in gleicher Weise auf notwendige wie auf nicht notwendige Genüsse verschwendet" (561 a). Der sich jeweils einstellenden Begierde gibt er nach; bald führt er ein Leben in Saus und Braus, dann wiederum bevorzugt er eine asketische Lebensführung, tut bisweilen so, als beschäftigte er sich mit Philosophie, tritt auch als Politiker an die Öffentlichkeit und redet, was ihm gerade einfällt. „Weder Ordnung noch Pflichtzwang regelt sein Leben, sondern er lebt so in den Tag hinein bis an sein Ende und nennt das ein liebliches, freies und seliges Leben" (561 d), und aufgrund dieser seiner Lebensführung wird er von vielen Menschen bewundert.

Mit Notwendigkeit wird in der Demokratie die Freiheit jedes Maß verlieren (562 e). Wenn die Regierung nicht jede Freiheit gewährt und nicht allen Forderungen nachgibt, wird ihr vorgeworfen, sie sei keine demokratische, sondern eine oligarchische Regierung (562 d). Die Maßlosigkeit der Freiheit erstreckt sich auf alle Lebensbereiche: Die Eltern fürchten sich vor ihren Kindern, die Lehrer haben Angst vor den Schülern, die Alten ahmen die Jungen nach, kleiden sich wie sie, während die jungen Leute sich in Worten und Taten bemühen, den Alten den Rang abzulaufen. Sogar die Tiere auf der Straße benehmen sich in der Demokratie ungezwungener als anderswo.

Trotz der Freiheit und Gleichheit kommt es in der Demokratie auch wieder zu einer Art Ständestaat. Der Grund hierfür besteht in der schrankenlosen Freiheit. Den obersten Stand bilden die Nichtstuer und Verschwender (564 b); die rührigsten unter ihnen besorgen das Handeln und Reden, die anderen Nichtstuer bilden ihr Gefolge. Der zweite Stand besteht aus denen, die „von Natur am meisten mit Ordnungsliebe ausgestattet sind" (564 e), sie bringen es zu größtem Reichtum. Den dritten Stand bilden die Arbeiter, Handwerker und Gewerbetreibenden. Gemeint sind hiermit alle, die von der Handarbeit leben, mit Staatsgeschäften nichts zu tun haben und wenig besitzen. Bei ihnen handelt es sich um die zahlenmäßig stärkste Klasse, bei der zugleich in der Volksversammlung die Entscheidung liegt (565 a). Zwischen diesen Gruppen kommt es zwangsläufig zum Konflikt: Die Armen müssen besänftigt werden, die Reichen fürchten um ihr Vermögen (sie werden oligarchisch gesinnt); es kommt „zu öffentlichen Anklagen, gerichtlichen Untersuchungen und Prozessen" (565 c). In solchen Situationen pflegt das Volk immer einen an seine Spitze zu stellen und mit allen Vollmachten auszustatten. Dieser Volksführer ist es, der den Aufruhr gegen die besitzenden Klassen in der Demokratie herbeiführt (566 a). Wenn er die Herrschaft im Staat erlangt, wird er zunächst alles mögliche versprechen, Schuldenerlaß verfügen, Land verteilen und die Rolle des Serenissimus spielen.

δ) Die Tyrannis (Politeia 562 a – 576 b)

Hat sich der aus der Demokratie hervorgegangene Volksführer mit seinem äußeren Feinde versöhnt oder ihn vernichtet, wird er zunächst immer irgendwelche Kriege anzetteln, damit das Volk einen Anführer nötig hat (566 e), und auch deshalb, damit es durch hohe Steuern verarmt und gezwungen wird, sich ganz mit der Befriedigung des täglichen Lebensbedarfs zu befassen, damit es aus Sorge für den täglichen Bedarf gar nicht erst in die Lage kommt, sich gegen ihn aufzulehnen. Er wird zum Tyrannen, und er wird jeden fürchten müssen, der tapfer, einsichtig oder auch reich ist, und aus Furcht wird er sie alle beseitigen. Der ständig wachsende Haß gegen den Tyrannen bedingt es, daß der Tyrann seine Leibwache immer verstärken und vergrößern muß, wobei er auf den Pöbel des eigenen Staates oder auch fremder Staaten zurückgreift. Eine gesetzliche Handhabe, sich des Tyrannen zu entledigen, hat das Volk nicht mehr: Die absolute Freiheit der Demokratie ist umgeschlagen in die absolute Sklaverei der offenen Tyrannis.

Dem tyrannischen Staat entspricht der tyrannische Mensch. Soviel nämlich auch im vorangehenden von einem einzelnen, dem Tyrannen, die Rede war, so wurde der tyrannisch gesinnte Mensch entsprechend den früheren Parallelen zwischen Staat und Individuum noch nicht erörtert. Es ist also zu unterscheiden zwischen einem regierenden Tyrannen und einem seiner Natur nach tyrannischen Menschen (vgl. 576 b u. 578 c); ein tyrannischer Mensch braucht noch nicht regierender Tyrann zu werden. Wird er es, so ist er das Beispiel des denkbar unglücklichsten Menschen (vgl. 579 c ff.). Zugleich ist er das größte Unheil für die Polis.

Platons Darstellung der Demokratie ist zweifellos beeinflußt durch die athenische Demokratie (vgl. W. Jäger, Paideia, Bd. 3, S. 70: „Man fühlt . . . auf Schritt und Tritt, daß es Platons eigene Erfahrungen in seiner Vaterstadt sind, die seinem Bilde die düstere und realistische, gelegentlich sarkastisch übertreibende Farbe geben").

g) Die Einteilung der Regierungsformen im Politikos

Ein von dem in der Politeia verschiedenes System möglicher Regierungsformen entwirft Platon im Politikos, und zugleich bewertet er in dieser Schrift die Demokratie anders als in der Politeia. Die Einteilungsprinzipien möglicher Regierungsformen sind 1. die Anzahl der Regierenden, 2. Freiwilligkeit – Gewalt, Armut – Reichtum, Gesetz – Gesetzlosigkeit (Politikos 291 c – 293 e). Gemäß der Anzahl der Regierenden ergeben sich drei Regierungsformen: Herrschaft eines Einzelnen, Herrschaft weniger, Herrschaft aller. Das zweite Einteilungsprinzip ermöglicht jeweils die Unterscheidung einer guten und einer schlechten Form. Die gute Form der Monarchie ist die Königsherrschaft, die schlechte Form die Tyrannis. Die gute Form der Herrschaft weniger Menschen ist die Aristokratie, die schlechte Form die Oligarchie. Die Herrschaft aller trägt immer den Namen Demokratie, gleich ob sie gut oder schlecht ist.

Wird nun gefragt, welche die beste Regierungsform unter den guten sei, so versagen die beiden Einteilungsprinzipien. Ist eine Regierungsform nicht auf Erkenntnis gegründet, so muß sie in jedem Falle zu einer schlechten werden. Daher kann die Demokratie nicht die beste Regierungsform sein, denn die Vernunfterkenntnis ist nie gleichermaßen bei der Gesamtheit der Menschen innerhalb einer Polis anzutreffen. Die beste Regierungsform ist daher bei einem oder bei wenigen Regierenden zu suchen. Für den wirklichen Staatsmann sind Einsicht und Gerechtigkeit Prinzipien jeden Handelns, und es ist vollkommen gleichgültig, ob die, welche die geforderte Einsicht und Gerechtigkeit besitzen, mit Zustimmung der Regierten herrschen oder nicht.

Weiterhin ist es gleichgültig, ob der wirkliche Staatsmann Einsicht und Gerechtigkeit in Übereinstimmung mit den positiven Gesetzen verwirklicht oder nicht. Damit ist keineswegs gesagt, daß der wirkliche Staatsmann in Willkür regiert. Er ist gebunden an die richtige Erkenntnis. In allen Staaten, in denen der wirkliche Staatsmann nicht die Regierung ausübt, ist strengste Befolgung des Gesetzes erforderlich, denn eine Regierung in Gesetzlosigkeit ist nur dann sinnvoll, wenn ein Höchstmaß von Einsicht gegeben ist. Wollten die Einsichtslosen sich anmaßen, in Gesetzlosigkeit zu regieren, so wäre das Ergebnis äußerstes Elend. Der wirkliche Staatsmann aber darf nicht durch positive Gesetze in seinen Handlungen beschränkt sein; und wenn er bisweilen gegen das Gesetz handelt, tut er es aus Einsicht. Er steht über dem Gesetz, er ist die Verkörperung des Vernunftgesetzes und steht somit oberhalb aller geschriebenen Gesetze, die unvollkommene Abbilder des Vernunftgesetzes sind. Was nun die Rangordnung der unvollkommenen Verfassungen betrifft, so ergibt sich, daß die Staaten, welche sich an die Gesetze halten, um so schlechter sind, je mehr Menschen die Regierung ausüben. Somit ergibt sich die Rangordnung Königsherrschaft, Aristokratie, Demokratie. Die Demokratie ist also, unter diesem Aspekt betrachtet, die schlechteste der guten Staatsformen.

Eine umgekehrte Reihenfolge ergibt sich bezüglich der gesetzlosen Verfassungen. Je mehr an der Regierung beteiligt sind, desto weniger schlecht sind diese. Hier ist also die Reihenfolge Demokratie, Oligarchie, Tyrannis. Die gesetzlose Demokratie ist die beste der gesetzlosen Verfassungen, und das deshalb, weil der Pluralismus der Demokratie verhindert, daß es zu der völligen Ausgestaltung der Ungerechtigkeiten kommt.

Eine andere Beurteilung der Staatsformen zeigt sich in der Politeia. In ihr geht Platon aus vom gerechten Staat und vom gerechten Menschen und beurteilt die anderen Staatsformen und Menschentypen nach ihrer Nähe und Ferne zum gerechten Staat und gerechten Menschen. Da die Verfassungen ihren Ursprung aus den im Staat herrschenden Sitten herleiten, die Sitten aber wiederum durch Anlage und paideia geformt werden, sind die schlechten Staatsformen das Spiegelbild einer Entartung von Anlage und paideia.

h) Die Kritik des Aristoteles an Platons Staatslehre

Aristoteles (Politika 1316 a 1 ff.) wendet gegen die Abfolge der Verfassungen, wie sie in der Politeia entwickelt wird, mehreres ein: 1. Schlechte Anlage und schlechte paideia sind nicht nur die Gründe dafür, daß der Philosophenstaat depraviert wird, sondern die Ursache für die Verschlechterung aller Staatsformen. Dann aber ist nach der eigentlichen Ursache zu suchen, die den Philosophenstaat auflöst. 2. Weshalb sollte der beste Staat zur Timokratie entarten? Oft schlagen die Verfassungen in ihr Gegenteil, nicht aber in die benachbarte um. 3. Bei der Tyrannis sagt Platon nicht, ob hier ein Umschwung möglich sei und in welche Staatsform und aus welcher Ursache. Nach Platon müßte der Umschwung von der Tyrannis in den Philosophenstaat erfolgen (was in den Nomoi konzediert wird: wenn ein Tyrann einen Sohn hat, der entsprechend begabt ist und richtig erzogen wird, ist ein solcher Umschwung möglich), da sich dann ein ununterbrochener Kreislauf ergäbe. Aber eine Tyrannis schlägt bisweilen in eine andere Tyrannis um, auch in eine Oligarchie oder in eine Demokratie.

Was Aristoteles hier an Kritik vorbringt, läßt sich in folgender Weise zusammenfassen: Platon berücksichtigt nicht hinreichend die historische Wirklichkeit. Vor allem weist er nicht die Kontinuität im Geschichtsablauf nach, welche aus der historischen Erfahrung ableitbar ist. Mit der Tyrannis ist nicht das Ende der Entwicklung gegeben, sondern aus der Tyrannis entsteht wieder etwas anderes. Dagegen ist vom platonischen Standpunkt darauf hinzuweisen, daß Platon keine Geschichte darstellen oder analysieren will. Platons Ziel der Ausführungen über den Wandel der Staatsformen ist eine philosophische Betrachtung der Staatsformen; sie werden gemessen an der besten Staatsform. Daß sich dabei nicht ein historisch getreues Bild des Verfassungsablaufs ergibt, weiß er selbst. Wenn er von der Verwirklichung seiner Staatskonzeption spricht, also von einem anderen Aspekt geleitet wird, scheint ihm in der Politeia (502 b) eine Monarchie der beste Ausgangspunkt zu sein: Wenn der Alleinherrscher die Reformen durchführen will und über einen Staat verfügt, der sich gegen die Reformen nicht wehrt, ist der Erfolg sicher. In den Nomoi (709 e f.) hält er die Herrschaft eines jungen, tüchtigen Tyrannen für den besten Ausgangspunkt der Reform. Der beste Staat ist nach den Nomoi eine Mischung aus Monarchie und Demokratie (693 d f.); denn nur in einer solchen Mischung sei Herrschaft der Vernunft, Freiheit und Freundschaft der Staatsangehörigen untereinander zu erreichen. Aber dort handelt es sich mehr um eine geschichtliche Betrachtung zu dem Zweck, aus ihr die Regeln für Bestand und Untergang der Staaten abzuleiten.

Die Vielfalt und der Gedankenreichtum der platonischen Schriften können in der vorliegenden kurzen Einführung auch nicht annähernd angedeutet werden. Damit der Anfänger – und für Anfänger ist unsere kleine Abhandlung geschrieben – mit einigen zentralen Themen platonischen Denkens vertraut wird, schien es uns ratsam, die Lehre von den Ideen, von der Seele und den Tüchtigkeiten darzulegen, wobei wir uns der hiermit verbundenen Problematik bewußt sind. Sehr leicht kann nämlich der Eindruck entstehen, Platons Philosophie beschränke sich auf die hier behandelte Themenstellung und sei ein in sich geschlossenes System; weder das eine noch das andere ist richtig.

Abkürzungsverzeichnis

AHDLM	Archives d'histoire doctrinale et littéraire du moyen âge
Arist.	Aristoteles
Diog. La.	Diogenes Laertios
Ed.	Edition
Ep.	Epistula
Fr.	Fragment
hrsg.	herausgegeben
Met.	Metaphysik
Phys.	Physik
S.	Seite
Sp.	Spalte
VS	Die Fragmente der Vorsokratiker, griechisch und deutsch von Hermann Diels, neunte Auflage herausgegeben von Walter Kranz, 3 Bände, Berlin 1959–1960; 12.–16. Aufl. Zürich 1972–1985

Verzeichnis der unter Platons Namen überlieferten Schriften

(in der Anordnung der Tetralogien)

Erste Tetralogie:

Euthyphron
Apologie des Sokrates
Kriton
Phaidon

Zweite Tetralogie:

Kratylos
Theaitetos
Sophistes
Politikos

Dritte Tetralogie:

Parmenides
Philebos
Symposion
Phaidros

Vierte Tetralogie:

Alkibiades I
Alkibiades II
Hipparchos
Erastai

Fünfte Tetralogie:

Theages
Charmides
Laches
Lysis

Sechste Tetralogie:

Euthydemos
Protagoras
Gorgias
Menon

Siebte Tetralogie:

Größerer Hippias
Kleinerer Hippias
Ion
Menexenos

Achte Tetralogie:

Kleitophon
Politeia
Timaios
Kritias

Neunte Tetralogie:

Minos
Nomoi (Gesetze)
Epinomis
Briefe

Definitionen

Schon in der Antike als unecht erkannte Schriften:

Über die Gerechtigkeit
Über die Tüchtigkeit
Demodokos
Sisyphos
Eryxias
Axiochos

Platons Werke werden zitiert nach der Ausgabe des Henricus Stephanus, Genf 1578, deren Seitenzahlen und Abschnittsbuchstaben den neueren kritischen Ausgaben beigegeben sind.

Bibliographie

I. Quellen

1. Ausgaben des griechischen Textes

Platonis opera quae exstant omnia ed. Henricus Stephanus. 3 Bände. Genf 1578. *Nach den Seitenzahlen und Abschnittsbuchstaben dieser Ausgabe, die den meisten neueren Editionen am Rande beigegeben sind, wird zitiert.*

Platonis opera recognovit brevique adnotatione critica instruxit Ioannes Burnet. 5 Bände. Oxford 1900 ff. *Burnets Ausgabe wurde mehrfach nachgedruckt, sie ist die heute am meisten benutzte Textausgabe.*

Platonis dialogi secundum Thrasylli tetralogias dispositi. Post C. F. Hermann recogn. M. Wohlrab. 6 Bände. Leipzig 1887 ff., Nachdruck Leipzig 1921–1936.

Der Platonismus in der Antike. Bde. 1–3, ed. H. Dörrie – M. Baltes. Stuttgart-Bad Cannstatt 1987, 1990, 1993.

Supplementum Platonicum. Die Texte der indirekten Platonüberlieferung. Bd. 1, ed. K. Gaiser. Stuttgart-Bad Cannstatt 1988.

Von den zweisprachigen Gesamtausgaben seien die griechisch-französische, die griechisch-englische und die griechisch-deutsche genannt:

Platon, Oeuvres complètes. Texte établi et traduit par E. Chambry, A. et M. Croiset, A. Diès (und anderen). 14 Bände. Paris 1920 ff. *Die mehrmals nachgedruckte Edition enthält zusätzlich zum Text und zur Übersetzung einen kritischen Apparat und Anmerkungen.*

Plato, with an English Translation. By H. N. Fowler. 12 Bände. London–New York 1914 ff. *Die recht brauchbare Studienausgabe bietet überdies einen kurzen Variantenapparat und Anmerkungen.*

Platon, Werke in acht Bänden, griechisch und deutsch. Darmstadt 1977, 2. Aufl. 1990. *Der griechische Text ist der griechisch-französischen Ausgabe entnommen, die Übersetzungen stammen von Schleiermacher und anderen.*

2. Texte der Vorsokratiker und Doxographen

Doxographi Graeci. Collegit recensuit prolegomenis indicibusque instruxit H. Diels. 4. Aufl. Berlin 1965.

Die Fragmente der Vorsokratiker. Griechisch und deutsch von H. Diels. 9. Aufl. hrsg. v. W. Kranz. Berlin 1960 (Bd. II und III: 1959), 12.–16. Aufl. Zürich 1972–1985.
Kirk, G. S. – Raven, J. E. – Schoefield, M., The Presocratic Philosophers. A Critical History with a Selection of Texts. 2. Aufl. Cambridge 1983.

3. Übersetzungen

Platons Werke, von F. Schleiermacher. Berlin 1804 ff. *Die am meisten verbreitete deutsche Übersetzung; sie wurde wiederholt verbessert nachgedruckt.*
Sämtliche Dialoge. Übersetzt und herausgegeben von O. Apelt in Verbindung mit C. Ritter, K. Hildebrandt und G. Schneider (Philosophische Bibliothek). Leipzig 1922, Hamburg 1988. *22 Einzelbände zusammengefaßt in 7 Bänden; Apelts Übersetzung enthält Einleitungen, Literaturübersichten, Anmerkungen, Register und einen Platon-Index als Gesamtregister. Neudrucke der Einzelbände auf der Grundlage der Apeltschen Ausgabe, einige Bände jetzt auch zweisprachig, in der Überarbeitung von mehreren Übersetzern; jetzt Hamburg.*
Sämtliche Werke hrsg. v. E. Loewenthal. 3 Bände. 8. Aufl. der Berliner Ausgabe von 1940. Heidelberg 1982. *Die Übersetzer sind F. Schleiermacher, F. Susemihl, L. Georgii und andere. Auch die schon von den antiken Herausgebern als unecht erkannten Schriften und die Epigramme sind in der Übersetzung enthalten.*
Sämtliche Werke. Nach der Übersetzung von F. Schleiermacher und H. Müller hrsg. v. W. F. Otto, E. Grassi, G. Plamböck (Rowohlts Klassiker der Literatur und der Wissenschaft). Hamburg 1957 ff. *Zum Teil überarbeitet und dem modernen Textverständnis angepaßt.*
Gesamtausgabe der Werke Platons. Eingel. v. G. Krüger und O. Gigon, übers. v. R. Rufener. Zürich – Stuttgart 1948 ff.
The Dialogues, Translated into English with Analyses and Introd. by R. Jowett, 4. ed. rev. under the editorship of D. J. Allan and H. E. Dale. 4 Bände. Oxford 1953. *Empfehlenswert.*

4. Lexika

Apelt, O., Platon-Index als Gesamtregister zu der Übersetzung in der Philosophischen Bibliothek. 2. Aufl. Leipzig 1923, Hamburg 1988.

Ast, F., Lexicon Platonicum sive vocum Platonicarum index. Unveränderter Nachdruck der Ausgabe von 1835–1838. Bonn 1956. *Asts Lexikon ist zwar revisionsbedürftig, aber immer noch unentbehrlich.*

des Places, E., Lexique de la langue philosophique et religieuse de Platon (Platon, Oeuvres complètes 14). Paris 1964.

Gigon, O. und Zimmermann, L., Platon: Lexikon der Namen und Begriffe. Zürich 1975.

Perls, H., Lexikon der platonischen Begriffe. Bern–München 1973.

Stockhammer, M., Plato-Dictionary. New York 1963.

Liddell – Scott – Jones, A Greek-English Lexicon. Oxford 1958.

Lexikon der Alten Welt, hrsg. v. C. Andresen, H. Erbse, O. Gigon, K. Schefold, K. F. Stroheker, E. Zinn. Zürich–Stuttgart 1965. *Auch als* dtv-Lexikon der Antike. München 1969 ff.

II. Literatur

1. Bibliographien

F. Ueberwegs Grundriß der Geschichte der Philosophie. 1. Teil: Die Philosophie des Altertums, hrsg. v. K. Praechter. 12. Aufl. Berlin 1926. *Wiederholt nachgedruckt. Eine Neubearbeitung ist seit längerer Zeit geplant. Die Ausgabe von 1926 enthält die Literatur bis etwa 1924.*

de Brie, G. A., Bibliographia philosophica 1934–1945. 1. Bibliographia historiae philosophiae. Utrecht 1950.

Totok, W., Handbuch der Geschichte der Philosophie. 1. Altertum. Frankfurt a. M. 1964. *Totoks Handbuch umfaßt Publikationen von 1920 bis 1961; die Literatur des Jahres 1962 wurde, soweit sie noch erreichbar war, berücksichtigt; das Werk ist eine wertvolle Weiterführung des bibliographischen Anhangs in Ueberwegs Grundriß.*

L'Année philologique. Bibliographie des années 1924 sqq. Paris 1928 ff.

Répertoire bibliographieque. Louvain 1934 ff. *Beilage der* Revue néoscolastique *bzw.* Revue philosophique de Louvain *und der* Tijdschrift voor Filosofie; *sie ist heute die umfassendste laufende Bibliographie zur Philosophie und vermerkt auch Rezensionen.*

Brisson, L., Platon 1958–1975, in: Lustrum 20 (1977) S. 3–304.

Brisson, L. – Joannidi, H., Platon 1975–1980, in: Lustrum 25 (1983) S. 31–320.

–, Platon 1980–1985, in: Lustrum 30 (1988) S. 11–294.
Cherniss, H. F., Plato (1950–1957), in: Lustrum 4 (1959) S. 5–309; 5 (1960) S. 321–648. *Umfassende Übersicht über die Platonliteratur von 1950 bis 1957.*
Gigon, O., Platon (Bibliographische Einführungen in das Studium der Philosophie 12). Bern 1950. *Für Anfänger sehr geeignet.*
Manasse, E., Bücher über Platon. Philosophische Rundschau, Beihefte 1, 2, 7. Tübingen 1957, 1961, 1976.
Sciacca, M. F., Platone (Guide bibliografiche, vol. 2: Filosofia, 5). Milano 1945.

2. Zur Einführung in die platonische Philosophie seien empfohlen:

Bröcker, W., Platos Gespräche, 2. Aufl. Frankfurt a. M. 1967.
Field, G. C., Die Philosophie Platons. Übers. v. M. Soreth. Zürich–Stuttgart 1951.
Findlay, J. N., Plato und der Platonismus. Eine Einführung. Königstein/Ts. 1981.
Friedländer, P., Platon. I und II: 3. Aufl. Berlin 1964, III: 2. Aufl. 1960, 3. Aufl. 1975.
Gauss, H., Philosophischer Handkommentar zu den Dialogen Platons. Bern 1952–1967.
Hoffmann, E., Platon. Zürich 1950, Neuaufl. 1961.
Jaeger, W., Paideia. Die Formung des griechischen Menschen. 3. Aufl. Berlin 1954–1955.
Krüger, G., Einsicht und Leidenschaft. Das Wesen des platonischen Denkens. 3. Aufl. Frankfurt a. M. 1963.
Leisegang, H., Platon, in: Paulys Realencyclopädie der classischen Altertumswissenschaft. Neue Bearbeitung v. G. Wissowa, W. Kroll u. a. 40. Halbband. Stuttgart 1950, Sp. 2342–2537. Sonderdruck Waldsee 1950.
Robin, L., Platon. Nouvelle éd. avec bibliogr. mise à jour et complétée. Paris 1968.
Schilling, K., Platon. Einführung in seine Philosophie. Wurzach 1948.
Shorey, P., What Plato said. 6. Aufl. London 1965.
Taylor, A. E., Plato. The Man and his Work. 7. Aufl. London 1963.
von Wilamowitz-Moellendorff, U., Platon. Sein Leben und seine Werke. Band I: 5. Aufl. bearb. u. mit einem Nachwort v. B. Snell. Berlin 1959. Band II (Beilagen und Textkritik): 3. Aufl. bearb. u. mit einem Nachwort von R. Stark. Berlin 1962.

3. Ausgewählte Literatur zur platonischen Philosophie

Aus der sehr großen Anzahl der Publikationen zur platonischen Philosophie können hier nur einige wenige Werke angegeben werden.

Allen, R. E., Anamnesis in Plato's Meno and Phaedo, in: Rev. of Metaph. 13 (1959) S. 165–174.

– (ed.), Studies in Plato's Metaphysics. London 1965.

–, Plato's Euthyphro and the Earlier Theory of Forms. London 1970.

Apelt, O., Platonische Aufsätze. Leipzig 1921.

Arnold, U., Die Entelechie. Systematik bei Platon und Aristoteles. Wien–München 1965.

Barker, E., The Political Thought of Plato and Aristotle. New York 1959.

Baumgartner, H. M., Von der Möglichkeit, das Agathon als Prinzip zu denken. Versuch einer transzendentalen Interpretation zu Politeia 509b, in: Parusia, Festgabe für Joh. Hirschberger, hrsg. v. K. Flasch. Frankfurt a.M. 1965. S. 89–101.

Berger, H.-H., Ousia in de Dialogen van Plato. Een terminologisch onderzoek. Leiden 1961.

Brès, Y., La psychologie de Platon. Paris 1968.

Cherniss, H. F., Aristotle's Criticism of Plato and the Academy. 2. Aufl. Baltimore 1946.

–, The Philosophical Economy of the Theory of Ideas, in: American Journal of Philol. 57 (1936) S. 445–456.

Cornford, F. M., Plato's Cosmology. London 1937, 5. Aufl. 1958.

–, Plato's Theory of Knowledge. London 1935, 5. Aufl. 1957.

Crombie, J. M., An Examination of Plato's Doctrine. London 1962–1963.

Cross, R. C., Logos and Forms in Plato, in: Mind 63 (1954) S. 433–450.

Cross, R. C. und Woozley, A. D., Plato's Republic. A Philosophical Commentary. London 1964.

Diès, A., Autour de Platon. Paris 1927.

–, Platon. Paris 1930.

Edman, J., The Philosophy of Plato. New York 1930.

Findlay, J. N., Plato. The Written and Unwritten Doctrines. London 1974.

von Fritz, K., Platon in Sizilien und das Problem der Philosophenherrschaft. Berlin 1968.

Gadamer, H.-G., Platos dialektische Ethik und andere Studien zur platonischen Philosophie. Hamburg 1968. (Plato und die Dichter; Platos Staat der Erziehung; Dialektik und Sophistik im siebenten platonischen Brief; Amicus Plato magis amica veritas.)

–, Gaiser, K. u. a., Idee und Zahl. Studien zur platonischen Philosophie. Heidelberg 1968.

Gaiser, K., Platons ungeschriebene Lehre. Studien zur systematischen und geschichtlichen Begründung der Wissenschaften in der Platonischen Schule. Stuttgart 1963, 2. Aufl. 1968.

–, Protrektik und Paränese bei Platon. Untersuchungen zur Form des platonischen Dialogs. Stuttgart 1959.

– (Hrsg.), Das Platonbild. Zehn Beiträge zum Platonverständnis. Hildesheim 1969.

–, Plato's Enigmatic Lecture „On the Good", in: Phronesis 25 (1980) S. 5–37.

Goldschmidt, V., Les Dialogues de Platon, structure et méthode dialectique. Paris 1947.

Graeser, A., Probleme der platonischen Seelenteilungslehre. Überlegungen zur Frage der Kontinuität im Denken Platons. München 1969.

–, Kritische Retraktationen zur esoterischen Platon-Interpretation, in: Arch. f. Gesch. d. Philos. 56 (1974) S. 71–87.

–, Platons Ideenlehre. Sprache, Logik und Metaphysik. Eine Einführung. Bern–Stuttgart 1975.

–, Plato, in: Geschichte der Philosophie, hrsg. v. W. Röd, Band II. München 1983. S. 124–191.

Gundert, H., Dialog und Dialektik. Zur Struktur des platonischen Dialogs. Amsterdam 1971.

Guthrie, W. K. C., A History of Greek Philosophy. vols. IV–V ‹Plato›. Cambridge 1975–1978.

Halfwassen, J., Der Aufstieg zum Einen. Untersuchungen zu Platon und Plotin. Stuttgart 1992.

Hall, R. W., Plato and the Individual. The Hague 1963.

Heidegger, M., Platons Lehre von der Wahrheit. 2. Aufl. Bern 1954.

Heitsch, E., Die nicht-philosophische Aletheia, in: Hermes 90 (1962) S. 24–33.

Hentschke, A. B., Politik uund Philosophie bei Platon und Aristoteles. Die Stellung der „Nomoi" im platonischen Gesamtwerk und die politische Theorie des Aristoteles. Frankfurt a. M. 1971.

Hildebrandt, K., Platon. Logos und Mythos. 2. Aufl. Berlin 1959.
Hirschberger, J., Die Phronesis in der Lehre Platons vor dem „Staate“ (Philologus suppl. 25, 1). Leipzig 1932.
Huber, C. E., Anamnesis bei Plato. München 1964.
Jäger, G., „Nus“ in Platons Dialogen (Hypomnemata H. 17). Göttingen 1967.
Krämer, H. J., Arete bei Platon und Aristoteles. Zum Wesen und zur Geschichte der platonischen Ontologie. Heidelberg 1959, 2. Aufl. Amsterdam 1967.
–, Über den Zusammenhang von Prinzipienlehre und Dialektik bei Platon, in: Philologus 110 (1966) S. 35–70.
–, Epekeina tes ousias. Zu Platon, Politeia 509 B, in: Arch. f. Gesch. d. Philos. 51 (1969) S. 1–30.
–, Platonismus und hellenistische Philosophie. Berlin 1972.
–, Neues zum Streit um Platons Prinzipienlehre, in: Philosophische Rundschau 27 (1980) S. 1–38.
–, Platone e i fondamenti della metafisica, trad. ed introd. di G. Reale. Milano 1982, 3. Aufl. 1989.
–, Zur aktuellen Diskussion um den Philosophiebegriff Platons, in: Perspektiven der Philosophie 16 (1990) S. 85–107.
Kremen, A. F., Platons metaphysische Psychologie (Diss.). Köln 1973.
Kube, J., Techne und Arete. Sophistisches und platonisches Tugendwissen (Quellen und Studien zur Geschichte der Philosophie Bd. 12). Berlin 1962.
Levinson, R. B., In Defense of Plato. Cambridge (Mass.) 1953.
Mannsperger, D., Physis bei Platon. Berlin 1969.
Marten, R., Der Logos der Dialektik. Eine Theorie zu Platons Sophistes. Berlin 1965.
Maurer, R., Platons ‚Staat‘ und die Demokratie. Historisch-systematische Überlegungen zur politischen Ethik. Berlin 1970.
Meinhardt, H., Teilhabe bei Platon. Freiburg/München 1968.
Morrow, G. R., Plato's Cretan City. A Historical Interpretation of the Laws. Princeton 1960.
Murphy, N. R., The Interpretation of Plato's Republic. Oxford 1951, 2. Aufl. 1960.
Natorp, P., Platos Ideenlehre. 3. Aufl. Hamburg 1961.
Oehler, K., Die Lehre vom noetischen und dianoetischen Denken bei Platon und Aristoteles. Ein Beitrag zur Erforschung der Geschichte des Bewußtseinsproblems in der Antike (Zetemata H. 29). München 1962.

Perls, H., Plato. Seine Auffassung vom Kosmos. Bern–München 1966.
Prauss, G., Platon und der logische Eleatismus. Berlin 1966.
Robin, L., Les rapports de l'être et de la connaissance d'après Platon. Publié par P.-M. Schuhl. Paris 1957.
–, La théorie platonicienne des Idées et des Nombres d'après Aristote. Paris 1908, Nachdr. Hildesheim 1953.
Robinson, R., Plato's earlier Dialectic. 2. Aufl. Oxford 1953, 1984.
Robinson, T. M., Plato's Psychology. Toronto 1970.
Roloff, D., Gottähnlichkeit, Vergöttlichung und Erhöhung zu seligem Leben. Untersuchungen zur Herkunft der platonischen Angleichung an Gott. Berlin 1970.
Ross, D., Plato's Theory of Ideas. 2. Aufl. Oxford 1953.
Runciman, W. G., Plato's later Epistemology. Cambridge 1962.
Schmalzriedt, E., Platon. Der Schriftsteller und die Wahrheit. München 1969.
Shorey, P., The Unity of Plato's Thought. 2. Aufl. Chicago 1960.
Sprute, J., Der Begriff der Doxa in der platonischen Philosophie (Hypomnemata H. 2). Göttingen 1962.
Stefanini, L., Platone. 2. Aufl. Padova 1949.
Stenzel, J., Studien zur Entwicklung der platonischen Dialektik von Sokrates zu Aristoteles. 3. Aufl. Darmstadt 1961.
–, Zahl und Gestalt bei Platon und Aristoteles. 3. Aufl. Darmstadt 1961.
–, Platon der Erzieher. 2. Aufl. Hamburg 1961.
Utermöhlen, O., Die Bedeutung der Ideenlehre für die platonische Politeia. Heidelberg 1967.
Vanhoutte, M., La méthode ontologique de Platon. Louvain 1956.
Vlastos, G., Platonic Studies. Princeton 1973.
Wedberg, A., Plato's Philosophy of Mathematics. Stockholm 1955.
Wieland, W., Platon und die Formen des Wissens. Göttingen 1982.
Wilpert, P., Zwei aristotelische Frühschriften über die Ideenlehre. Regensburg 1949.
Wippern, J. (Hrsg.), Das Problem der ungeschriebenen Lehre Platons. Darmstadt 1972.
Wyller, E. A., Der späte Platon. Hamburg 1970.

Sachregister

Abbild 51, 57 f., 71, 79
aletheia (Wahrheit) 52–54
Andersheit 64–69
arche (Ursprung) 131–135
Artefakten 58, 72 f., 80, 107

Begriffsteilung (dihairesis) 24, 60 f.
Bewegung 64–66, 131 f., 135 f.

Denken 65, 76, 96, 102, 108, 114
–, reines 41 f., 44, 46 f., 50, 65, 110
Dialektik 59–63, 77, 79, 87 f., 95
dianoia (Verstandestätigkeit) 55–57, 71
doxa (Meinung) 48, 55 f., 72, 87, 89

eikasia (Vermuten) 55–57, 72, 80
Einheit 49, 57, 65–68, 70
Entstehen 44, 96 f., 107 f., 133 f., 136
episteme (Wissen) 18, 22, 24, 40, 48, 55 f., 71, 76, 101–103, 105
Erkenntnis 41 f., 47, 53 f., 71, 74, 78, 92, 94, 100, 102, 109, 111 f., 117
Eros 81–86, 88–94, 143 f., 154
Eudaimonie 30 f., 82, 89–91, 110

Gerechtigkeit (Gerechtes) 22, 24, 26, 30, 33–36, 45, 48 f., 147, 149–151, 153, 156, 159 f., 162 bis 165, 167, 169, 175
Gutes (agathon) 16 f., 23, 26, 31 f., 45, 51–56, 62, 73, 77–79, 86, 88–92, 94 f., 104 f., 137, 156, 167

Harmonie 115–120, 129, 154, 158, 163
Höhlengleichnis 73–79
hypothesis 55–57, 60, 69–72, 77, 80, 129

Idee 49–51, 53–64, 70 f., 73, 77–80, 87, 95 f., 105, 107 f., 110, 123–132, 143 f.
Ideenlehre 18, 31, 44–96, 103, 123, 129, 137

Körper 105, 106, 108 ff., 114 f., 117, 129, 136, 138, 140, 164
Kunst (techne) 22–27, 34–36, 60

Leben 97–99, 126–132
Leib 40–44, 109, 113, 115 f., 118, 120–122, 126, 132, 138, 141 f., 147
Liebe 81, 85, 88, 91
Liniengleichnis 55–73, 80

Methode, dialektische 76 f., 87 f.

Natur (physis) 28–30, 33, 102, 147
noesis (Vernunfttätigkeit) 40, 55–57, 71 f., 101

Philosophie 29, 37–41, 43 f., 47, 61, 76–78, 95, 111, 166, 172
phronesis (reine Vernunfterkenntnis) 40 f.
pistis (Glaube) 24, 55–57, 72, 80
Präexistenz 101, 105 f., 117, 120, 139

Schatten 72–75, 77, 80
Schönes (das Schöne) 27, 30, 45, 84–95, 104 f., 123, 144, 154
Seele 40–44, 67, 92, 96–99, 101, 105 f., 108–110, 112–122, 126–132, 136–142, 144–147, 158, 161
Seelenteile 139–142, 145, 148, 161, 163–165, 170
Seelenwanderung 99, 106, 111, 122
Seiendes (das Seiende, das Sein) 46–48, 50, 53–56, 64 f., 67–69, 75–79, 102 f., 108–112, 131 f., 144, 154, 156, 165, 167
Sinneswahrnehmung 41 f., 44 f., 47 f., 72, 79
Sonnengleichnis 51–55, 73, 80
Sophisten (Sophistik) 18–21, 25, 28, 36 f., 61, 82

Teilhabe (methexis) 58, 94, 124, 126, 128
Tod 40 f., 97–99, 121 f., 126 f.
Tüchtigkeit (arete) 18, 30 f., 33, 82, 84, 92–95, 100, 119, 142, 160

Unentstandenes 133 f., 136
Ungerechtigkeit 26 f., 35 f., 137 f., 148, 150–152, 160, 164 f., 176
Unsterblichkeit 44, 91 f., 96, 103, 106 f., 110, 112 f., 116, 121–123, 128, 130 f., 136 f., 139, 141 f.
Unveränderliches (Unveränderlichkeit) 46, 141
Unvergängliches (Unvergänglichkeit) 46, 127, 129, 133 f., 136
Urbild 51, 57, 59
Ursache 123, 135–137

Veränderung (Wandelbarkeit) 67, 107, 133
Vergehen 44–46, 48, 107 f., 122, 133 f., 137
Vernunft (nous) 65 f., 78, 122, 130, 148

Washeit 58, 103–105, 123, 129 f., 132, 139, 144
„was ist“ 41 f., 44, 48 f.
Werden 46, 48, 51, 55 f., 67, 69, 92, 97, 122, 131 f.
Wiedererinnerung (anamnesis) 95, 100–103, 105 f., 117, 128, 139

Namenregister

Adeimantos 7 f.
Aetios 38
Ailios Aristeides 38
Alkmaion von Kroton 136, 141
Anaxagoras 122
Anaximander 122
Annikeris 8
Apuleius 7, 9
Ariston 7 f.
Aristophanes von Byzanz 13
Aristophanes von Athen 19f.
Aristoteles 16 f., 19, 45, 50 f., 54, 57 f., 70, 113, 130, 133 f., 136, 141 f., 176
Arnim, H. v. 15 f., 33
Athenaios 9
Augustinus 66

Boethius 66
Bormann, K. 67
Buhr, M. 49

Capelle, A. 84
Charmides 8
Cherniss, H. 17
Cicero 7, 38

Dareios 29
Diels, H. 37, 113, 136
Dindorf, W. 38
Diogenes Laertios 7–9, 13 f., 38, 45, 113, 134
Dion 8 f.
Dionys I. 8
Dionys II. 8 f.
Düring, I. 51

Empedokles 72, 99, 107, 113
Eukleides 8
Euripides 43

Friedländer, P. 54, 87, 108, 166

Gadamer, H.-G. 16
Gaiser, K. 16f.
Gigon, O. 12, 16f., 61
Glaukon 8
Graeser, A. 16
Gschnitzer, F. 149
Guenther, H. F. K. 10

Haring, N. M. 67
Heidegger, M. 10, 54
Heitsch, E. 54
Heraklit 37 f., 45, 96, 106
Hermann, C. F. 33
Hermippos 7
Herodot 38, 99
Hoffmann, E. 88

Isokrates 18

Jäger, W. 174
Justinian 11

Kant, I. 105, 129
Kirk, G. S. 45
Klaus, G. 49
Klemens von Alexandria 37
Koch, J. 67
Krämer, H. J. 16 f.
Kranz, W. 113
Kratylos 8

Kritias 8
Krüger, E. 88

Leisegang, H. 7, 56, 128, 143
Lutoslawski 15

Melissos 134

Natorp, P. 50
Nietzsche, F. 9 f.
Nikolaus von Kues 64, 67 f.

Olympiodoros 7, 9

Parmenides 46, 72, 99, 113 f., 134
Periktione 8
Philipp von Opus 14
Philon von Alexandria 50
Pindar 99
Plotin 64–66
Popper, K. 10
Porphyrios 37
Potone 8
Praechter, K. 7, 14 f., 49, 128
Proklos 64, 66
Pythagoras 38, 99

Raeder 15
Raven, J. E. 45
Ritter, C. 15
Ross, D. 14, 60, 62 f., 70

Schlechta, K. 9
Schleiermacher, F. 16
Schofield, M. 45
Seneca 50
Senger, H. G. 67
Sextus Empiricus 54
Shorey, P. 16
Simplikios 99
Sokrates 7–9, 14, 18, 20f., 28
Speusippos 8

Tennemann, W. G. 14
Thierry von Chartres 67
Thomas von Aquin 139
Thrasyllos von Mendes 13
Thukydides 38
Tiberius 13
Toynbee, A. J. 10

Ueberweg, F. 7, 14 f., 49, 128

Vlastos, G. 16
Volkmann-Schluck, K.-H. 48

Wieland, W. 17
Wilamowitz-Moellendorff, U. v. 8, 15, 43, 139, 145
Wippern, J. 16

Xenophanes 99, 134
Xenophon 39, 160
Xerxes 29

Zenon 113